Curricula für die Erwachsenenbildung

Theorie und Praxis der Erwachsenenbildung

Herausgegeben von der
Pädagogischen Arbeitsstelle des Deutschen Volkshochschul-Verbandes

HORST SIEBERT

Curricula
für die
Erwachsenenbildung

WESTERMANN TASCHENBUCH

GEORG WESTERMANN VERLAG, DRUCKEREI
UND KARTOGRAPHISCHE ANSTALT, BRAUNSCHWEIG 1974
© DEUTSCHER VOLKSHOCHSCHUL-VERBAND E. V. 1974
1. AUFLAGE 1974
UMSCHLAGENTWURF: GISELA HEINTZE
DRUCK: LOKAY, REINHEIM, 1974

ISBN 3-14-16 7127-3

INHALT

Seitdem sich die Erziehungswissenschaft aus der Abhängigkeit von der Philosophie gelöst hat, seitdem ihre intellektuellen Energien darauf gerichtet sind, Erziehungswissenschaft als Handlungswissenschaft auszuweisen, hat das Denken über Planung und Optimierung von Lernprozessen eine Belebung und Bewegung erfahren, deren literarischer Niederschlag der einzelne kaum noch verfolgen kann. Obwohl diese bis dahin nicht bekannte Dynamik auf eine engere Beziehung von Theorie und Praxis abzielte, hat sich die theoretische Diskussion wiederum von der Erziehungs- und Schulwirklichkeit entfernt. Diese auffällige und die Förderung von Vermittlungsprozessen hindernde Erscheinung ist nicht zuletzt darin begründet, daß das Streben nach einer Eigenständigkeit der Erziehungswissenschaft zugleich auch ihre Verselbständigung gegenüber den Anforderungen des pädagogischen Alltags angetrieben hat. Die Analyse der Bedingungen des Erziehungsfeldes ist zwar als eine vorrangige Aufgabe erkannt, aber indem die Instrumentarien dafür verfeinert wurden, fällt es den „Praktikern" immer schwerer, sie für ihre eigene Situation nachzuvollziehen. Weil die Konsequenzen aus den Bedingungsanalysen unter dem Anspruch der Wissenschaftlichkeit einen nicht mehr praktikablen Perfektionsgrad erhalten, bleiben Vorschläge in ihrer Wirkung ebenso auf „Modelle", um nicht zu sagen „Paradepferde", beschränkt, wie dies bei den Ansätzen der Reformpädagogik in den 20iger Jahren der Fall war, die ohne wissenschaftlichen Aufwand unternommen wurden und an günstige personelle und institutionelle Konstellationen gebunden blieben. Hinzu kommt, daß die Zieldiskussion mit einer Intensität und Ansprüchlichkeit geführt wird, die überschätzen lassen, was pädagogisch möglich ist.

Angesichts dieser Umstände kann es nicht verwundern, wenn die Einstellung gegenüber der Erziehungswissenschaft in der Öffentlichkeit zwiespältig ist. Einerseits wird ihre Bedeutung mehr denn je bewußt, so wie auch die Erziehungsvorgänge selbst bewußter werden. Andererseits macht sich ein Widerwille gegen eine Wissenschaft geltend, die der Neigung zu verfallen scheint, über dem Drang zur Entwicklung von Systemen ihre konkrete Hilfsfunktion zu vergessen. Wenn allenthalben über den ,,Fachjargon" geklagt wird, so ist dies nur ein äußerliches Zeichen dafür, daß die Praxisrelevanz vermißt oder zumindest nicht gesehen wird.

Für die Erwachsenenbildung (EB) bringt diese Situation die Gefahr mit sich, daß ihre traditionelle Aversionen gegen die Wissenschaft neu aufleben. Eine solche mögliche Folge muß um so bedenklicher erscheinen, als gerade die Voraussetzungen, unter denen EB stattfindet, in besonderem Maße wissenschaftlicher Durchdringung bedürfen, um produktive Ansatzmöglichkeiten in dem Sozialisationszirkel auszumachen, aus dem heraus sich Erwachsene der Lernsituation stellen. Zugleich dürfen gegenüber der Abhängigkeit vom Sozialisationsprozeß die das Menschliche konstituierenden Motivationszusammenhänge nicht aus dem Blick geraten, die Lernprozeße bei Erwachsenen bestimmen können. Unter diesem Aspekt erschien es den Herausgebern der Reihe ,,Theorie und Praxis der Erwachsenenbildung" angebracht, Mitarbeitern in der EB, die je nach ihrem Aufgabengebiet und ihrem Status eher in der bildungspolitischen oder fachdidaktischen Literatur zuhause sind, einen Überblick über den Diskussionsstand in der Erziehungswissenschaft zu verschaffen. Mit dieser Absicht ist der Band von Ernst Prokop ,,Erziehungswissenschaft und Erwachsenenbildung" in dieser Reihe veröffentlicht worden.

Die hier angedeutete Entwicklung erziehungswissenschaftlichen Denkens und erziehungswissenschaftlicher Methode und die dabei festzustellenden Diskrepanzen zwischen Intentionen und tatsächlichen Auswirkungen sind auch für die Problemfelder und die Versuche kennzeichnend, die in den letzten 5 Jahren in den Mittelpunkt der pädagogischen und der bildungspolitischen Diskussion gerückt wurden und für die der Begriff des ,,Curriculums" als Schlüsselwort anzusehen ist. Mit der Konzeption, wie sie von Robinsohn für die Bundesrepublik zuerst skizziert worden ist, sollte die Bildungsreform zugleich die für ihre Wirksamkeit notwendige Totalität und wissenschaftliche Absicherung erfahren.

— Curriculare Forschung mit ihrem Bemühen, Informationsquellen für eine sowohl ziel- als auch adressatengerechte Planung zu erschließen,

— Curriculumkonstruktion als ein Instrument, Planungsdaten in ein didaktisches Gerüst umzusetzen und

— Curriculumevaluation als eine Möglichkeit, Erfolgskontrolle jenseits individueller Notengebung an Planungsdaten und Lehrintentionen zu binden,

mußten als eine Chance erscheinen, der zentralen Aufgabe auf den Grund zu kommen, die für die Erziehungswissenschaft darin besteht, Entscheidungshilfen für Vermittlungsprobleme zu bieten, die dem Spannungsverhältnis von vielschichtigen Bedingungszusammenhängen und in sich widerstreitenden Zielvorstellungen ausgesetzt sind.

Bedenkt man den begrenzten Zeitraum und vergegenwärtigt man sich die Schwierigkeiten, die mit Innovationen verbunden zu sein pflegen, dann muß es beeindrucken, mit welchem Ungestüm und mit welcher Akribie zugleich die in einer unscheinbaren Veröffentlichung angeregte Initiative aufgegriffen worden ist. In kürzester Zeit sind damit allerdings auch die Probleme des Ansatzes erkennbar geworden. Sie haben zu zahlreichen Varianten des strategischen Vorgehens veranlaßt. Die Folge war, daß die für die Erziehungswissenschaft insgesamt charakteristische Vermehrung und Beschleunigung der Konzeptproduktion mit der Curriculumdiskussion noch verstärkt worden ist. Wenn diese Diskussion zudem auch der Tendenz verfiel, sich von der Realität des Ausführens abzulösen, so haben dabei zwei Momente mitgewirkt, die auf kontroverse Ausgangspositionen verweisen. Zum einen machte sich in aufdringlicher Weise das Bestreben bemerkbar, das Perfektionsbedürfnis unterrichtstechnologisch abzustützen. Zum anderen wurde ungeachtet sachstruktureller und psychologischer Voraussetzungen in geradezu selbstzerstörerischem Ausmaß auf die emanzipatorische Zielvorstellung rekurriert.

Wenn im ersten Fall das Wissen um die Unzulänglichkeit und Schwierigkeit der Umsetzung von didaktischen Modellen in die individuelle Unterrichtsgestaltung eine Detaillierung der Vorgaben und der Unterrichtshilfen verständlich macht, so konnte doch der Widerstand gegen das Vorgefertigte nicht ausbleiben. Er kann sich dabei wie H. Weinrich es ausgedrückt hat, auf den Wert des ,,unbekannten Lernziels" berufen. Und wenn im zweiten Fall die Orientierung am Emanzipationsbegriff auch aller Unterstützung wert ist, so kann nicht übersehen werden, daß die Verabsolutierung dieser Zielvorstellungen und die Skrupel, sie mit der Planung auch zu erfüllen, wesentlich dazu beigetragen haben, daß sich die Curriculumdiskussion in sich selbst verstrickt und die Unterrichtswirklichkeit noch kaum erreicht hat. Ebensowenig ist zu übersehen, daß das Profilierungsbedürfnis des Wissenschaftlers der Erwartung entgegensteht, Curriculumplanung könnte alsbald eine praktische Hilfe bieten.

In dieser Situation ist der Ruf, Curricula basisnah zu entwickeln, verständlich. Es ist aber nicht ausreichend, dafür geeignete Organisationsformen zu entwickeln. Abgesehen davon, daß sie bildungspolitisch durchgesetzt werden müssen, können auch entsprechende konkrete Versuche kaum die beabsichtigte Wirkung haben, wenn die Verfrontung der Ausgangspositionen unreflektiert bleibt. Sowohl der mehr instrumentelle als auch der emanzipatorische Ansatz ist legitim. Es führt aber nicht weiter, wenn sie isoliert von einander bleiben. Ohne eine Verknüpfung der Perspektiven und Strategien sind die Schwierigkeiten nicht zu überwinden, denen die Curriculumentwicklung derzeit ausgeliefert ist. Vor allem wird ein Aspekt bei der Planung stärker berücksichtigt werden müssen, der in den letzten Jahren weitgehend unbeachtet geblieben ist, die Frage nämlich, was sich aus den gerade zu vermittelnden Sachstrukturen für die Curriculumplanung ergibt. Wird ihr nicht mehr Aufmerksamkeit zugewendet, werden Lehrer gegenüber der Curriculumdiskussion zurückhaltend bleiben. Ihre Kritik geht seit langem und nicht unbegründet dahin, daß fast alle allgemeinpädagogischen Initiativen und Konzepte der letzten Jahrzehnte inhaltsneutral waren. So lange sie aber nicht aus einem fachdidaktischen Argumentationszusammenhang entfaltet werden können, bleibt ihre Wirksamkeit auf den Unterricht gering. Im nachhinein Inhalts- und Verhaltens- Matrizen anzubieten, kann allein nicht befriedigen. Ebenso wenig wenn die Stoffauswahl normativen Zuordnungsgesichtspunkten unterstellt wird, die nicht in Inhalten begründet sind. Didaktische Strukturgitter bedürfen einer thematischen Konkretisierung, die dazu beitragen kann, daß Lernziele im Sinne von Dispositionszielen nicht zu dogmatisch geförderten Eigenschaften werden.

Die Curriculumdiskussion hat zu einem Zeitpunkt eingesetzt, zu dem auch die EB planungsbewußter geworden ist. Während sie sich lange Zeit vornehmlich okkasionell verstanden hatte und in der Improvisation ihren besonderen Vorzug sah, setzte sich Mitte der 60iger Jahre

10

die Einsicht durch, daß sie nicht länger auf Angebote verzichten kann, die langfristig und systematisch angelegt sind. Bei entsprechenden Versuchen, diese Intention in konkrete Kursangebote umzusetzen, kam ihr die mit der Curriculuminitiative ausgelöste Lernzieldiskussion zugute. Der Anfang dieses Jahres in dieser Reihe erschienene Band „Ansätze zu einem Baukastensystem" legt für den Bereich des Zertifikatsprogramms der Volkshochschulen Zeugnis davon ab. Vom Baukastenprinzip ist heute in bildungspolitischen Dokumenten allenthalben die Rede. Praktisch ist aber noch wenig im Sinne einer solchen Zielsetzung geschehen. Die institutionell bedingten Kompetenzfragen sind dabei genau so hinderlich, wie die internen Auseinandersetzungen um eine Curriculum-Methodologie.

Umsomehr besteht Anlaß, den Stand der Curriculumdiskussion im Hinblick auf ihre Bedeutung für die EB kritisch zu sichten. Das Zertifikatsprogramm ist nur eine Möglichkeit, die zeigt, in welcher Weise praktische Konsequenzen gezogen werden können. Zugleich sollte bewußt sein, daß es keine einheitliche Curriculumkonstruktion geben kann, daß sie aufgabenbezogen entwickelt werden muß. Dafür ist es wichtig, die Argumentationszusammenhänge zu kennen, die zu verschiedenen Ansätzen der Curriculumstrategie geführt haben. Entsprechende Informationen kann der hier vorgelegte Band vermitteln.

Horst Siebert bietet aber nicht nur einen Problemaufriß. Er bezieht ihn unmittelbar auf in der EB aktuelle Verwendungssituationen. Damit sah er sich von vornherein dazu herausgefordert, die verschiedenen curricularen Ansätze differenziert darzustellen und zu beurteilen. Insbesondere die Auseinandersetzung um „geschlossene" und „offene" Curricula wird nicht nur nachgezeichnet; vielmehr kann mit Hilfe der Lektüre der Stellenwert der verschiedenen Ansätze und Konzepte situationsgerecht ausgelegt werden. Wer also dogmatische Äußerungen erwartet, wird enttäuscht werden. Daß das curriculare Instrumentarium einer subtilen Anwendung bedarf, läßt sich hingegen nach der Lektüre dieses Buches kaum noch ignorieren. Die entscheidende Anregung besteht darin, die Relation der Curriculumstrategie zu Lernzielarten, Sachstrukturen und Veranstaltungsformen kritisch zu reflektieren.

Dabei werden die zentralen Probleme, die gegenwärtig im Mittelpunkt der Curriculumdiskussion stehen, keineswegs übersehen, die

- der Legitimation
- der Operationalisierung
- der Implementation.

Es geht also auch hier um die Fragen

- wie Zielentscheidungen zustande kommen und wie Relationen zwischen den verschiedenen Zielebenen hergestellt werden können
- wie Lernziele so formuliert werden können, daß ihr Erreichen überprüfbar wird, ohne daß die Ziele dabei verkürzt werden
- was zu tun ist, damit Planungsintentionen und Verfahrensanleitungen auch im Lehrverhalten verankert werden.

Für die EB stellen sich dazu noch zwei weitere Fragen. Die erste ist nur fallweise zu beantworten, nämlich wie die Analyse der Bedarfslage in einer Weise möglich ist, die eine Definition von Lernzielen erlaubt, bei der die Adressaten diese Lernziele als sie selbst betreffend erkennen können. Die zweite kann nur politisch beantwortet werden, es ist die nach einer Organisationsform der EB, die der Realisierung von Curricula auch institutionell entgegen kommt.

Jenseits derartiger Realisierungsmöglichkeiten will gesehen werden, daß die Curriculumaktivitäten im Schnittpunkt einer Auseinandersetzung stehen, die nicht aufgelöst sondern nur immer von neuem ausbalanciert werden kann. Gegenüber traditioneller Beliebigkeit stellt die Curriculumorganisation eine Befreiung dar. Am Maßstab der Wünsche nach Aufhebung jeglicher Repression jedoch muß sie als neuer Reglementierungsversuch erscheinen. Festlegungen sind aber keineswegs nur bei der Curriculumplanung unvermeidlich. Die mit ihr verbundene Transparenz vermag vielmehr auch Spielräume zu verschaffen. Auf diese Weise kann versucht werden, einen pädagogisch immanenten Konflikt zu bewältigen. Unsere lernpsychologischen Einsichten verweisen darauf, daß eine Aktivierung der Lernenden im Interesse der Bildungswirksamkeit ist. Curriculumplanung könnte demgegenüber so eng angelegt werden, daß sie für Aktivierungen wenig Chancen beläßt. Eine solche Konsequenz ist aber nicht zwingend. Ebenso wäre es aber auch falsch, in Rücksicht auf den Wert der Selbstinitiativen der Lernenden auf Planung und auf Vorgaben zu verzichten. Es gilt zu erkennen, daß allzu leicht Entscheidendes von der Qualifikationsvermittlung verlorengeht, wenn der Lernweg allein über die Leisten einer einzigen Maxime geschlagen wird, selbst wenn es die ist, die als die wichtigste gilt.

Damit soll die Problematik des Verhältnisses von Steuerung und didaktischer Selbstbestimmung nicht verwischt werden. Horst Siebert weicht ihr auch nicht aus. Teilweise ist sie aber eine Frage der methodischen Phantasie, denn es gibt Lernziele, über die sich nicht streiten läßt. Zudem bemerkt Siebert mit Recht, daß dem Qualifikationsbegriff in Zusammenhang mit der Curriculumdiskussion neue Seiten abgewonnen werden können. Und er trägt mannigfache Überlegungen zusammen, die ohne die Verführungen des Ansatzes zu verleugnen, doch aufzeigen, wie es möglich ist, ein dynamisches Gleichgewicht zwischen Planungsstringenz und Flexibilität der Unterrichtsgestaltung, die für die EB unentbehrlich ist, herzustellen. Insofern ist zu hoffen, daß mit seinen Darlegungen der Gefahr entgegengewirkt werden kann, die Aufforderung zur Curriculumdiskussion mit dem Hinweis auf die Besonderheiten der EB abzulehnen oder vor den mit diesem Ansatz verbundenen praktischen Schwierigkeiten zu resignieren. Auch die beste Curriculumarbeit wird Diskrepanzen zwischen Planung und Wirklichkeit nie völlig aufheben können. Aber sie vermag doch die Rationalität in dieser Unterrichtswirklichkeit zu erhöhen. Und um dieses Zieles willen, sollte sich die Lektüre dieses Bandes lohnen und erst recht ein daraus entwickeltes Verständnis für die Bemühungen, Curriculumplanung in die Wirklichkeit der Erwachsenenbildung umzusetzen.

Dr. Hans Tietgens
Leiter der pädagogischen Arbeitsstelle
des Deutschen Volkshochschul-Verbandes

1. Problemstellung in der Curriculumdiskussion

1.1. Aufgabenfelder in der Erwachsenenbildung

Die Arbeitssituationen, Tätigkeiten und Qualifikationsanforderungen hauptberuflicher Mitarbeiter der Erwachsenenbildung (EB) sind bisher noch wenig erforscht worden. Neben mündlichen und schriftlichen Befragungen oder Beobachtungen dieser Mitarbeiter bietet sich eine Analyse der Stellenangebote in der EB an, um das Berufsbild dieses Tätigkeitsbereiches zu ermitteln. In der Wochenzeitung ,,Die Zeit'' wurden 1973 212 Stellen für die verschiedenen Einrichtungen der EB ausgeschrieben. Obwohl in keiner der Annoncen das Stichwort Curriculum erwähnt wird, verweisen die meisten der genannten Tätigkeiten auf Aufgaben, für die die Curriculumforschung relevant ist. In 23,5 % der Stellenangebote wird Programmplanung als Tätigkeitsfeld genannt, in 20,2 % Mitarbeiterbetreuung, in 15,6 % Lehre, in 14,6 % Seminar- und Tagungsleitung und erst an fünfter Stelle mit 13,7 % Organisation und Verwaltung, gefolgt von Modellentwicklung (12,7 %). [1]

Eine schriftliche Befragung, die wir 1970 bei hauptberuflichen Mitarbeitern niedersächsischer Volkshochschulen durchgeführt haben, bestätigt teilweise dieses Ergebnis. Nach eigenen Angaben verwenden diese Mitarbeiter durchschnittlich 18 % ihrer Arbeitszeit auf Programmplanung und ebenfalls 18 % auf Mitarbeiterkontakte, für lehrende Tätigkeiten wurden 14 % genannt. Organisations- und Verwaltungstätigkeiten nehmen allerdings mit 34 % einen erheblichen Teil der Arbeitszeit in Anspruch, während die Entwicklung von Modellen nur 1% ausmacht. [2] Diese in den Stellenangeboten überraschend häufig genannte Aufgabe scheint mit dem personellen Ausbau der Einrichtungen an Bedeutung zuzunehmen, wobei Gesetzesinitiativen zum Bildungsurlaub diese Tendenz offenbar verstärken.

Je mehr die EB verberuflicht, d.h. mit hauptberuflichen Mitarbeiterstellen ausgestattet wird, desto mehr können didaktische Planungs- und Auswertungstätigkeiten auf Kosten der organisatorischen Aufgaben ausgedehnt werden. Erst dann sind auch die Voraussetzungen für eine Professionalisierung der EB gegeben. Als professionalisiert gilt eine Berufstätigkeit dann, wenn tätigkeitsspezifische, wissenschaftlich fundierte Berufstechniken angewendet werden und weniger qualifizierte Routinetätigkeiten delegiert werden können. Die spezifische Aufgabe des Mitarbeiters der EB wird jedoch auch in Zukunft — im Unterschied zum Lehrer — weniger in der eigenen Unterrichtstätigkeit als in der didaktischen Planung und Analyse von Programmen und Veranstaltungen einschließlich der Motivierung und Qualifizierung der nebenberuflichen Kursleiter bestehen. Die eigene Lehrtätigkeit des hauptberuflichen pädagogischen Mitarbeiters ist tendenziell eher als Erprobung didaktisch-methodischer Modelle denn als Ersatz für fehlende nebenberufliche Dozenten zu interpretieren. Diese Interpretation ist jedoch mehr Programm als Prognose, denn zweifellos werden auch in Zukunft Routineaufgaben überwiegen.

Die zentrale Aufgabe der hauptberuflichen Mitarbeiter — die Organisation und Kontrolle von Lehr-Lernprozessen mit Erwachsenen — beinhaltet nach dem von Hans Tietgens beschriebenen Berufsbild „konzeptionelle Planung, pädagogische Planung, organisatorische Planung. Die konzeptionelle Planung verlangt

- Reflexion der Zielsetzung des Bildungsangebots,
- Analyse der Bedingungen, unter denen das Bildungsangebot realisiert werden muß,
- lernorganisatorische Konsequenzen, die aus beiden Planungsfaktoren zu ziehen sind". [3]

Als weitere allgemeine Tätigkeitsmerkmale werden aufgrund von Arbeitsplatzanalysen und Befragungen genannt:

„— Erkundung des Bedarfs,
- Planung des Angebots,
- Vorbereitung des Programms,
- Organisation der Durchführung,
- Beratung der Mitarbeiter und Teilnehmer,
- Kontrolle der Wirkung,
- unmittelbare pädagogische Tätigkeit." [4]

16

Für den Lehrer spielen die meisten der genannten Tätigkeiten eine untergeordnete Rolle. Er findet die Lerngruppe ebenso vor wie Lehrpläne, Lehrbücher und einen festgelegten Fächerkanon; weder die Bedarfserkundung noch die Angebotsplanung oder die Betreuung nebenberuflicher Mitarbeiter gehören zu seinen primären Berufsaufgaben. Er kann (oder muß) viele dieser Tätigkeiten, für die der Mitarbeiter der EB zuständig ist, Lehrplan- oder Curriculumkommissionen überlassen. Er ist mehr „Abnehmer" von didaktischen „Produzenten", während der Mitarbeiter der EB für solche konzeptionellen Planungsaufgaben zuständig ist und die nebenberuflichen Kursleiter mit Vorschlägen und Anregungen „versorgen" muß. Überspitzt formuliert: das Berufsbild des EB-Mitarbeiters ähnelt idealiter mehr dem eines Curriculumkonstrukteurs als dem eines Lehrers.

Die Curriculumforschung betreibt didaktische Planung und Wirkungskontrolle. Sie entwickelt lernzielorientierte Lehr-Lernprogramme (z.B. als Lernzielkataloge, Lerntests, Materialien, Lernhilfen, Medien) aufgrund von Analysen genereller Zielsetzungen, objektiver und subjektiver Lernbedürfnisse und lernpsychologischer und motivationaler Voraussetzungen; sie befähigt die Lehrer zum Umgang mit diesen Programmen und überprüft die Lernerfolge. Mit Ausnahme der unmittelbaren Unterrichtätigkeit sind damit alle anderen von Tietgens genannten Aufgaben in dem Problemkatalog der Curriculumforschung enthalten. Erforscht werden die gesellschaftlichen und individuellen Bedingungen des Lernens, die Ziele und Zwecke, die Auswahl der Lerninhalte und Fächer, methodische Formen der Vermittlung sowie Möglichkeiten der Erfolgskontrolle, und zwar sowohl im Blick auf das Gesamtprogramm (Makrodidaktik) als auch im Blick auf eine einzelne Veranstaltung (Mikrodidaktik). Es ist zu erwarten, daß diese Curriculumforschung gerade den Mitarbeitern der EB Hilfen zur Lösung ihrer didaktischen Planungsaufgaben anbietet. Im folgenden wird zu prüfen sein, inwieweit diese Erwartungen erfüllt werden.

Mit dieser Veröffentlichung wird keine vollständige Bestandsaufnahme der Curriculumforschung in Theorie und Praxis beabsichtigt — entsprechende Publikationen liegen ausreichend und zuverlässig vor. [5] Ebensowenig kann eine spezifische Curriculumtheorie für die EB vorgelegt werden — entsprechende Forschungen sind erst in Ansätzen [6]

oder für Teilbereiche [7] vorhanden. Angeregt werden soll eine kritische Reflexion der Grenzen und Möglichkeiten der Curriculumforschung für die Praxis der EB. Dabei soll versucht werden, einer über-
triebenen Skepsis gegenüber der neueren erziehungswissenschaftlichen
Entwicklung ebenso gegenzusteuern wie einem euphorischen Optimis-
mus hinsichtlich der Leistungen dieser neuen Konzeptionen. Um die
gesellschaftliche Funktion der Curriculumforschung abschätzen zu
können, werden zunächst Überlegungen zu den Entstehungsursachen
und den Interessen an diesen Curricula zur Diskussion gestellt. Anschließend werden die wichtigsten Phasen, strategischen Konzeptionen und Kategorien der Curriculumdiskussion in der BRD skizziert.
In einem weiteren Abschnitt wird eine Einschätzung der Problemlage,
der Curriculumkritik und der Perspektiven versucht. Auf dieser Basis
sollen Anwendungs- und Übertragungsmöglichkeiten der Curriculumtheorie auf Probleme der EB reflektiert werden. Daraufhin werden
die einzelnen Schritte der Curriculumentwicklung aus der Sicht der
EB erörtert. Abschließend sollen mögliche Verfahrensweisen der
Curriculumkonstruktion für die Praxis der EB zur Diskussion gestellt
werden. Dabei wird versucht, den z.T. esoterischen Sprachgebrauch
einiger Curriculumexperten zu vermeiden, zumal unterstellt werden
kann, daß auch im wissenschaftlichen Bereich oft überflüssige Sprach-
barrieren errichtet und damit ein Geheim- und Herrschaftswissen weniger ,,Eingeweihter'' aufgebaut wird. Andererseits wird die Kommunikation durch die Verwendung wesentlicher Schlüsselbegriffe erheblich erleichtert, so daß auf Fachtermini nicht völlig verzichtet werden kann.

1.2. Hoffnungen auf eine Lehrplanreform

In den 60er Jahren erschienen in der BRD zwei kleine Bücher, die
sich innerhalb kürzester Zeit zu pädagogischen Bestsellern entwickel-
ten: Die Übersetzung von Robert F. Mager ,,Lernziele und programmierter Unterricht'' [8] und Saul B. Robinsohn ,,Bildungsreform als
Revision des Curriculum''. [9] Diese beiden Bücher — das eine eine
Übersetzung aus dem Amerikanischen, das andere zum nicht gerin-

gen Teil eine Umsetzung amerikanischer Forschungsergebnisse — leiten eine neue Ära wenn nicht in der deutschen Erziehungswissenschaft, so doch in der pädagogischen Öffentlichkeit ein. Anstatt von Bildung wird von Lernen, anstatt von Bildungsziel von Lernziel und/oder Qualifikation, anstatt von Lehrplan von Curriculum gesprochen. Die geisteswissenschaftlich und bildungstheoretisch orientierte Didaktik scheint durch eine erfahrungswissenschaftlich und lernpsychologisch fundierte Curriculumtheorie abgelöst zu werden.

Die meisten Curriculumtheoretiker der 60er Jahre begründen ihren Ansatz mit einer Kritik an der bildungstheoretischen Tradition deutscher Pädagogik — eine Kritik, die jedoch auch schon von W. Brezinka, [10] Th. Wilhelm [11] und Heimann/Schulz [12] formuliert worden war. Saul Robinsohn verzichtet nicht auf einen Bildungsbegriff, sondern definiert ihn neu: „Bildung als Vorgang in subjektiver Bedeutung ist Ausstattung zum Verhalten in der Welt." [13] Diese Betonung des Lernens für gesellschaftliche Verwendungssituationen ist nicht neu („non scholae, sed vitae discimus"), sie ist aber seit dem von Humboldt propagierten idealistisch-kontemplativen Bildungsideal und der Ideologie der Zweckfreiheit von Bildung in Vergessenheit geraten. Die scharfe Trennung von Kontemplation und Aktion, von Lernen und Arbeit ist von der marxistischen Pädagogik niemals mitvollzogen worden. Robinsohn schlägt vor, eine Auswahl der Lerninhalte von den gesellschaftlichen Anforderungen und Veränderungen her vorzunehmen. Die klassisch-humanistische Bildungsvorstellung hat gegenüber den „gegenwärtiger Wirklichkeit adäquaten Zielsetzungen" wie rationale Kommunikation, Bereitschaft zur Veränderung, Erziehung zur Wahl, Autonomie u.ä. versagt. [14] Die herkömmliche hermeneutische Didaktik hat — nach Robinsohn — eine Ausstattung zum rationalen Verhalten in unserer Gesellschaft nicht geleistet, da sie sich auf die Tradierung gegebener kultureller Inhalte beschränkt hat. „Die Selbstbeschränkung der Didaktik manifestiert sich vor allem darin, daß sie von einem vorgefundenen Kanon von Wissensgebieten und Wissenschaften ausgeht und zur Formulierung der ihnen immanenten Bildungsziele dadurch zu gelangen sucht, daß sie die ‚Gehalte' der vorgegebenen Inhalte identifiziert und die Bedingungen ihrer Transposition in den Erziehungs- und Unterrichtsvorgang klärt." [15] Die traditionelle Didaktik hat aus der Kulturtradition Bildungsgüter abgeleitet; sie hat eine Reform des Fächerkanons und der Lerninhalte aufgrund gesellschaftlicher Veränderungen nicht leisten können, da sie sich an ,,Gehalten'', aber nicht an Verhaltenszielen orientierte. So gelangt Robinsohn zu dem Ergebnis, daß 1. die Bildungsziele und -inhalte und damit auch die Schulfächer reformbedürftig sind und daß 2. die bisherige Didaktik keine Instrumente und Kriterien zu einer realitätsbezogenen Revision der Lehrpläne entwickelt hat.

Herwig Blankertz macht darüber hinaus deutlich, daß die geisteswissenschaftliche Didaktik als eine bildungstheoretische Didaktik aus einem ,,nur noch formal umschreibbaren Bildungsbegriff'' keine Lerninhalte ableiten konnte. [16] So bleiben die bildungstheoretischen Präambeln für die Auswahl der konkreten Unterrichtsgegenstände in den Lehrplänen folgenlos; der Bildungsbegriff leistet keine begründete Selektion des Stoffes, der Zusammenhang zwischen Bildungszielen und den konkreten Inhalten ist nicht einsichtig. Mehr noch: der Bildungsbegriff enthält keine operationalisierbaren Kriterien, nach denen die Interessen von herrschenden Gruppen an bestimmten Themen und Gegenständen bei der Lehrplangestaltung abgewiesen werden können. Dieses Manko dokumentiert sich auch in der Sprache der Lehrpläne. Es fehlen nicht nur Angaben über erreichbare Ziele und die Bedingungen des Lernens, sondern es werden gleichzeitig gesellschaftliche Normen stabilisiert. [17] (Allerdings ist zu betonen, daß diese Kritik mehr eine unbefriedigende Lehrplanpraxis als den Bildungsbegriff selber trifft. Der Bildungsbegriff kann durchaus als ein kritisches Korrektiv gegenüber herrschenden Interessen verwendet werden, und auch Robinsohn verzichtet keineswegs auf einen solchen Bildungsbegriff als Leitidee der Curriculumentwicklung.)

Das Interesse an einer Effizienzsteigerung und -kontrolle schulischer Lernprozesse erklärt die Faszination, die das Buch von Mager ausstrahlte. Mager geht nicht aus von Bildungsgehalten, sondern von Verhaltenszielen, die durch Lernen erreicht werden sollen. Der Lerninhalt, dem das primäre Interesse der geisteswissenschaftlichen Pädagogik galt, erscheint sekundär im Vergleich zu den Lernzielen, die erreicht werden sollen. Der Stoff ist nur funktional Mittel zum Zweck der Zielerreichung. Und ferner fordert Mager eine Operationalisierung der Lernziele und damit eine Sprache, die nicht vage und mehrdeutig ist, sondern die die Lernziele eindeutig intersubjektiv nachprüfbar

20

und beobachtbar beschreibt. Zum dritten scheint Mager einen Weg aufzuzeigen, der das Unbehagen und die Unsicherheit vieler Pädagogen gegenüber der Wirksamkeit und dem Erfolg der eigenen Lehrtätigkeit abbaut: er demonstriert, wie der Lernerfolg ‚objektiv' gemessen werden kann.

Die westdeutsche Curriculumdiskussion setzt an bei der Kritik an der bildungstheoretischen, geisteswissenschaftlich-hermeneutischen Didaktik. Diese Kritik jedoch ist nicht neu und erklärt nicht allein das große Interesse an der Curriculumforschung. Es handelt sich zweifellos nicht nur um einen fachimmanenten Streit innerhalb der Erziehungswissenschaft, sondern es sind gesellschaftliche Interessen an der Curriculumforschung zu vermuten. Auf einer zweiten Ebene läßt sich der Curriculumboom mit der zunehmenden öffentlichen Kritik an der Schule und ihren angeblichen Mißerfolgen erklären. ‚‚Die gegenwärtige Erziehungswissenschaft hat — das erstemal in ihrer Geschichte — den szientistischen Erwartungen der Gesellschaft zu begegnen, die von ihr gezielte Innovationen im gesamten Schulwesen erhofft: Innovationen, die durchaus dem emanzipatorischen Interesse größerer Gesellschaftsgruppen entsprechen mögen, die dann aber auf ein pluralistisches Kräftefeld derselben Gesellschaft stoßen müssen, dessen Rückwirkungen auf die Innovationsstrategien der Erziehungswissenschaftler noch kaum analysiert worden sind." [18] Der überfällig gewordenen Bildungsreform und dem unbestrittenen ‚Bildungsnotstand' versucht man in der BRD auf drei Ebenen zu begegnen. Zunächst wurden Anstrengungen unternommen, das bestehende Schulwesen quantitativ auszubauen. Mitte der 60er Jahre wurden zahlreiche Schulen und Hochschulen neu gegründet oder ausgebaut — u.a. mit dem Effekt, daß in einigen Bundesländern die Zahl der wenigggliederten Schulen nicht ab-, sondern zunahm. In der zweiten Phase wurden bildungsorganisatorische Strukturreformen eingeleitet: die Einführung der Hauptschule sowie die Erprobung von Orientierungsstufen und Gesamtschulen kennzeichnen diese Phase. Gerade unter den Verteidigern der Gesamtschule setzte sich jedoch dann die Einsicht durch, daß Schulreform ohne eine Revision der Lernziele und Lehrpläne unbefriedigend bleibt; es begann die Diskussion um die Lehrplanreform. Unter diesem bildungspolitischen Aspekt schreibt Robinsohn sein Gutachten über die Curriculumrevision, das unmittel-

bar in die Überlegungen des Deutschen Bildungsrates zum Strukturplan einging. Robinsohn stellt einleitend fest: „Von drei verschiedenen Ansätzen her wird gegenwärtig der Versuch gemacht, das Bildungswesen in der Bundesrepublik zu reformieren. Sie lassen sich
charakterisieren als a) der ökonomisch-statistische und b) der sozial-
politische Ansatz und als c) der Ansatz von der ‚Technologie‘ und
‚Rationalisierung‘ des Unterrichts her. Beobachtet man die Wirkung
solcher Versuche in der Praxis, dann erhebt sich die Frage, ob nicht
die notwendige Umverteilung in der Befriedigung von Bildungsan-
sprüchen blockiert wird, jede strukturelle Veränderung ineffektiv
bleibt, solange die Bildungsprogramme auf Funktionen einer früheren Bildungsperiode zugeschnitten sind, solange nicht ein vierter Weg
beschritten wird, der Weg einer Revision der Inhalte des Lehrgefü-
ges.‟ [19]

Das Interesse an der Curriculumforschung ist also primär als Interesse
an einer Schulreform zu interpretieren. Von dieser neuen pädagogischen Disziplin werden unmittelbar innovatorische Wirkungen auf die
Schulpraxis erwartet. Die später festzustellende Enttäuschung über
die scheinbare Stagnation der Curriculumforschung ist wesentlich
daraus zu erklären, daß eine Veränderung der Schulpraxis nicht so
schnell und direkt erfolgte, wie es erwartet worden war. Geklärt ist
noch nicht die Frage, wer ein Interesse an der Schulreform und damit
an der Curriculumentwicklung hatte und in welche Richtung die Lehrpläne revidiert werden sollten. Zunächst ist festzustellen, daß Robinsohn u.a. demokratische, emanzipatorische Intentionen verfolgte,
indem sie eine „Mündigkeit *in* einer Kultur, nicht *für* eine Kultur‟
anstrebten, [20] wenn auch dieser emanzipatorische Ansatz nicht
stringent und differenziert genug expliziert wurde und durch die ge-
forderte Anpassung an den gesellschaftlichen Wandel teilweise relativiert wurde. Festzustellen ist ferner, daß die Intentionen der Curriculumtheoretiker nicht unbedingt den Interpretationen der Bildungs-
politiker und den Auswirkungen kongruent sind. So ist die Gefahr,
daß aufgrund von Situations- und Qualifikationsanalysen lediglich
funktionale, systemstabilisierende Curricula entwickelt werden, nicht
auszuschließen; andererseits zwingt der Ansatz bei den Verwendungssituationen nicht zu solchen Konsequenzen. Es ergeht Robinsohn
ähnlich wie W. v. Humboldt, dessen Bildungstheorie häufig den sozia-

22

len Interessen und Wirkungen des neuhumanistisch-bürgerlichen Gymnasiums gleichgesetzt wurde. Robinsohn versucht in dem Vorwort zur 3. Auflage ausführlich den Vorwurf einer Anpassungsstrategie zu widerlegen.

Die Curriculumforschung muß also von Anfang an im Zusammenhang unterschiedlicher Gesellschaftsinterpretationen und z.T. konträrer gesellschaftlicher Interessen gesehen werden. Es ist unbestritten, daß eine stärkere Orientierung der Lehrpläne an Verwendungssituationen, an dem gesellschaftlichen Wandel und an Qualifikationsanforderungen vielfach von denen gefordert wurde und wird, die Schule primär als ökonomische Investition beurteilen und den ,,output'' nach Kriterien der ökonomischen Verwertbarkeit bemessen. Ineffektiv ist demnach die Schule bisher deshalb gewesen, weil sie nicht ausreichend auf künftige Arbeitsplatzanforderungen vorbereitet hat und nicht effektiv genug eine Anpassung an die herrschenden Werte und Normen erreicht hat. Eine Analyse von Qualifikationsanforderungen und die daraus resultierende Formulierung von überprüfbaren Verhaltenszielen scheint eine solche systemkonforme Effektivierung der Schule zu versprechen. Die Wirtschaft muß an ,,Qualifikationen'' eher interessiert sein als an ,,Bildung''. Die Curriculumtheorie scheint also das für verbindlich zu erklären, was für die Mehrheit der Heranwachsenden ohnehin nur möglich war, nämlich funktionale, utilitaristische Ausbildung. Mit dem Stichwort ,,Steigerung der Effektivität'' wird in der Tat häufig eine Verkürzung der möglichen Lernziele und eine Konzentration auf unmittelbar verwertbare Kenntnisse und Fähigkeiten verschleiert.

Damit ist jedoch keineswegs nachgewiesen, ,,daß die Bemühungen um eine Curriculumrevision als Teil des Prozesses funktionaler Anpassung des Ausbildungssektors an die Zwänge kapitalistischer Verwertung'' [21] begriffen werden müssen. Denn nicht nur werden Curriculumforschungen gerade auch in nicht-kapitalistischen Ländern intensiv gefördert, sondern wesentliche Impulse der Curriculumreform gehen auch in der BRD gerade von progressiven Pädagogen, z.B. im Rahmen zahlreicher Gesamtschulversuche, aus. Außerdem ist es keineswegs zwingend, Verwendungssituationen und Qualifikationen nur unter dem Aspekt der Anpassung zu definieren und zu interpretieren. Auch Kritikfähigkeit, Selbstbestimmung, Solidarität u.ä. lassen sich als Qualifikationen beschreiben.

23

Welche Zielvorstellungen in den einzelnen Curriculumprojekten auch immer dominieren: fest steht, daß die Curriculumentwicklungen gegesellschaftliche Prozesse sind, auch wenn in der innercurricularen Theoriebildung diese gesellschaftliche Funktion nicht immer explizit reflektiert wird. Unbestritten ist ferner, daß das Ziel der Curriculumforschung die Produktion und Reproduktion gesellschaftlich erwünschter Qualifikationen ist [22] und daß damit ein logischer Zusammenhang zwischen Bildungsökonomie und Curriculumtheorie besteht, auch wenn in der Curriculumdiskussion bildungsökonomische Argumentationen weitgehend fehlen. Curriculumstrategien sind zu wesentlichen Bestandteilen von Bildungs-, Wirtschafts- und Gesellschaftsplanungen geworden. Das bedeutet nicht, daß alle Lernziele in unserer Gesellschaft nach Maßgabe ökonomischer Interessen an einer Produktionssteigerung und an einer Stabilisierung der Herrschaftsverhältnisse entschieden werden müssen. Im Unterschied zu marxistischen Interpretationen gehen wir davon aus, daß Curriculumstrategien in unserer Gesellschaft sowohl den Erwerb produktionswirksamer Qualifikationen als auch den Erwerb demokratisierender und emanzipatorischer Fähigkeiten ermöglichen. Den Beweis oder Gegenbeweis dieser Theorie wird die folgende Analyse der Curriculumtheorie und der Curriculumpraxis in der BRD erbringen. Zunächst läßt sich das Interesse an der Curriculumforschung — zumindest im Anfangsstadium dieser Entwicklung — als ein Interesse an der Planbarkeit und Kontrollierbarkeit von Lehr-Lernprozessen beschreiben. Unterricht soll effektiver gestaltet werden, wobei über die Kriterien dieser Effizienz keine einhellige Auffassung besteht.

Die Parallelen der Entstehungsgeschichte der westdeutschen Curriculumforschung zu Veränderungen in der Theorie und Praxis der EB sind evident. Anfang der 60er Jahre erfolgt — im Rahmen der allgemeinen Kritik an der geisteswissenschaftlichen Pädagogik — eine Abkehr von dem neuhumanistisch-idealistischen Bildungsverständnis, das sich für die EB durch Schlagworte wie Persönlichkeitsbildung, existentielle Lebenshilfe, Zweckfreiheit der Bildung, Vorrang der Allgemeinbildung vor der beruflichen Bildung, Freiwilligkeit der Teilnahme, okkasionelles Lernen, Verzicht auf Leistungsnachweise, Immunisierung gegen Vermassung und Technisierung kennzeichnen läßt. Das Gutachten des Deutschen Ausschusses für das Erziehungs-

24

und Bildungswesen „Zur Situation und Aufgabe der deutschen Erwachsenenbildung" markiert insofern einen Wendepunkt, als es eindeutig dem Bildungsverständnis der „Neuen Richtung" verpflichtet ist, andererseits auf neue Aufgaben und Möglichkeiten der EB verweist. Das veränderte Selbstverständnis beschreibt H. Tietgens wie folgt: „Seit etwa 10 Jahren wird . . . . anstelle der Vermassung die Mobilität der Gesellschaft als Rechtfertigungsgrund für EB in den verschiedensten Publikationen genannt. Mehrere Gründe haben dazu geführt. Zum einen trat allmählich die Generation der Mitarbeiter in der EB ab, die schon vor 1933 ihre Zielvorstellungen entwickelt hatten. Zum zweiten wurde durch die Sozialwissenschaften einsichtig gemacht, daß die Bezeichnung Massengesellschaft die Differenziertheit der Lebensbedingungen unserer Zeit nicht deckt. Und zum dritten verlangte die technische und ökonomische Entwicklung so unabweisbar fachliche Qualifikationen, daß dieser Umstand auch in der theoretischen Diskussion um die EB zur Kenntnis genommen werden mußte. Das Zustandekommen dieser Tatsachen und Einsichten führte dazu, nunmehr die beschleunigten Veränderungen auf allen Lebensgebieten zum Orientierungspunkt für das Aufgabenverständnis von EB zu erklären." [23]

Dieser als „realistische Wende" apostrophierte Wandel führte zur Entwicklung langfristiger, lernintensiver systematischer Programme teils im Rahmen des zweiten Bildungsweges, teils als Curriculumelemente in einem Baukastensystem. [24] Insbesondere das VHS-Angebot wurde verbindlicher und differenzierter und wurde tendenziell in ein Gesamtbildungssystem integriert. Während in der EB-Diskussion bisher vorrangig methodische und anthropologische Fragen erörtert worden waren, wurden jetzt primär Kriterien der Auswahl von Lerninhalten diskutiert. Ingeborg Maschmann stellt für diese Phase zwei konvergierende Tendenzen fest: „1. Die Schule zeigt Ansätze, ihre Struktur zugunsten einer offeneren Ordnung von Angebot und Nachfrage zu variieren. 2. Die EB zeigt deutlich Ansätze, dem Angebotsfaktor in ihrer Bildungsvorstellung eine größere Bedeutung und Sorgfalt zu widmen." [25] Nicht nur der Auswahl von Inhalten, sondern auch der Rationalisierung des Lernens und der Überprüfung des Lernfortschritts wurde angesichts der neuen prüfungsvorbereitenden Kurse verstärkte Beachtung geschenkt. Damit waren curriculare Fragestellungen für die EB relevant geworden, zumal mit neuen Grundstudien-programmen und mit den Zertifikatskursen bereits in Ansätzen curri-culare Strategien entwickelt worden waren.

Auch die Anfang der 70er Jahre einsetzende Technokratiekritik an der schulpädagogischen Curriculumentwicklung findet in der EB ihre Entsprechung. Die realistische Wende in der EB fand nicht nur Be-fürworter, sondern auch Kritiker, wobei diese Kritik zunächst vor allem aus bildungstheoretisch-idealistischer Perspektive geäußert wur-de, dann aber zunehmend aus einer marxistischen Gesellschaftskritik begründet wurde. Die lernintensiven Zertifikatskurse wurden — wie die Ansätze der Curriculumforschung — als technokratisch, systemsta-bilisierend, affirmativ usw. disqualifiziert, ohne daß diese Kritik je-doch durch differenzierte Analysen der Ziele, Inhalte und Funktionen dieser Maßnahmen belegt worden wäre.

Dieser Wandel des Selbstverständnisses und der Funktionen der EB ist von VHS-Mitarbeitern in einem Einführungsseminar der PAS sche-matisch dargestellt worden. Dieses Schema kann als heuristische Dis-kussionsgrundlage verstanden werden. Wir haben dieses Raster um eine weitere Spalte ergänzt, die die Ablösung geisteswissenschaftlicher Didaktik durch erfahrungswissenschaftliche Curriculumtheorie an-deutet. [26]

Gesellschaftspolitische Zielvorstellungen

(z.B. in offiziellen u. halboffiziellen Verlautbarungen: Strukturplan etc.)

1. Volksbildung

Gesellschaftsvorstellungen   **Massengesellschaft**

(Zivilisationskritik)

Legitimation — Organizistische Vorstellungen
(Vorgegebene Begabungen)
(Bestimmungsgrund)
— Rettung vor Kulturverfall —

Ziele — Erziehung zur Innerlichkeit — (Allgemein-
bildung im humanistischen Sinn)
Funktion
— Lebenshilfe
— Stützung der Gemeinschaft durch
Erhaltung und Tradierung
gesellschaftlicher Werte und Normen
— Freizeitgestaltung
— Seelischer Ausgleich

Zielgruppen — Individuen, die kulturelle
Werte tradieren
(Adressaten)
— Industrialisierungsfrustrierte

Praxis — unverbindliche Lernangebote
Schwerpunkte
— an Einzelinteressen gebunden
— Bildung als Konsum (freizeitorientiert)

k u l t u r e l l

Organisation — nebenamtliche Tätigkeit
Verfahrensgrundsätze
o k k a s i o n e l l

Didaktik — normativ
— geisteswissenschaftlich
(Bildungsgüter)

27

2. Weiterbildung

Gesellschaftsvorstellungen	Mobile Gesellschaft (Pragmatik)
Legitimation (Bestimmungsgrund)	— Arbeitsteilige Vorstellung — Offenheit für alle Gesellschaftsgruppen — Neutralität — Aufhebung des Modernitätsrückstandes — — Defizite beseitigen —
Ziele Funktion	— Berufsorientierte Leistungssteigerung — Anspruch auf Persönlichkeitsentfaltung — Anpassung an die Leistungsgesellschaft — Chancengleichheit
Zielgruppen (Adressaten)	— Homogene Gruppen (Bezugsgruppen) — Aufstiegsorientierte — formelle Offenheit für alle gesell- schaftlichen Gruppen
Praxis Schwerpunkte	— Bildungsökonomie — Berufliche Weiterbildung — Leistungsorientierter Unterricht mit verbindlichen Lernzielen nach dem Baukastenprinzip — Tradierung des Unverbindlichen (einerseits andererseits) b e r u f l i c h
Organisation Verfahrensgrundsätze	— Professionalisierung s y s t e m a t i s c h
Didaktik	— erfahrungswissenschaftlich — sozialtechnologisch (geschlossene Curricula)

3. Emanzipatorische EB - Arbeiterbildung

Gesellschaftsvorstellungen	**Klassengesellschaft** (Kritische Theorie)
Legitimation (Bestimmungsgrund)	— Klassenlose Gesellschaft — Gleiche soziale Chancen für alle — Gesellschaftliche Selbstbestimmung

Ziele
Funktion
	— Befreiung von gesellschaftlichen
	   Zwängen und ungerechten
	   Verteilungsmechanismen
	— Selbstbestimmung (Bildungsinhalt)
	— Sozialisierung des Produktions-
	   faktors Bildung
	
	— Systemüberwindende
	   Gleichberechtigung

Zielgruppen (Adressaten)	— Unterprivilegierte — Sozialisationsbenachteiligte

Praxis
Schwerpunkte
	— Kollektive Ansätze
	— Betriebs(gruppen) orientiert
	— Gruppen- und situationsbezogen
	— Einheit von Theorie und Praxis
	   (solidarische Aktionen)
	
	   p o l i t i s c h

Organisation Verfahrensgrundsätze	— Selbstorganisation e m a n z i p a t o r i s c h
Didaktik	— gesellschaftskritisch — teilnehmerorientiert (offene Curricula)

29

Es ist ein Novum in der Geschichte des deutschen Bildungswesens, daß die Bildungspolitik mit minimalem Phasenverzug erziehungswissenschaftliche Entwicklungen in Planungskonzepten aufgreift und verarbeitet. Der deutsche Bildungsrat hat Saul Robinsohn mit der Erstellung eines Gutachtens zur Curriculumentwicklung beauftragt, den neuesten Stand der Curriculumdiskussion in seinem „Strukturplan für das Bildungswesen" berücksichtigt und intensive Curriculumforschungen in der BRD angeregt. Da ein einheitliches Begriffsverständnis weder im Inland noch im Ausland festzustellen ist, verzichtet der Bildungsrat auf eine bündige Definition und begnügt sich mit einer Beschreibung der Merkmale und Fragestellungen: „Der alte Begriff Curriculum, den die moderne Erziehungswissenschaft aufgenommen hat, bezieht sich auf die Lernprozesse. Welche Kenntnisse, Fertigkeiten, Fähigkeiten, Einstellungen und Verhaltensweisen soll der Lernende erwerben? Mit welchen Gegenständen und Inhalten soll er konfrontiert werden? Was soll er lernen? Wann und wo soll er lernen? In welchen Lernschritten, in welcher Weise und anhand welcher Materialien soll er lernen? Wie soll das Erreichen der Lernziele festgestellt werden?" [27] Curriculum ist also weniger ein „Lehrplan" als ein „Lernplan", weniger ein Stoffplan als die Strukturierung von Lernsituationen. Das Curriculum ist ein lernzielorientiertes Lernprogramm. Auch wenn eine verbindliche Umschreibung von „Curriculum" noch nicht vorliegt, so besteht doch eine relativ große Übereinstimmung der genannten Merkmale in den verschiedenen Curriculumdefinitionen. Eine am Bundesinstitut für Berufsbildungsforschung durchgeführte Inhaltsanalyse von 21 Definitionen hat ergeben, daß die Auswahl und Begründung von Lernzielen im Mittelpunkt aller Curriculumtheorien steht. [28]

Formulierungen, die in Curriculumdefinitionen verwendet werden

(N = 21 Definitionen)

Kategorie	Beschreibung (Beispiele von Formulierungen)	Häufigkeit (Zahl der Definitionen)
a) Ziele	Ziele der Schule – Lern-, Lehr-, Bildungsziele – Teil-, Gesamterziehungsziele – allgemeine und spezielle Lernziele – vermittelnde Lernziele – Lernzielbeschreibung, -komplexe, -hierarchien – Intentionen, Qualifikationen, Funktionen – intendierte Lernergebnisse – Kenntnisse, Fertigkeiten ...., die der Lernende erwerben soll – learning goals, aims, objectives	20
b) Inhalte	Lehr-, Lern-, Bildungs-, Unterrichtsinhalte – Gegenstände, Lerngegenstände – Unterrichtsthemen, Fächer, Lernbereiche – Unterrichts-, Lehrstoffe – Bildungsgüter – inhaltlich bestimmt, inhaltlich bezogen – contents	14
c) Organisation	Organisation – Unterrichts-, Lernorganisation – Organisationsform – organisierte Anordnung, Anordnung der Unterrichtsstoffe – Organisation der Lernerfahrungen – organisatorischer Rahmen – Sequenz, strukturierte Sequenz – Reihe – didaktische Folge – Plan für zeitliche und thematische Aufeinanderfolge – wann und wo – Situationen (Gruppierung von Inhalten und Methoden) – innere Struktur der Lerneinheiten und ihre Koordination – Schulart, Fächer, Disziplin, Klassen, Lehrgänge, Sachbereich, fächerübergreifende Unterrichtseinrichtungen – Differenzierungsmöglichkeiten	
d) Methoden	Methoden, Unterrichtsmethoden – Lern-, Unterrichtsverfahren – lernzielgerechte Lehr- und Lernverfahren – Wege – Lernschritte – in welcher Weise – Anweisungen zur Durchführung – Arbeitsanweisungen für Lehrer und Schüler – didaktisch-methodische Alternativmodelle für den Unterrichtsverlauf	11
e) Kontrolle	Kontrolle, Erfolgskontrolle – Evaluation, Evaluation im Hinblick auf die angestrebten Ziele, Feststellen des Erreichens der Lernziele – Tests zur Kontrolle, Instrumentarium zur Kontrolle und zur Beurteilung – Instrumentarium der Lernkontrolle zur Überprüfung der Lernleistungen der Schüler – Verfahren und Instrumente, mit denen die Erreichung der Lernziele kontrolliert werden kann	11

Der zentrale bildungspolitische Stellenwert der Curricula besteht dar-in, daß nicht mehr Lehrpläne für bestehende Schulformen entwickelt werden, sondern daß zunächst Curricula erarbeitet und erst anschlies-send entsprechende bildungsorganisatorische und institutionelle Kon-sequenzen gezogen werden. [29] Dieser bereits von Robinsohn formu-lierte Anspruch ist bisher jedoch weitgehend Utopie geblieben, er scheint aber in der institutionell flexibleren EB eine größere Reali-sierungschance zu haben als in der verwalteten Schule. Doch auch bei der Diskussion zum Bildungsurlaub zeigt sich, daß zunächst nach der Zeitdauer, den durchführenden Einrichtungen und den Organisa-tionsformen gefragt wird, daß diese Entscheidungen also wiederum nicht von curricularen Zielvorstellungen abhängig gemacht werden.

Wenn das Curriculum nicht als Lehrplan, sondern als Lernplan defi-niert wird, muß es den individuellen Lernvoraussetzungen und Inter-essen der Lernenden Rechnung tragen. Es darf also nicht mehr einen verbindlichen Lehrplan für jede Schulart geben, so daß es allein von der Schulart abhängt, was der Schüler lernen muß. Es wird jedoch zu zeigen sein, daß diese Forderung der Individualisierung mit dem In-teresse an lehrerunabhängigen, objektiven Leistungskontrollen kolli-dieren kann und schwer zu realisieren ist. Diese Schwierigkeit wird auch von H. Tietgens im Blick auf die VHS-Zertifikatskurse angedeu-tet: ,,Nimmt man . . . Schulenbergs Postulat der bundeseinheitlichen Prüfung ernst, und dies geschieht bei den VHS-Zertifikaten . . . , dann ist die Prozedur objektivierter Leistungsmessung nicht zu umgehen.

Damit stellt sich aber die Frage, was gemessen werden kann ... Unbestritten sind die Möglichkeiten der objektivierten Leistungsmessung, wenn Prüfungsaufgaben in Form eindeutiger Alternativen, Fragen bzw. Wahlen gestellt werden können. Lassen sich die angestrebten Lernziele aber nicht auf diese Weise abprüfen, besteht die Gefahr, sie zu verfehlen. In Rücksicht darauf wurde bisher davon abgesehen, auch Zertifikate für den sozialkulturellen Bereich einzuführen," 30) Jedenfalls sind Lernkontrollen unverzichtbarer Bestandteil eines jeden Curriculum.

Die herkömmlichen Lehrpläne waren traditionsverhaftet. Ein „klassischer" Kanon von Kultur- und Bildungsgütern wurde fortgeschrieben und nur unwesentlich modifiziert, wobei der schichtspezifisch elitäre Charakter dieses Bildungsideals kaum ernsthaft reflektiert wurde. Auf soziale und technologische Veränderungen reagierte der Lehrplan meist mit einer Verzögerung von mehreren Jahrzehnten, so daß die Sozial- und Naturwissenschaften in unserem Gymnasium bis in die jüngste Vergangenheit unterrepräsentiert waren. Damit wurden indirekt die bestehenden gesellschaftlichen Strukturen verfestigt. Das Curriculum hingegen orientiert sich an Lernzielen und an gesellschaftlich gewünschten Qualifikationen, „die Curricula sagen aus, welche Bildungsziele die Gesellschaft verwirklichen möchte". 31) Damit stellt sich für die Curriculumforschung erneut die Frage nach einem gesellschaftlichen Minimalkonsensus sowie nach den Gruppen und Kräften, die die Wünschbarkeit dieser gesellschaftlichen Ziele entscheiden. Eine pädagogische Autonomie und Selbstbeschränkung ist von vornherein ausgeschlossen, die Curriculumforschung erweist sich als eine sozialwissenschaftliche Disziplin. Ob diese Kompetenz der Lernzielentscheidung an „Experten" delegiert werden kann, wie Robinsohn vorschlägt, wird zu einer zentralen, kontroversen Frage der Curriculumdiskussion. Der Vorschlag des Bildungsrates bleibt zunächst unverbindlich optimistisch: „Die Curriculum-Entscheidungen der Zukunft können weder in der Nachfolge landesherrlicher Erlasse fallen, noch dürfen sie Sache einiger Curriculum-‚Technokraten' sein. Durch ein nach institutionalisierten Regeln verlaufendes Zusammenspiel von politischer, theoretischer und praktischer Kompetenz sollten sie aus einem beispielhaften Fall demokratischer Entscheidungsfindung hervorgehen." 32)

Wenn Curricula Lernprozesse strukturieren sollen, die ein rationales Verhalten in unserer Gesellschaft ermöglichen, dann müssen die gesellschaftlichen Anforderungen und die gewünschten Qualifikationen genau erforscht werden. Neben einer ideologiekritischen Analyse der Ziele und Zwecke müssen also relevante Situationsfelder empirisch ermittelt und analysiert werden. Curriculumforschung ist deshalb allein mit empirischen Methoden nicht zu leisten, kann aber auf empirische Verfahrensweisen und Bestandsaufnahmen auf keinen Fall verzichten. Damit sieht sich die Curriculumforschung konfrontiert mit einer Fülle wissenschaftstheoretischer und -methodologischer Probleme.

Der Versuch einer vorläufigen Umschreibung und Charakterisierung des Begriffs Curriculum soll damit zunächst beendet sein. Nach diesen Anmerkungen läßt sich die Frage beantworten, ob die Curriculumtheorie als eine Alternative zur Didaktik oder als eine Weiterentwicklung der Didaktik zu verstehen ist. Wenn wir Didaktik umfassend als die Theorie und Praxis von Lehr-Lernprozessen definieren, markiert diese vage Umschreibung den kleinsten gemeinsamen Nenner unterschiedlicher didaktischer Theorien. Innerhalb der deutschen Pädagogik lassen sich vor allem drei didaktische Strömungen unterscheiden. Die bildungstheoretische, geisteswissenschaftlich-hermeneutische Position definiert Didaktik als Theorie der Bildungsinhalte und des Lehrplans (Klafki, Weniger u.a.) und unterscheidet davon die Methodik als die Theorie des Unterrichtsverfahrens. Der lerntheoretische Ansatz (Roth, Heimann, Schulz u.a.) interpretiert Didaktik als lernwissenschaftliche Wissenschaft von Unterricht unter Einbeziehung der Methoden und Medien. Auf diesen Aspekt der Steuerung und Vermittlung konzentriert sich die informationstheoretische Didaktik (Frank, v. Cube u.a.) als Theorie der Einflußmöglichkeiten auf Lernprozesse. Diese drei ,,Schulen'' bearbeiten unterschiedliche Fragestellungen: Klafki versucht, kategoriale, fundamentale und elementare Komponenten in den Bildungsgütern festzustellen, die auf entsprechende Strukturen der Persönlichkeit verweisen und ein exemplarisches Lernen ermöglichen. Bildung ist die zentrale Kategorie dieser Didaktik: ,,Didaktik (meint) die Theorie der Bildungsaufgaben und Bildungsinhalte bzw. der Bildungskategorien; sie fragt nach ihrem Bildungssinn und den Kriterien für ihre Auswahl, nach

34

ihrer Struktur und damit auch ihrer Schichtung, schließlich nach ihrer Ordnung." [33] Bildung wird dabei als Entsprechung von Umwelt und Subjekt charakterisiert: „Bildung ist Erschlossensein einer dinglichen und geistigen Wirklichkeit für einen Menschen — das ist der objektive oder materiale Aspekt; aber das heißt zugleich: Erschlossensein dieses Menschen für diese seine Wirklichkeit — das ist der subjektive oder formale Aspekt zugleich im ‚funktionalen' wie im ‚methodischen' Sinne." [34] Auch wenn diese Fragestellung heute meist mit anderen Begriffen — Transfer, didaktische Reduktion, Lernstruktur — beschrieben wird, ist das angedeutete Problem weiterhin relevant und aktuell. Dasselbe gilt für die Überlegungen E. Wenigers, der die Lehrpläne der Schulen als das Ergebnis der Auseinandersetzungen gesellschaftlicher Mächte zu analysieren versuchte. Er untersucht damit Fragen der Legitimität und Prozesse der gesellschaftlich-politischen Entscheidungen in Lehrplankommissionen, mit denen auch die Curriculumforschung konfrontiert ist.

Die lerntheoretischen Didaktiker, allen voran P. Heimann und W. Schulz bemühen sich insbesondere um eine Analyse des Unterrichts. Dabei wird der Implikationszusammenhang von Zielen, Inhalten und Methoden deutlich: bestimmte methodische Organisationsformen und Medien beeinflussen die Ziele und Inhalte; bestimmte Ziele erfordern entsprechende Methoden. Die Strukturanalyse des Unterrichts ergibt außerdem, daß didaktische Entscheidungen von gesellschaftlichen und psychologischen Determinanten beeinflußt werden. Deshalb werden zwei Bedingungsfelder des Unterrichts (anthropogene und sozialkulturelle Voraussetzungen) von didaktischen Entscheidungsfeldern (Intentionalität, Thematik, Methodik, Medien) unterschieden. Die Problematik dieser Abgrenzung und Zuordnung soll hier nicht diskutiert werden; ausschlaggebend ist in diesem Zusammenhang, daß alle genannten Faktoren und Entscheidungen auch in der Curriculumforschung untersucht werden und in dem Curriculum berücksichtigt werden müssen.

Die informationstheoretische und kybernetische Didaktik klammert normative Fragen der Zielsetzung weitgehend aus ihrem Untersuchungsfeld aus. Sie versucht, „die technischen Wissenschaften auf den menschlichen Bereich anzuwenden, den individuellen wie den sozialen, und so die Bedingungen der Lernprozesse lückenlos verfügbar zu machen. Das treibende Interesse liegt demzufolge in der erstrebten Effektivität, in dem Willen, Veränderungen hervorbringen und steuern zu können." [35] Sichtbarstes Ergebnis dieser Didaktik sind Lehrmaschinen und programmierter Unterricht. Während die bildungstheoretische Didaktik methodische Fragen absonderte, rücken hier Probleme der Steuerung und Vermittlung von Lerninhalten in den Mittelpunkt des Interesses. Die Rationalisierung und Optimierung des Unterrichts, die Kontrolle des Lernfortschritts und der Lernzielerreichung aber sind ein wesentliches Merkmal der Curriculumforschung.

Trotz z.T. divergierender wissenschaftstheoretischer und anthropologischer Prämissen schließen sich diese drei Modelle der Didaktik nicht aus, sondern ergänzen sich wechselseitig, da jeweils unterschiedliche Fragestellungen berücksichtigt werden. Die Berechtigung dieser verschiedenen Aspekte wird auch gegenseitig nicht bestritten, allenfalls gibt es über die Priorität und Relevanz der einzelnen Problemfelder kontroverse Auffassungen. Der Gegenstand der Curriculumforschung ist kein anderer als der der Didaktik. Auch Robinsohn, dessen Kritik an den Grenzen und der pädagogischen „Selbstbeschränkung" bisheriger Didaktik ansetzt, interpretiert sein Curriculumkonzept nicht als Alternative, sondern als neue Phase der Didaktik: „Ich glaube, daß man das, was wir tun wollen, durchaus als Didaktik bezeichnen kann. Sie müßte aber abgehoben werden gegen eine Didaktik, die das Curriculum in seiner Zusammensetzung im wesentlichen als gegeben voraussetzt und sich auf Fragen der Transposition tradierte Kulturelemente und der Bildungswirksamkeit beschränkt." [36]

Von ihrem Anspruch her versucht die Curriculumforschung alle angedeuteten didaktischen Fragen zu klären. Sie rekurriert dabei jedoch z.T. auf andere wissenschaftliche Voraussetzungen und verwendet neue Strategien der Problemlösung und Techniken der Datenerhebung. Neu ist allenfalls die Konsequenz, mit der das Problem der Evaluation, d.h. der Wirkungskontrolle, bearbeitet wird. Die Curriculumtheorie läßt sich als eine umfassende didaktische Theorie bezeichnen, wobei die einzelnen Curriculumkonzepte unterschiedlich den verschiedenen Didaktikmodellen verpflichtet sind. „Die Curriculumtheorie kann als der bisher umfassendste wissenschaftliche Versuch zur Behandlung von Lehr- und Lernproblemen betrachtet werden. Curriculumforschung bemüht sich um einen Begriffsrahmen, der die mit den auszuwählenden Lehrinhalten verbundenen Intentionen definiert und objektiviert, d.h. überprüfbar macht, ohne schon von vornherein den qualitativen Aspekt im Interesse lückenloser Operationalisierung zu negieren." [37]

In einem Punkt scheint die Curriculumtheorie den Rahmen der Didaktik zu sprengen: Gegenstand der Didaktik ist der Unterricht, Inhalte werden als Unterrichtsinhalte diskutiert. Für die EB stellt sich im Zusammenhang der Programmplanung zusätzlich die Frage, welche Fachbereiche und Veranstaltungsthemen ausgewählt und angeboten werden sollen. S. Robinsohn hatte versprochen, ein Konzept für eine Gesamtrevision des Lehrplans und damit auch des herkömmlichen Fächerkanons vorzulegen, von daher ließ die Curriculumtheorie Maßstäbe zur Strukturierung des gesamten Arbeitsplans einer EB-Einrichtung erwarten. Um zu überprüfen, ob die Curriculumforschung diesen Ansprüchen gerecht wird, empfiehlt sich eine Unterscheidung von Makrodidaktik (=Programmplanung) und Mikrodidaktik (=Veranstaltungsplanung).

Um die Fülle der Curriculumliteratur systematisieren zu können, erscheint eine weitere begriffliche Klärung erforderlich. Das *Curriculum* ist ein Produkt, der „dargestellte, kodifizierte Unterricht", der nicht mit dem Unterrichtsprozeß selber identisch ist. Die Form dieses Produkts ist unterschiedlich, Curricula können aus Teilen von Schulgesetzen oder Lehrplanrichtlinien, aber auch aus Lernzielkatalogen, Lehrmittelsystemen oder Testbatterien bestehen. [38] Von diesem Produkt ist der Prozeß der Curriculumentwicklung oder -konstruktion einerseits sowie die Anwendung und Umsetzung des Curriculum im Unterrichts als Implementation andererseits zu unterscheiden. Es sei bereits an dieser Stelle darauf hingewiesen, daß uns für die sozialkulturelle EB die Prozesse der Curriculumentwicklung und Implementation interessanter erscheinen als Curricula im Sinne fertiger Produkte.

Die Aussagen zu curricularen Problemen lassen sich klassifizieren in die Ebenen der Curriculumtheorie, Curriculumstrategie und Curriculummethodologie. Die *Curriculumtheorie* klärt die wissenschaftstheoretischen, gesellschaftstheoretischen und anthropologischen Prämissen, bemüht sich um eine Klärung der Kategorien und Begriffe und reflektiert die Begründungszusammenhänge sowie die gewollten und ungewollten Auswirkungen der Curricula. Sie definiert den Lernbegriff ebenso wie die Funktion der Fachwissenschaften für den Lernprozeß, sie ermittelt, welche curricularen Planungsdaten erhoben werden müssen und wie unterschiedliche Informationsklassen aufeinander bezogen werden können.

Bei der Curriculumkonstruktion müssen unterschiedliche Informationen gesammelt und verarbeitet werden, z.B. Informationen der Fachwissenschaften, der gesellschaftlichen Qualifikationsanforderungen, der individuellen oder schichtspezifischen Lernvoraussetzungen. Diese verschiedenen Schritte lassen sich als ,Handlungsräume' beschreiben, deren Reihenfolge nicht beliebig ist, sondern von der *Curriculumstrategie* — z.B. in einem Ablaufplan oder Flußdiagramm — festgelegt wird. ,,Die Curriculumstrategie ist die Handlungsbeschreibung bzw. -anweisung unter Berücksichtigung der beteiligten Informationen, Personen und Institutionen mit der Abfolge der Verhaltensereignisse und ihren Zusammenhängen in Hinsicht auf das Ziel der evaluierten Curriculumentwicklung." [39] Der Instituts- oder Fachbereichsleiter einer VHS wird bei der Erstellung eines Arbeitsplans ständig mit solchen strategischen Problemen konfrontiert.

Die *Curriculummethodologie* stellt das Instrumentarium zur Erhebung und Verarbeitung der Daten bereit. Diese Instrumente umfassen sowohl Techniken der Qualifikations- und Arbeitsplatzanalyse als auch Techniken der Entscheidungsfindung und Konsensbildung, der Lernzielpräzisierung und -hierarchisierung. Diese Unterscheidung dient jedoch nur heuristischen Zwecken, in der Praxis der Curriculumentwicklung überlagern und durchdringen sich diese Ebenen wechselseitig. Daß Techniken nicht ohne die Berücksichtigung theoretischer Implikationen verwendet werden dürfen, daß theoretische Vorentscheidungen bestimmte Instrumente ausschließen, wird an späterer Stelle zu zeigen sein. In diesem Zusammenhang erscheint die von W. Manz vorgenommene Unterscheidung von ,,Verfahren" und ,,Methode" beachtenswert. ,,In unserem Zusammenhang soll ,Methode' für den technologischen Aspekt der Curriculumforschung stehen. . . . Demgegenüber soll ,Verfahren' für alle Entscheidungsaspekte und die

38

sie herbeiführenden Handlungsabläufe stehen. Während ,Methode' als zweckrationale Handlungsform auf technische Rationalität abzielt, soll mit ,Verfahren' kommunikatives Handeln gemeint sein, welches auf kommunikative Rationalität abzielt." [40] Damit wird implizit davor gewarnt, normative Entscheidungsprobleme technologisch zu lösen.

In den folgenden Abschnitten soll versucht werden, auf der mittleren ,strategischen' Ebene anzusetzen, um die Fülle der Konzepte und Projekte exemplarisch und in Ausschnitten darzustellen und von den strategischen Handlungsräumen aus jeweils theoretische und methodologische Aspekte zu berücksichtigen.

2. Strategien der Curriculumkonstruktion

Im folgenden wird versucht, typische Strategien der Curriculument-wicklung zu klassifizieren und durch ausgewählte Beispiele zu erläu-tern. Dieser Klassifizierungsversuch wird dabei als vorläufig und hypo-thetisch verstanden, er soll dem Leser einen orientierenden Überblick erleichtern und erhebt nicht den Anspruch systematischer Stringenz. Ferner ist zu bedenken, daß diese Strategien bei keinem Curriculum-konzept in „Reinkultur" auftreten, sondern daß die Einteilung le-diglich Akzentuierungen und Tendenzen andeutet. Andere Klassifi-zierungen — z.B. in „neo-geisteswissenschaftliche" Konzepte und An-sätze, „die selbst noch keine konkret formulierten Wertungen" ent-halten [41] — sind denkbar, charakterisieren jedoch eher die theore-tische als die strategische Ebene.

2.1. Die induktive Strategie von S. Robinsohn

Induktive Strategien entwickeln Curricula nicht aufgrund konkreter Gesellschaftsinterpretationen, eines bestimmten Menschenbildes oder einzelner Leitideen, sondern aufgrund von Informationen über die Umwelt, insbesondere über Lernerfordernisse. Diese Strategie ent-spricht dem ursprünglichen Ansatz der Curriculumforschung: die bis-herige Orientierung an Bildungsbegriffen und klassischen Bildungs-idealen hatte zu einer Tradierung von ‚Kulturgütern' und zu einer Vernachlässigung gesellschaftlicher Entwicklungen geführt. Das Inter-esse dieser Strategien gilt in erster Linie dem Was, den Inhalten, die-ses Konzept stellt sich „dem Druck der unausweichlichen Forderun-gen nach Aktualisierung des Curriculum". [42] „Wir gehen also von den Annahmen aus, daß in der Erziehung Ausstattung zur Bewälti-gung von Lebenssituationen geleistet wird, daß diese Ausstattung ge-schieht, indem gewisse Qualifikationen und eine gewisse ‚Disponibili-tät' durch die Aneignung von Kenntnissen, Einsichten, Haltungen und Fertigkeiten erworben werden; und daß eben die Curricula und — im engeren Sinne — ausgewählte Bildungsinhalte zur Vermittlung derartiger Qualifikationen bestimmt sind. Damit ergibt sich für die Curriculumforschung die Aufgabe, Methoden zu finden und anzuwenden, durch welche diese *Situationen* und die in ihnen geforderten Funktionen, die zu deren Bewältigung notwendigen *Qualifikationen* und die *Bildungsinhalte* und Gegenstände, durch welche die Qualifizierung bewirkt werden soll, in optimaler Objektivierung identifiziert werden können." [43] Robinsohn ist bei seinen Überlegungen offenbar von schwedischen Untersuchungen beeinflußt worden, die deutlich machten, daß z.B. das Fach Sozialkunde Kenntnisse vermittelt, die später kaum gebraucht wurden, und daß wesentliche gesellschaftliche Qualifikationen benötigt werden, die in der Schule nicht erworben werden konnten. Dieses Vorgehen ist in der Tat neu und ungewohnt, denn bisher haben sich Schul- und Hochschuldidaktik kaum ernsthaft darum gekümmert, für welche Verwendungssituationen gelernt werden soll und ob das Gelernte überhaupt in der gesellschaftlichen Praxis verwert- und verwendbar ist. Auch in der EB galt eine solche Fragestellung gerade im soziokulturellen Bereich lange Zeit als obsolet; Bildung erschien als Wert an sich, Bildung war — wenn nicht zwecklos, so doch zweckfrei. Immerhin hatte der Deutsche Ausschuß schon darauf hingewiesen, daß ein Weltverständnis und ein entsprechendes Handeln Zweck der EB sei.

Die Teilnahme an Veranstaltungen der EB ist sicherlich nur zum geringeren Teil auf ein allgemeines „Bildungsstreben" zurückzuführen, sondern meist durch subjektiv empfundene Lerndefizite oder konkrete Lernerfordernisse — nicht nur im beruflichen, sondern auch im familiären und gesellschaftlichen Bereich — motiviert. Die meisten Erwachsenen lernen im Blick auf konkrete Probleme, Aufgaben und Situationen. „Das bisher beschriebene Erwartungssyndrom läßt erkennen, daß Lernen vornehmlich instrumental gesehen wird. Dafür gibt es mehrere Gründe: die Einschätzung des Lernens durch das gesellschaftliche Normensystem unter dem Aspekt der Trennung von funktionaler Leistung und kulturellem Ornament; die Annahme, daß Lernen Anstrengung bedeutet, die durch den unmittelbaren Effekt belohnt werden soll; die Chance, bei einem instrumentalen Verständnis des Lernens das eigene ambivalente Verhältnis gegenüber den

Lernanforderungen besser vertreten zu können. Das Dilemma ist: einerseits wird der Wert des Lernens nicht ohne weiteres eingesehen, und man meint, man könne sich das Notwendige ‚nebenbei' aneignen; andererseits besteht oft auch Anlaß, vor der Überschätzung dessen, was man mit dem Gelernten anfangen kann, zu warnen." [44]

Dieses Zitat von H. Tietgens und J. Weinberg soll andeuten, daß der Ansatz von S. Robinsohn für die EB interessant sein könnte. Damit ist noch nicht behauptet, daß hier eine geschlossene und stimmige Strategie vorliegt, die zentrale didaktische Probleme der EB zu lösen vermag. Der Verzicht auf normative Vorentscheidungen erweist sich bei näherer Betrachtung als ein Mangel: aus welcher Perspektive sollen welche Situationen zu welchem Zweck ausgewählt und interpretiert werden? Robinsohn verläßt seinen Anspruch, „die Gesamtheit dessen festzustellen, was von einem Schüler im Laufe seiner Schulzeit erfahren werden muß," [45] wieder, um zunächst mit einer Überprüfung der vorhandenen Bildungsinhalte zu beginnen. Aus dem Konzept einer radikalen Neuentwicklung von Curricula — unabhängig von dem herkömmlichen Fächerkatalog — wird unversehens ein „Modell zur Curriculumrevision", d.h. zur Korrektur vorliegender Lehrpläne. Damit verändert sich zugleich die Funktion der Verwendungssituationen: während sie im ursprünglichen Ansatz eine wichtige Informationsquelle für curriculare Planungsdaten war, erfüllt sie jetzt „nur noch" die Funktion eines Relevanzkriteriums. Die vorhandenen Inhalte sollen gemessen werden an drei Kriterien, nämlich an ihrer Bedeutung in der Wissenschaft, ihrer Leistung für Weltverstehen und ihrer Funktion in Verwendungssituationen. Vorausgesetzt wird dabei, daß es über die „Bedingungen personaler und gesellschaftlicher Existenz" einen gesamtgesellschaftlichen Konsens gibt. [46]

Die Konfrontation der Lerninhalte mit Verwendungssituationen erfordert intensive empirische Analysen. Robinsohn deutet jedoch sofort an, daß übertriebene Hoffnungen auf solche empirischen Forschungen verfehlt sind. „Nur eine naive Überschätzung der durch exakte empirische Untersuchungen bereits gewonnenen oder zu erwartenden Erkenntnisse jedoch könnte verkennen, daß der größte Teil der genannten Aufgaben in Wirklichkeit in dieser Weise nicht zu lösen ist." [47] Als Ausweg schlägt Robinsohn daher Expertenbefragungen vor, wobei sich sofort die Frage nach der Kompetenz und Legitimation dieser Experten stellt. Robinsohn nennt als „Instanzen" curricularer Entscheidungen: „Zum ersten Fachwissenschaftler, aus ihrer sachlichen Kompetenz heraus, die sich nicht nur auf die Einsicht in fachimmanente Zusammenhänge bezieht, sondern ebenso auf die Leistung ihres Faches im Sinne der oben genannten Kriterien; dann Repräsentanten der wichtigsten Verwendungsbereiche für das Gelernte; schließlich Vertreter der anthropologischen Wissenschaft, zu denen auch die Erziehungswissenschaft zählt." [48]

Unverzichtbarer Bestandteil dieser Curriculumstrategie ist die Evaluation, d.h. die Kontrolle und Überprüfung des Curriculum. Empirisch und logisch überprüft werden muß, ob die Curriculumelemente den Erwerb von Qualifikationen gefördert haben und ob diese Qualifikationen in den Verwendungssituationen realisiert werden. Robinsohn betont: „Evaluiert werden soll nicht Lehr- oder Lerneffizienz, sondern Bildungsleistung," [49] die Maßstäbe dieser Bildungsleistung werden jedoch nicht exakt genug dargestellt.

H. Blankertz hat das Curriculumkonzept Robinsohns in einem Flußdiagramm dargestellt. [50] Dieses Schema läßt die skizzierten Probleme erkennen: die Situationsanalyse wird zweimal mit unterschiedlicher Funktion genannt, nämlich zunächst als Informationsquelle für neue Inhalte, dann aber als Kriterium für (vorhandene) Inhalte. Die geforderten empirischen Situationsanalysen werden bei den „Instanzen" auf Expertenbefragungen reduziert. Die Priorität der Situationsanalysen wird bereits durch die Vorentscheidung „Vorrang der Fachwissenschaften" aufgehoben. Das Verhältnis von Situationsanalyse und Fachwissenschaft bleibt ambivalent; außerdem werden nur formale „Vorentscheidungen" genannt.

A. **Vorentscheidungen** für die Durchführung der Curriculumforschung

1. Inhalte der gesamten Schulerziehung, dann Spezifizierung
2. Vorrang der Fachwissenschaften
    a) Beobachtung und Interpretation der Welt
    b) Frage nach den Strukturen — kategorial
    c) kein Szientismus, keine Abbilddidaktik
3. Inhalte des kognitiven, affektiven und psychomotorischen Bereichs außerhalb der Fachwissenschaften.

B. Annahmen

Situationen

Qualifikationen

Lehrinhalte

C. Prozedur

I. Kriterien für die Auswahl der Inhalte

II. Verfahren zur Messung der Inhalte an den Kriterien

1. Bedeutung im Gefüge der Wissenschaft → aus dem Erfahrungshorizont der Wissenschaft

2. Leistung für Weltverstehen → Relation zwischen Lehrinhalten und Qualifikationen des Weltverstehens empirisch prüfen

3. Funktion in Verwendungssituationen des privaten und öffentlichen Lebens → Analysen spezifischer Verwendungssituationen und Bedürfnisse zum Nachweis erforderlicher Funktionen, dann Relation zwischen den Inhalten und den zu erwerbenden Qualifkationen herstellen

Testverfahren:

Konfrontierung mit psychologischen Theorien

einzelne Hypothesen testen

alternative Teil-Curricula im systematischen Experiment

empirische Untersuchungen reichen nicht aus

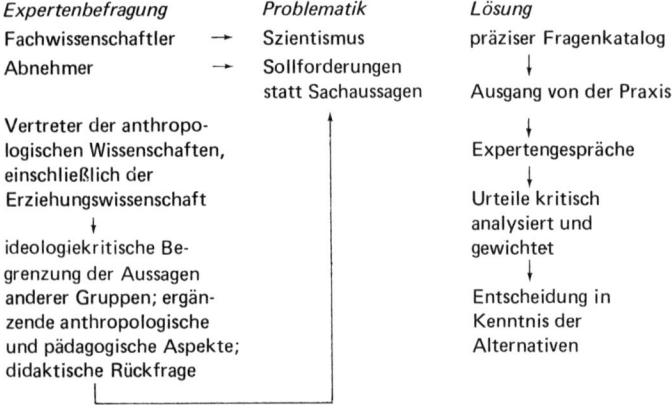

Expertenbefragung	*Problematik*	*Lösung*
Fachwissenschaftler →	Szientismus	präziser Fragenkatalog
Abnehmer →	Sollforderungen statt Sachaussagen	↓ Ausgang von der Praxis
Vertreter der anthropologischen Wissenschaften, einschließlich der Erziehungswissenschaft ↓ ideologiekritische Begrenzung der Aussagen anderer Gruppen; ergänzende anthropologische und pädagogische Aspekte; didaktische Rückfrage		↓ Expertengespräche ↓ Urteile kritisch analysiert und gewichtet ↓ Entscheidung in Kenntnis der Alternativen

Robinsohn beansprucht nicht, ein perfektes Konzept für die Curriculumentwicklung vorgelegt zu haben. Er ist sich bewußt, daß zahlreiche Probleme, z.B. die Identifizierung von relevanten Situationen und die Analyse von Qualifikationen, noch nicht befriedigend gelöst sind. Seine Leistung besteht darin, die Notwendigkeit und Möglichkeiten einer Auswahl von gesellschaftlich relevanten Inhalten aufgezeigt zu haben. Dabei versucht er, verschiedene — empirische und ideologiekritische — Methoden und verschiedene Kriterien — Wissenschaftlichkeit, gesellschaftliche Relevanz, Mündigkeit — zu kombinieren. Dieser Methodenpluralismus und diese Mehrdimensionalität enthalten zugleich theoretische Probleme. Robinsohn unterstellt einen gesamtgesellschaftlichen Konsensus, der aber nicht konkretisiert wird. So muß ein Begriff wie Bildungsleistung vage bleiben, wie auch Kriterien für die Auswahl der Situationen sowie wünschenswerte Ziele des „sozialen Wandels" und der Veränderung von Situationen offen bleiben.

Strategische Schwierigkeiten ergeben sich daraus, daß der Ansatz, eine Gesamtrevision der Lerninhalte aufgrund einer Analyse der Lebenssituationen vorzunehmen, reduziert wird zu einer Überprüfung vorhandener Inhalte, wobei dann die Verwendungssituationen neben den Fachwissenschaften und dem „Weltverstehen" lediglich noch einen Relevanzfilter, weniger eine Informationsquelle, darstellen. Ein weiteres strategisches Problem besteht darin, daß die notwendigen empirischen Analysen weitgehend durch Expertenbefragungen ersetzt werden. Die Möglichkeiten einer solchen Kommunikation von Experten, die zu einer „konsensuellen Validität" [51] führen soll, werden jedoch unterschiedlich eingeschätzt.

Methodische Probleme wie Situations-, Qualifikationsanalysen, Konsensbildung, Evaluation usw. werden von Robinsohn weitgehend ausgeklammert, aber von seinen Mitarbeitern am Max-Planck-Institut (Doris Knab, Jürgen Zimmer u.a.) intensiver bearbeitet.

Herwig Blankertz reiht das Konzept Robinsohns in die Tradition geisteswissenschaftlicher Lehrplantheorie ein: „Nicht die Pädagogik ist es, die kraft einer sich selbst zugesprochenen Norm die Lehrinhalte wählt, sondern die objektiven Mächte stellen Anforderungen an Erziehung und Schule, doch werden diese Ansprüche über die anthropologischen Wissenschaften objektiviert." [52] Demnach sind die Unterschiede zu Wenigers Lehrplantheorie weniger auf der theoretischen als auf der strategischen und methodischen Ebene zu suchen. Robinsohn selber betont jedoch eher die Unterschiede als die Nähe seines Ansatzes zur geisteswissenschaftlichen Pädagogik. Ein wesentlicher Unterschied dürfte darin bestehen, daß Robinsohn zwar von einer Analyse der Lebenssituationen aus zu Lerninhalten gelangen will, aber nicht im Sinne normativer Deduktion, sondern induktiv. Inhalte werden nicht „abgeleitet", sondern mit Qualifikationen konfrontiert.

Herwig Blankertz knüpft mit seiner Strategie zur Entwicklung eines Lehrplans für Arbeitslehre ausdrücklich an der Position Robinsohns an. Er bemüht sich jedoch im Unterschied zu Robinsohn nicht um ein langfristiges, sondern ein mittelfristiges Konzept, und er betont stärker die fachdidaktische Komponente. Außerdem versucht er, die normativen Vorentscheidungen und die Bedingungsfaktoren einer Curriculumrevision systematischer und präziser zu erfassen als Robinsohn und damit den emanzipatorischen Anspruch deutlicher zu formulieren. Im einzelnen werden Bedingungsfaktoren der Veränderung von Lebenssituationen, der Institutionen, der politisch-gesellschaftlichen Postulate und der soziokulturell-anthropogenen Voraussetzungen analysiert. Aus dieser Bedingungsanalyse wird eine vorläufige Aufgabenstellung der Arbeitslehre mit Angaben über allgemeine Lernziele gewonnen. Diese Phase einer Präzisierung der Aufgaben, die der eigentlichen Lehrplankonstruktion vorgeschaltet ist, stellt eine notwendige Ergänzung des Konzepts von Robinsohn dar. Da sich Blankertz im Unterschied zu Robinsohn auf eine fachdidaktische Lehrplankonstruktion beschränkt, kann er in einem „didaktischen Strukturgitter" auch konkretere Angaben über die Kriterien der Auswahl von Lernzielen und Inhalten machen. Aus diesen „theoretischen Vorgaben" werden vorläufige Projekte und Lehrgänge entwickelt, wobei der experimentelle Charakter dieser ersten Erprobungsphase betont wird. Die Themenauswahl kann deshalb zunächst relativ beliebig und pragmatisch erfolgen, da die Relevanz der Inhalte sich erst aus der anschließenden Evaluation ergibt.

Blankertz ergänzt die induktive Strategie Robinsohns also in zweifacher Hinsicht: der Analyse der Bedingungsfaktoren und der Begründung der Aufgabenstellung wird ein größeres Gewicht beigemessen; außerdem wird eine didaktische Experimentalphase in den Prozeß der Curriculumkonstruktion einbezogen. „Dadurch entsteht ein kommunikativer Zusammenhang zwischen Forschung und Praxis, wie er durch die im Instanzenzug des Robinsohnschen Modells vorgesehene Expertenbefragung allein niemals herstellbar wäre." [53] Dem ist allerdings hinzuzufügen, daß durch Experimentalphasen nicht immer und unbedingt eine solche Kommunikation zwischen Forschern und Lehrern realisiert wird und daß andererseits dieser Theorie-Praxis-Bezug durch Expertenbefragungen möglich erscheint, wenn man nämlich den Lehrenden und Lernenden und nicht nur den Fachwissenschaftlern und „Abnehmern" einen Expertenstatus zubilligt. Wie Robinsohn versucht auch Blankertz, „die traditionelle Befangenheit geisteswissenschaftlicher wie die technokratische Begrenzung positivistischer Lehrplantheorien zu vermeiden." [54]

Ein zentrales Problem der Curriculumforschung ist die Objektivierung und Rationalisierung von Entscheidungen über wünschenswerte Lernziele und Lerninhalte. Robinsohn hatte diese Aufgabe einem Expertenteam zugewiesen, wobei er einen grundsätzlichen Konsensus über Mündigkeit und gesellschaftliche Veränderungen unterstellt hatte. Strategien der Konsensbildung und Entscheidungsfindung werden bei allen Curriculumforschungen verwendet, stehen aber in dem Konstanzer Forschungsprojekt LOT (lernzielorientierte Tests) im Vordergrund des Interesses. Karl-Heinz Flechsig und Mitarbeiter wollen mit diesem Projekt „den Prozeß der Entscheidung über Lernziele erhellen und gleichzeitig die aus diesem Prozeß resultierenden Produkte, nämlich Lernzielformulierungen, in einer Weise verfügbar machen, daß sie für die Unterrichtstechnologie verwendet werden können." [55] Die Prozesse der Lernzielpräzisierung und -entscheidung sollen analysiert und rationalisiert werden, außerdem wird versucht, den Lernzielen entsprechende Inhalte zuzuordnen. Das Forschungsteam bedient sich dabei erfahrungswissenschaftlicher Methoden und verzichtet auf eine hermeneutische Deduktion von Lernzielen aus allgemeinen Normen und Werten. „Um kein Mißverständnis aufkommen zu lassen, sei betont, daß es nicht darum gehen kann, die historischen, sowie soziokulturellen, ideologischen, politischen, psychologischen Determinanten von Lernzielen außer acht zu lassen, sondern im Gegenteil sie mit erfahrungswissenschaftlichen Methoden zu analysieren und nach Möglichkeit zu optimieren." [56]

Zur Konstruktion eines Modells der Entscheidungs- und Informationsprozesse bei der Formulierung von Lernzielen bedient sich das (inzwischen aufgelöste) Konstanzer Team des entscheidungstheoretischen Modells von R. Radner, demzufolge eine Auswahl getroffen werden muß aus mehreren Handlungen, Umweltzuständen, Ergebnissen und dem Ertrag. Diese Variablen der Entscheidungssituation werden zu den Eingangsinformationen in Beziehung gesetzt. Die Informationen über mögliche Handlungen, über alternative Umweltzustände, über Handlungsfolgen und den wahrscheinlichen Ertrag werden als „input" in eine Entscheidungssituation eingebracht, in der mehrere Personen nach festgelegten Regeln über ein Objekt entscheiden. Das Ergebnis dieser Informationsverarbeitung ist die Auswahl einer Handlung. Auf Lernzielentscheidungen übertragen ergibt sich

Modell des Entscheidungsprozesses (EP) über Lernziele [57]

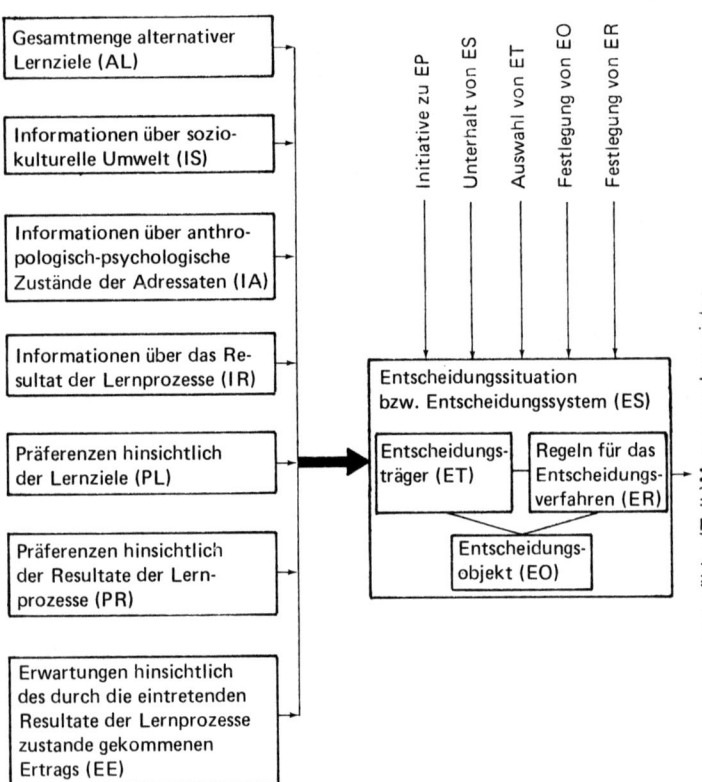

Gesamtmenge alternativer Lernziele (AL)

Informationen über sozio-kulturelle Umwelt (IS)

Informationen über anthro-pologisch-psychologische Zustände der Adressaten (IA)

Informationen über das Re-sultat der Lernprozesse (IR)

Präferenzen hinsichtlich der Lernziele (PL)

Präferenzen hinsichtlich der Resultate der Lern-prozesse (PR)

Erwartungen hinsichtlich des durch die eintretenden Resultate der Lernprozesse zustande gekommenen Ertrags (EE)

Initiative zu EP
Unterhalt von ES
Auswahl von ET
Festlegung von EO
Festlegung von ER

Entscheidungssituation bzw. Entscheidungssystem (ES)

Entscheidungs-träger (ET)

Regeln für das Entscheidungs-verfahren (ER)

Entscheidungs-objekt (EO)

ausgewählte (Teil-)Menge von Lernzielen

Solche Entscheidungsprozesse können empirisch erfaßt werden, d.h. es wird beobachtet, wie Entscheidungen, z.B. in Lehrplankommissionen, zustande kommen. Da jedoch nicht nur die derzeitige Praxis analysiert werden soll, sondern auch ein Modell zur Objektivierung solcher Prozesse entwickelt werden soll, werden solche Entscheidungssituationen zusätzlich simuliert. Der erste Schritt der Bestandsaufnahme wurde durch eine Befragung von Mitgliedern in Lehrplankommissionen realisiert; ,,Die Befragung hatte den Zweck, Informationen über die Zusammensetzung und Arbeitsweise der betreffenden Gremien zu erhalten. Ferner sollte erkundet werden, welche Informationen über mögliche Lernziele, sozio-kulturelle Zustände, Bedingungen des Lernens, Präferenzkriterien usw. bei den Entscheidungsprozessen verfügbar waren bzw. genutzt worden sind." [58] In den simulierten Experimenten wird eine Gruppe von Entscheidungsträgern ausgewählt, denen Informationen über mögliche Ziele, Bedingungsfaktoren und Konsequenzen von Lernprozessen mitgeteilt werden. Die in der Gruppe ablaufenden kognitiven und sozialemotionalen Prozesse werden registriert und ausgewertet. Die Lernziele werden auf zwei Bereiche beschränkt, nämlich Französischunterricht und Elementarerziehung.

Die Lernziele werden nicht als — psychologisch formulierte — Verhaltensziele definiert, sondern als *Aufgaben,* die Auskunft über gewünschtes Verhalten in konkreten Situationen geben und damit zugleich unmittelbar auf Lerninhalte verweisen. Als Beispiel für eine solche Aufgabenbeschreibung wird genannt: ,,In einem mittleren französischen Hotel mündlich ein Hotelzimmer zu einem bestimmten Preis mit Frühstück und Bad und Garage bestellen zu können." [59] Zu den Vorarbeiten des Forschungsteams gehört es, alle vorhandenen Aufgaben und Lernziele zu sammeln und diesen Katalog von Lernzielen zu klassifizieren. Als Klassifikationsschema wird die Unterscheidung von Bloom, Krathwohl und Masia in kognitive, affektive und psychomotorische Verhaltensklassen übernommen. Innerhalb des kognitiven Bereichs wird jedoch nicht die Bloomsche Unterteilung in Wissen, Verstehen, Anwendung, Analyse, Synthese und Bewertung vorgenommen, sondern in Anlehnung an Gagné zwischen verbalen Assoziationen, multipler Diskrimination, Begriffslernen, Prinzipienlernen und Problemlösen unterschieden. Diesen Verhaltensklassen werden Inhaltsklassen zugeordnet, so daß eine Matrix von Zielen und Inhalten entsteht. Diese „Lernzielbank" wird zu Aufgaben verarbeitet und der Expertengruppe zusammen mit fachdidaktischen Hinweisen und Angaben über didaktische Bedingungsfaktoren zur Verfügung gestellt. Wichtig ist, daß eine große Anzahl von Lernzielen erarbeitet wird, damit tatsächlich eine Auswahl getroffen werden kann. Die Entscheidungsträger bringen dann ihre Zustimmung oder Ablehnung der Lernziele auf einer 5-Punkte-Skala zum Ausdruck, d.h. es wird versucht, qualitative Entscheidungen zu quantifizieren. Ergebnis dieser kontrollierten Entscheidungsprozesse ist ein Katalog von Aufgabenbeschreibungen, aus denen lernzielorientierte Tests entwickelt werden. Diese Tests werden wiederum überprüft, indem die Wünschbarkeit dieser Lernziele von verschiedenen Personengruppen beurteilt wird. „Praktisch geschieht dies so, daß die Beurteiler diese Aufgaben gewichten und dadurch angeben, für wie relevant sie das Erreichen der durch die Aufgaben repräsentierten Lernziele halten." [60] Inhaltlich erfolgt eine Validierung dadurch, daß mehrere Gutachter die Tests den entsprechenden Lernzielen zuordnen müssen.

Das LOT-Projekt versucht, curriculare Entscheidungsprozesse, die von Robinsohn den Experten zugewiesen worden war, zu erforschen und Interessen und Präferenzen, die bei Robinsohn mit dem Hinweis auf einen Konsens nur unzulänglich problematisiert worden waren, konkret festzustellen. Flechsig geht davon aus, „daß nach den traditionellen Konzeptionen der Curriculumtheorie solche Präferenzvorstellungen von Entscheidungsträgern tabuiert wurden und durch den Hinweis auf ‚letztinstanzliche Wertordnungen', ‚politische Legitimation' oder einen wie auch immer begründeten ‚Expertenstatus' als Gegenstand kritischer und/oder erfahrungswissenschaftlicher Analyse ausgeklammert wurden." [61] Diese Kritik ist vollauf berechtigt, denn in der Tat werden Lernzielentscheidungen bisher nicht unabhängig von — oft unausgesprochenen — Interessen und Vorlieben getroffen. Skeptisch zu fragen ist allerdings, was dadurch gewonnen wird, wenn den Entscheidungsträgern mögliche Präferenzen mitgeteilt und ihre eigenen Präferenzen verbalisiert und protokolliert werden. Ist ein Lernziel X gültiger, weil sich 10 Personen dafür entscheiden, als ein Lernziel Y, für das sich nur 7 Entscheidungsträger aussprechen? Es ist zu bezweifeln, ob zusätzliche Informationen dazu führen, „daß diese Präferenzvorstellungen durch den Prozeß einer rationalen Analyse ihrerseits beeinflußt werden können, indem den Entscheidungsträgern differenziertere Begründungen ihres Urteils abverlangt werden." [62] Da jedoch nicht zwischen rationalen und irrationalen, gruppenegoistischen und gesamtgesellschaftlichen, vorgetäuschten und tatsächlichen Präferenzen unterschieden wird, da letztlich nicht die Differenziertheit der Begründung, sondern die quantifizierte Zustimmung oder Ablehnung auf einer Skala zählt, bleibt das Problem ungelöst und erweist sich als sozialtechnologisch nicht lösbar.

So müssen die Anwendungsmöglichkeiten der mathematischen Entscheidungslogik auf die Curriculumentwicklung und insbesondere auf die Entscheidung pädagogischer Ziele als begrenzt eingeschätzt werden. Mit solchen Wahrscheinlichkeitsberechnungen können wohl geeignete Mittel für gesetzte Zwecke ermittelt werden, die Zwecksetzung selber entzieht sich solchen Berechnungen. Außerdem ist dieses Verfahren bei einer geringen Anzahl von Variablen möglich, nicht aber in dem vielschichtigen und komplexen Bedingungsfeld curricularer Entscheidungen. Sobald die Kriterien des Wünschbaren nicht eindeutig und intersubjektiv gültig feststehen, kann ein „Wünschbarkeitswert" nicht mathematisch errechnet werden. Das bekannte Beispiel der beiden Häftlinge verdeutlicht die Möglichkeiten und Grenzen der Entscheidungslogik: [63] Zwei Männer, die eines Raubüberfalls verdächtigt werden, werden getrennt verhört. Sie haben folgende Handlungsmöglichkeiten: wenn Häftling A gesteht und Häftling B gesteht, erwarten A 5 Jahre Strafe; wenn A gesteht und B leugnet, wird A nicht bestraft. Wenn A leugnet und B gesteht, erhält A 10 Jahre Gefängnis; wenn A und B leugnen, 1 Jahr Strafe. In dieser Situation sind alle Voraussetzungen für die Anwendung der Entscheidungslogik gegeben: das Ziel (möglichst geringe Strafe) ist eindeutig, die Zahl der Handlungsalternativen begrenzt, die Einflußfaktoren (das Verhalten von B) sind überschaubar, die Folgen der Entscheidungen lassen sich voraussagen, die Angaben sind operationalisierbar und quantifizierbar. Clemenz Menze gelangt in seiner Analyse zu dem Ergebnis: „Die Grenzen der Entscheidungslogik als eines rein technischen Verfahrens zum Durchspielen von Handlungsalternativen bei festgelegten Zielen liegen darin, daß sie zwar als Entscheidungshilfe dienlich ist, aber selbst keine Entscheidungen treffen kann, sondern immer schon getroffene Entscheidungen voraussetzt. ... Darüber hinaus beruht ihre Verwendung auf der Voraussetzung, daß der Sachverhalt in den für die Entscheidung belangvollen Faktoren sehr genau und nahezu vollständig beschrieben ist. ... Folglich müssen dynamische Faktoren entweder stabilisiert oder vernachlässigt werden." [64]

Diese Verfahren basieren auf einer technischen Rationalität; die Entscheidung von Zielen und Zwecken der Pädagogik dagegen erfordern eine kritische, substanzielle Rationalität. Um auf das LOT-Projekt zurückzukommen: die Wünschbarkeit von Zielen läßt sich nicht numerisch aus den Kreuzen auf der 5-Punkte-Skala ablesen, sondern nur aus Argumenten. Die Qualität der Argumente für oder gegen ein Lernziel jedoch ist nicht quantifizierbar. Allerdings wird eine solche pauschale Kritik der komplizierten Strategie des LOT-Projekts kaum gerecht. Die quantitative Einschätzung der Lernziele steht am Ende eines intensiven Kommunikationsprozesses innerhalb der Gruppe der Entscheidungsträger. Auch wenn die Hoffnung auf eine zunehmende Rationalität in dieser Gruppe noch nicht empirisch bestätigt werden kann, so besteht doch die Chance, daß durch permanente Information und Diskussion die Entscheidung am Ende dieser Simulationsphase begründeter ist als am Anfang. Alle Lernzielalternativen werden konfrontiert mit Daten über Lernvoraussetzungen, Verwendungssituationen und Realisierungschancen dieser Ziele. Diese Alternative zu einer deduktiven, linearen Ableitung von Lernzielen aus Gesellschaftsbildern oder Leitideen sollte nicht vorschnell als ,,affirmativ" disqualifiziert werden, auch wenn prinzipielle Probleme der Entscheidungsfindung noch nicht gelöst sind. Als weiteres Korrektiv zu der Entscheidungsstrategie sind empirische Kontrollen vorgesehen, die die Validität der Ergebnisse absichern. So zeichnet sich dieses Projekt durch eine beachtliche Methodenvielfalt aus: neben den Simulationsexperimenten werden Beobachtungen, Befragungen und Literaturauswertungen durchgeführt.

Ambivalent bleibt der Verzicht auf die Formulierung von — bildungspolitischen, gesellschaftlichen, pädagogischen — Zielvorstellungen durch das Forschungsteam. Einerseits vermeiden Flechsig und seine Mitarbeiter die Gefahr einer einseitigen Deduktion und Auswahl, andererseits fehlen damit Maßstäbe für neue Lernziele sowie ein Orientierungsrahmen für die einzelnen Feinziele. „Konsequenterweise kommt der Flechsigsche Ansatz im weiteren ohne bildungstheoretische Reflexion bzw. sozialwissenschaftlichen Befund aus: Weder die Schüler als primäres Objekt allen Unterrichts noch die ihn umgreifenden sozio-politischen, sozio-ökonomischen und sozio-kulturellen Verhältnisse noch der Lehrer als primärer Adressat des Curriculum werden thematisiert." [65]

Für die Praxis der EB ist das Verfahren der Entscheidungsfindung weniger hilfreich als die Differenzierung der Entscheidungsfaktoren und -determinanten. Informationen über die möglichen Ziele, Adressaten, Präferenzen und organisatorischen Konsequenzen sollten in die Diskussion mit Beiräten, Kursleitern und Teilnehmern eingebracht werden, wenn Entscheidungen über die Programmstruktur oder eine Seminarkonzeption gefällt werden sollen. Ebenso wichtig ist eine Sensibilisierung und Analyse der gruppendynamischen und sozialpsychologischen Prozesse, die in einer solchen Planungsgruppe zwischen den Beteiligten ablaufen. Auf eine Mathematisierung der Entscheidungen und eine Operationalisierung der Lernziele sollte man dagegen im allgemeinen verzichten.

2.3. Eduktive Strategien: D. Lenzen

Die eduktive Strategie von Lernen setzt — im Unterschied zu den deduktiven Verfahrensweisen — bei der Ermittlung der Lerninhalte an. Lenzen versucht jedoch nicht — wie Robinsohn — aus der Situations- und Qualifikationsanalyse Inhalte zu gewinnen, sondern Inhalte werden erst in einem zweiten Schritt auf ihren Beitrag für den Erwerb von Qualifikationen hin überprüft. Diese Alternative zu dem Konzept Robinsohns wird zunächst damit begründet, daß Situations- und Qualifikationsanalysen zu aufwendig und langwierig sind. Deshalb wird vorgeschlagen, auf einer mittelfristigen, fachbezogenen Ebene mit der Inhaltsauswahl zu beginnen. „Curriculum-Forschung setzt demnach mit der Identifikation von Inhalten ein, untersucht diese Inhalte in bezug darauf, den Erwerb welcher Qualifikationen ihre Vermittlung zu fördern imstande ist, und schließlich welche Realität ein Individuum zu einer Lebenssituation gestalten kann, das im Besitz dieser Qualifikationen ist." [66] Damit hat der Lernende nicht mehr nur auf vorgegebene Situationsanforderungen zu reagieren, sondern er wird befähigt, neue Situationen zu gestalten. Lenzen verspricht sich von diesem Verfahren nicht nur eine größere und schnellere unterrichtspraktische Wirksamkeit, sondern auch eine Realisierung emanzipatorischer Ansprüche.

Um „permanent abgesicherte Forschungsergebnisse an die Schulpraxis" abgeben zu können, beginnt die Curriculumforschung „mit der Kritik an der bestehenden didaktischen Situation der verschiedenen Fächer." [67] Die vorhandenen Inhalte werden anhand von Kriterien überprüft, die in einem Strukturgitter erfaßt worden sind. Während nach Robinsohn zunächst alle Situationen erforscht werden müssen, können jetzt die Inhaltseinheiten sukzessive überprüft und in der Schulpraxis erprobt werden. So wird auch das Adjektiv „eduktiv" verständlich: aus Inhalten werden erwerbbare Qualifikationen „herausgezogen" (educere), aus den Qualifikationen wiederum werden gestaltbare Lebenssituationen herausgefiltert.

Für die Ermittlung von Inhalten nennt Lenzen drei Quellen: 1. Wissenschaften und Kultur, 2. die Lebenspraxis der Lehrenden und Lernenden, 3. die fachdidaktische Ausgangslage (Lehrpläne, Schulbücher usw.). Begonnen wird mit der Analyse dieser fachdidaktischen Materialien. Die identifizierten Inhaltseinheiten und entsprechenden Methoden werden daraufhin untersucht, ob sie den Erwerb verschiedener Qualifikationen fördern. Diese Qualifikationen werden auf ihre Relevanz für bestimmte Lebenssituationen hin überprüft. Anschließend wird gefragt, — und in diesem Punkt geht Lenzen theoretisch über die Konzeption Robinsohns hinaus — ob diese Situationen gemessen an den Postulaten einer kritischen Gesellschaftstheorie wünschenswert sind. In einem weiteren Schritt wird geprüft, ob die „Realitätspartikel" dieser Situationen jetzt oder in Zukunft vorhanden sind. Die verbleibenden Inhalte und Methoden werden aufgelistet und unterrichtsorganisatorisch strukturiert. Dieses Curriculum erfordert dann möglicherweise bildungspolitische und -organisatorische Reformen.

Die Logik dieses strategischen Flußdiagramms ist überzeugend. Die Schwierigkeiten scheinen jedoch in der methodischen Realisierung zu liegen. So sollen repräsentative Inhalte ausgewählt werden. Wie aber ist die Repräsentativität zu ermitteln? Der Hinweis, daß das Repräsentativitätskriterium „dem je spezifischen Herkunftsbereich der Inhaltseinheit" entstammen soll, [68] verschiebt die Frage lediglich auf eine andere Ebene. Soll der Beitrag der Inhalte zum Erwerb von Qualifikationen empirisch oder kommunikativ-hermeneutisch ermittelt werden? Eine empirische Überprüfung ist jedoch so aufwendig, daß die unmittelbare unterrichtspraktische Wirksamkeit wiederum gefährdet ist. Wenn die Inhalte lediglich nach ihrer Relevanz für Qualifikationen ausgewählt werden, besteht die Gefahr einer Addition sachlogisch nicht zusammenhängender Inhalte. Außerdem ist die Kompatibilität, d.h. die Entsprechung von Inhalten und Qualifikationen, äußerst umstritten. Lenzen deutet selber an, daß die „Kongruenzannahme der durch die Vermittlung einer Inhaltseinheit erwerbbaren Qualifikation und der repräsentierten Kategorie" empirisch (noch) nicht zu rechtfertigen ist. [69] Zweifelhaft bleibt ferner, ob die „Kritische Theorie" operationalisierbare Kriterien zur Bestimmung wünschenswerter Lebenssituationen enthält. Der Implikationszusammenhang von Inhalten und Methoden wird zu Recht betont. Allerdings läßt sich die Angemessenheit von Methoden nicht unabhängig von den Lernzielen bestimmen. Diese Ebene der Lernziele, die nicht mit Qualifikationen identisch sind, wird m.E. unzulässigerweise unterschlagen.

Der zentrale Anspruch dieser Konzeption besteht darin, emanzipatorische Qualifikationen zu fördern. Es wird unterstellt, „daß mit der Vermittlung einer bestimmten Inhaltseinheit der Erwerb von Qualifikationen verhindert werden kann, die wir normativ als unabläßlich setzen." [70] Dieser Annahme kann jedoch die Gegenbehauptung entgegengesetzt werden, daß der Inhalt selber keinen emanzipatorischen oder antiemanzipatorischen Gehalt besitzt, sondern daß die Interpretation des Inhalts und die Intention der Inhaltsvermittlung für die Art der Qualifikation entscheidend sind. Mit anderen Worten: nur eine Verbindung von Ziel und Inhalt verweist auf die Art der Qualifikation. Deshalb erscheint die von Flechsig vorgeschlagene Aufgabenbeschreibung eher als die „Inhaltseinheit" geeignet, die von

Lenzen intendierten Qualifikationen zu vermitteln — vorausgesetzt, daß der „formelhafte" Emanzipationsbegriff konkretisiert wird. Ein Katalog oder auch nur Beispiele „normativ als unerläßlich angesehener Qualifikationen" [71] werden jedoch in diesem Beitrag von Lenzen nicht mitgeteilt — mit Ausnahme formaler Qualifikationen wie Mündigkeit oder „Infrage-Stellen-Können-Und-Wollen", die allerdings wiederum kaum zur Auswahl von Inhalten geeignet sind, da sie auf eine affektive, sozial-emotionale Ebene verweisen. So ist zu vermuten, daß diese Qualifikationen relativ inhaltsneutral sind; anders formuliert: jeder Inhalt muß infrage gestellt werden.

Wichtig erscheint, daß die Ideologiekritik als kritisches Korrektiv konsequenter eingesetzt wird als in anderen Curriculumstrategien. So wird eine Integration empirisch-analytischer und hermeneutischer Forschungsmethoden angestrebt, um einseitig technologische oder dezisionistische Curriculumentscheidungen zu verhindern. Auch Lenzen schlägt die Verwendung einer Entscheidungsstrategie vor, im Unterschied zu dem Verfahren von Flechsig ist jedoch das Wertsystem der Entscheidungsträger maßgebliches Kriterium. „Die Entscheidung wird bei diesem Modell ... nach einer Bewertung der alternativen Handlungsmöglichkeiten vorgenommen, wobei die Bewertung allerdings nicht nach der Effizienz, sondern nach dem Wertsystem des Entscheidungsträgers getroffen wird, indem man die Konsequenzen der Entscheidung für die eine oder die andere Alternative zur Bewertungsgrundlage macht." [72] Vorgegeben werden deshalb eine Alternativ- und eine Konsequenzenliste, wobei auch hier wieder skeptisch zu fragen ist, ob die Zuordnung inhaltlicher Alternativen zu gesellschaftlichen Konsequenzen ohne weiteres möglich ist.

Das Problem der Auswahl von Experten oder Entscheidungsträgern versucht Lenzen dadurch zu lösen, daß wesentliche Entscheidungen von den Betroffenen selber, d.h. von den Lernenden, gefällt werden. „Will man ein emanzipiertes und emanzipierendes Bildungssystem schaffen, so können die obigen Überlegungen allein in der Konsequenz kulminieren, die Entscheidungsträger nicht länger nach mehr oder weniger rationalen Kriterien zu identifizieren, sondern die für die Zukunft des Individuums existentiellen Entscheidungen aus der Gewalt der Herrschenden in die der Individuen zu überführen, d.h.

das Individuum entscheiden zu lassen, welche Qualifikationen es zu erwerben wünscht." [73] Auf diese Forderung werden wir bei der Erörterung der „offenen" Curriculumkonstruktion noch zurückkommen.

Für die eduktive Strategie Lenzens sind vier Merkmale charakteristisch:

1. Die Schrittfolge Situationsanalyse — Qualifikationsanalyse — Inhaltsauswahl wird umgekehrt. Situationen und Qualifikationen fungieren weniger als (primäre) Informationsquellen, sondern als Filter und Kriterien für die Auswahl von vorhandenen Inhalten.

2. Gesellschaftskritische Postulate der „kritischen Theorie" sollen eine Unterscheidung wünschenswerter und nicht wünschenswerter Situationen und Qualifikationen ermöglichen.

3. Die Entscheidungen werden zum großen Teil nicht von Experten, sondern von den Lernenden selber getroffen.

4. Die Inhalte sollen weniger zur Anpassung an den sozialen Wandel, sondern zur Veränderung von Verhältnissen und Situationen befähigen. Mit diesen Gesichtspunkten wird das Konzept von Robinsohn zweifellos bereichert; der Nachweis, daß dieses Vorgehen einen geringeren Aufwand erfordert und schneller zu Ergebnissen führt, steht allerdings noch aus.

2.4. Deduktive Strategien: Chr. Möller u.a.

Die Strategie Robinsohns und Lenzens können als induktiv bezeichnet werden, da zunächst curriculare Daten empirisch ermittelt werden, dieses Material wird dann zu einem Curriculum verarbeitet. Deduktive Strategien gehen von allgemeinen Normen, Werten, Gesellschaftstheorien oder Richtzielen aus und leiten aus ihnen konkrete Unterrichtsziele und Inhalte ab. Dieses Vorgehen ist typisch für die ältere „normative Didaktik". Blankertz definiert diese Didaktik als ein „System, das ausgeht von obersten vorpädagogischen Sinn-Normen über das menschliche Leben, über die Stellung des Menschen in der Welt oder über die Natur des Menschen, diese Normen dann ausgelegt auf Erziehungsziele, daraus alle Inhalte des Unterrichts ableitet, also den Lehrplan gewinnt, und schließlich bis zu Methoden- und Erziehungsformen weiter differenziert, so daß eine in sich geschlossene Deduktionskette entsteht, die aussagt, wie die Wirklichkeit ‚Unterricht' sein solle." [74] Im Unterschied zu der älteren Didaktik, die den Zusammenhang dieser Normen mit konkreten didaktischen Maßnahmen kaum einleuchtend nachweisen konnte, scheint die neuere Curriculumforschung diese Deduktion durch Operationalisierungstechniken wissenschaftlich vertretbar leisten zu können und eine für ältere Konzeptionen typische „Überlappung" zu vermeiden. „Überlappung" bedeutet, daß „differierende Normvoraussetzungen ... dieselben didaktischen Konzeptionen rechtfertigen, sich dabei aber zugleich in anderen Folgerungen durchaus unterscheiden." [75]

Der bekannteste Versuch einer deduktiven Strategie der Curriculumentwicklung stammt von Christine Möller. Möller konzentriert sich nicht — wie Robinsohn, Blankertz und Lenzen — auf inhaltliche Entscheidungen, sondern — wie Flechsig — auf Lernzielentscheidungen. Lernziel wird dabei im Verständnis des amerikanischen Behaviorismus als ein durch Lernerfahrung erworbenes Verhalten definiert, d.h. Lernziele sind Verhaltensziele. Verschiedene Lernziele lassen sich nach ihrem Abstraktionsniveau, d.h. nach dem Grad ihrer Konkretheit, Genauigkeit und Eindeutigkeit unterscheiden. Ein abstraktes Lernziel wird als Richtziel bezeichnet, „das einen sehr geringen Grad an Eindeutigkeit und Präzision aufweist, nur wenige Alternativen ausschließt und deshalb alle Interpretationen zuläßt," z.B.: „Die Jugend mit dem für das Leben und den künftigen Beruf erforderlichen Wissen und Können ausstatten." [76] Ein Grobziel wie z.B. „die verschiedenen Anredeformen in Geschäfts- und Privatbriefen kennen" „schließt viele Alternativen aus und weist einen mittleren Grad an Eindeutigkeit und Präzision auf." [77] Feinziele dagegen lassen sen nur eine Interpretation zu: „10 vorgegebenen Geschäfts- und Privatbriefen ohne Anrede von den 10 vorgegebenen Anredeformen mindestens 8 richtig zuordnen zu können." Dieses Feinziel ist — nach R. Mager — operationalisiert, läßt sich als eindeutig beobachtbares und meßbares Verhalten beschreiben und damit auch überprüfen. Am Rande sei vermerkt, daß die Abgrenzung zwischen den verschiedenen Lernzielebenen jedoch nicht operationalisiert ist, d.h. wann ein hoher, mittlerer oder geringer Grad an Eindeutigkeit und Präzision vorliegt, ist nicht eindeutig und einheitlich festzustellen.

Das Curriculum entsteht nun dadurch, daß aus Richtzielen Grobziele und aus Grobzielen Feinziele abgeleitet werden. „Bei jeder Lernplankonstruktion kann man zwei Hauptphasen unterscheiden: Grobplanung und Feinplanung. Haben wir Lernplanung als die Lernzielerstellung für die gesamte Schullaufbahn der einzelnen Schüler eines Staates definiert, so kann man Grobplanung dabei als die Erstellung von Grobzielen und Feinplanung als die Erstellung von Feinzielen bezeichnen und hat damit zwei zeitlich aufeinanderfolgende Stadien der Plankonstruktion erfaßt." [78] Überträgt man diese Ebene auf die EB, so könnten Richtziele für das Gesamtprogramm einer Einrichtung, Grobziele für ein Seminar oder einen Kurs und Feinziele für jede Unterrichtseinheit formuliert werden. Die Unterscheidung von Grob- und Feinplanung könnte also unserer Differenzierung zwischen Makrodidaktik und Mikrodidaktik entsprechen.

Der erste Schritt der Curriculumentwicklung besteht in der Formulierung von Richtzielen, die die „weltanschaulichen Grundlagen für die Lernzielerstellung" enthalten.

Lernzielart	Lernzielbeispiel	Formulierung	Merkmale	Anwendung
Feinziel (Abstraktionsniveau 1))	10 vorgegebenen Geschäftsbriefen ohne vorgegebenen Anrede von den 10 Endverhaltens, Angabe des Beurteilungsmaßstabes redeformen mindestens 8 richtige zuordnen können	Endverhaltensbeschreibung, nähere Bestimmung des Endverhaltens, Angabe des Beurteilungsmaßstabes	Höchster Grad an Eindeutigkeit und Präzision, schließt alle Alternativen aus	Feinplanung
Grobziel (Abstraktionsniveau 2))	Die verschiedenen Anredeformen in Geschäftsbriefen kennen	Vage Endverhaltensbeschreibung Angabe des Beurteilungsmaßstabes	Mittlerer Grad an Eindeutigkeit und Präzision, schließt viele Alternativen aus	Grobplanung
Richtziel (Abstraktionsniveau 3))	Befähigt werden, am Kultur- und Wirtschaftsleben des Staates teilzunehmen	Beschreibung mit umfassenden, unspezifischen Begriffen	Geringster Grad an Eindeutigkeit und Präzision, schließt nur sehr wenige Alternativen aus	Erarbeitung der weltanschaulichen Grundlagen für die Lernzielerstellung

Formulierung, Merkmale und Anwendung von Lernzielen verschiedenen Abstraktionsniveaus. 79)

Während die Planung der Richtziele schwerpunktmäßig auf Staatsebene erfolgt, ist für die einzelne Schule eine Groblernzielauswahl erforderlich, während die Formulierung von Feinzielen vor allem von den Lehrern geleistet werden muß.

In ihrem Verfahren der Lernzielgewinnung distanziert sich Chr. Möller von einem „intuitiven" Vorgehen, das sie wie folgt charakterisiert: „Ein Individuum oder eine Gruppe von Individuen leiten aus der gegebenen Kultur des entsprechenden Staates die ihnen für die heranwachsende Generation wichtig und notwendig erscheinenden Lernziele ab. ... Diese obersten Lernziele hängen vor allem vom Weltbild und der Weltanschauung des oder der Lehrplankonstrukteure ab." [80] Die Schwäche dieses Verfahrens besteht in der Möglichkeit, „daß bei gleichen obersten Lernzielen mehrerer Lehrpläne vollkommen verschiedene Teillernziele abgeleitet werden." [81] Demgegenüber wird die „Expertenvorschauanalyse" als Methode der Grobzielauswahl vorgeschlagen. Hierbei wird nicht das Wertsystem des einzelnen Lehrplankonstrukteurs, sondern das in dem Staat vorherrschende Weltbild zugrundegelegt. Diese ideologische Grundlage wird aus den Programmen der größten Parteien abgeleitet. Die in den Programmen genannten Teilziele werden auf ihre „logische Konsistenz mit dem allgemeinen Ziel" überprüft. „Wir können demnach die Tendenz ‚Fortschreitendes Wohlergehen in körperlicher und psychischer Hinsicht im Diesseits' als das in Österreich vorherrschende, tatsächlich angestrebte oberste Richtziel betrachten." [82] Auf dieser Basis erfolgt eine Analyse der Kulturbereiche Familie, Freizeit, Staat und Beruf durch Experten zur Gewinnung von Grobzielen. Dabei sollen vor allem Entwicklungstrends erfaßt werden. Im Unterschied zu dem Versuch von Lenzen werden hier nicht zukünftig wünschenswerte, sondern zu erwartende Qualifikationen und Veränderungen beschrieben. Die so ermittelten „Verhaltensitems" werden in einem weiteren Planungsschritt auf ihre Lernbarkeit in der Schule überprüft und den verschiedenen Schularten zugeordnet. Die Validität dieser Grobziele wird durch die Konfrontation mit 5 Kriterien festgestellt, nämlich dem Kriterium der „gesellschaftlichen Adäquatheit", der „basalen menschlichen Bedürfnisse", der „Konsistenz", der „verhaltensmäßigen Interpretation", der „optimalen Erreichbarkeit durch schulisches Lernen". [83] Diese Validierung kann durch Reflexion oder durch eine empirische Bewährungsprüfung erfolgen. Die so auf ihre Brauchbarkeit hin kontrollierten Grobziele werden nach ihrer Wichtigkeit und ihrer Schwierigkeit hierarchisiert, d.h. in eine Rangfolge gebracht und geordnet. Diese Rangfolgen werden durch Befragung repräsentativer Expertengruppen ermittelt.

Aus diesen Grobzielen werden Feinziele abgeleitet, die als Verhaltensziele (kennen, verstehen, anwenden, interessiert sein usw.) und als Inhaltsziele formuliert werden müssen. Dabei werden die Kriterien von R. Mager übernommen, denenzufolge Lernziele ein Endverhalten beschreiben müssen, die Bedingungen angeben müssen (z.B. Benutzung von Hilfsmitteln) und den Beurteilungsmaßstab enthalten müssen. Damit sind die Feinziele „operationalisiert", sie werden nun „taxonomisiert", d.h. hierarchisch geordnet, wobei die Lernzieltaxonomie von Bloom zugrunde gelegt wird. Zur Ableitung von Feinzielen aus Grobzielen schlägt Möller verschiedene Techniken der Verhaltensanalyse vor, z.B. Interviews von Personen, die entsprechende Tätigkeiten ausüben, eine Auflistung der einzelnen Tätigkeiten durch den „Grobzielträger", eine Befragung oder Arbeitsplatzbeschreibung.

Viele der vorgeschlagenen Planungsschritte und curricularen Techniken sind durchaus begründet und wünschenswert — sieht man z.B. von der problematischen Analyse der Parteiprogramme sowie von der problematischen Anwendung der amerikanischen Lernzieltaxonomien ab. [84] Zweifelhaft bleibt jedoch die Gesamtstrategie der Deduktion. Die Einzelbeispiele lassen nicht erkennen, daß die Gefahr der Willkür und Beliebigkeit, die Chr. Möller an dem intuitiven Verfahren kritisiert hatte, mit dieser Strategie vermieden wird. Unter die genannten Richtziele, z.B. die Befähigung zur Teilnahme am Kultur- und Wirtschaftsleben eines Staates, lassen sich fast alle möglichen Lernziele und Inhalte subsumieren, einen exakten Maßstab zur Auswahl von Lernzielen enthält diese Formel nicht. Diese Beliebigkeit der konkreten Entscheidungen wird durch die Vernachlässigung der Inhaltsproblematik verstärkt. Andererseits ist der Bezug vieler Feinziele — z.B. aus einem Nähkurs — zu den Richtzielen des Parteiprogramms nicht einsichtig. So „kann es geschehen, daß man die allgemeinen Ziele bei der Auswahl konkreter Unterrichtsinhalte suspendiert, um sie anschließend als eine Rechtfertigung wieder aufzusetzen." [85]

64

Auch die neueren Operationalisierungsstrategien erscheinen nicht geeignet, das jahrhundertealte Deduktionsproblem zu lösen. Dies zeigt sich auch daran, daß zur Ermittlung und Präzisierung von Grobzielen oder Feinzielen durchaus brauchbare Vorschläge gemacht werden, daß aber der Zusammenhang zwischen den einzelnen Kapiteln und damit der Zusammenhang zwischen vagen Grobzielen und konkreten Feinzielen ungeklärt bleibt. H. Meyer interpretiert dieses Faktum in seiner wohl gründlichsten Analyse des Deduktionsproblems wie folgt: „Operationalisierungsstrategien machen die operationalisierten Lernziele, also das Produkt eines Aufarbeitungsverfahrens, meßbar, nicht aber das Operationalisieren, also den Prozeß." [85] Hinzu kommt, daß Chr. Möller die Funktion von Lernzieltaxonomien unangemessen ausdehnt. Die Taxonomien von Bloom u.a. waren zur Analyse und Ordnung von Lernzielen entwickelt worden, nicht aber — wie Möller diese Klassifikation verwendet — zur Ermittlung und Konstruktion neuer Lernziele.

Der Versuch, Lernziele durch mathematisch-logische Verfahren, die im Idealfall auch von Computern geleistet werden sollen, objektiv zu deduzieren, muß als gescheitert gelten, und Chr. Möller hat in ihren neueren Veröffentlichungen auch erhebliche Korrekturen an ihrem ursprünglichen Modell vorgenommen. Die andere Möglichkeit, konkrete Lernziele durch hermeneutische Methoden aus Leitideen abzuleiten, spielt jedoch nach wie vor in der Bildungspraxis eine große Rolle. So wird immer wieder versucht, aus der allgemeinen Norm „Emanzipation" linear Inhalte und Unterrichtsziele abzuleiten. K.G. Fischer, der durch seine hervorragenden Arbeiten zur politischen Bildung bekannt geworden ist, hat in seinem Gutachten zur Reform der Hessischen Bildungspläne die Leitidee Emanzipation semantisch differenziert und aus ihr Lernziele gewonnen. [87] Emanzipation wird dabei als Abbau von Abhängigkeit umschrieben; aus dieser Definition wird ein Katalog emanzipatorischer Fähigkeiten abgeleitet. Meyer kritisiert an diesem Verfahren, daß nur abstrakte Qualifikationen unabhängig von den Inhalten formuliert werden können und daß gerade der Begriff Emanzipation eine Operationalisierung, d.h. eine exakte Festlegung des Endverhaltens, ausschließt. [88]

Die Diskussion zur normativen Didaktik und zur deduktiven Curriculumstrategie hat gezeigt, daß eine — mathematisch-logische oder hermeneutische — lineare Ableitung von konkreten Zielen und Inhalten aus ,,obersten vorpädagogischen Sinn-Normen" nicht möglich ist. ,,Der Anfänger ist, sofern er die unterlegte Sinn-Norm billigt, von einem solchen System oft fasziniert, weil ihm hier klare Handlungsanweisungen gegeben werden, diese in einem Begründungszusammenhang stehen und überdies auch noch das beruhigende Bewußtsein vermitteln, bei allen konkreten Maßnahmen in Einklang mit den vorausgesetzten Überzeugungen zu sein." [89] Dabei wird übersehen, daß didaktisch-methodische Entscheidungen von einer Vielzahl von Faktoren bestimmt werden, die nicht direkt aus diesen Leitideen ableitbar sind. Dies gilt unabhängig von der Qualität der Richtziele. In curriculumstrategischer Hinsicht ist es zunächst sekundär, ob eine solche Deduktion aus Parteiprogrammen oder aus politökonomischen Kategorien vorgenommen wird. Pädagogik ist mehr als ein Nebenprodukt der Politökonomie. Auf diese Mehrdimensionalität des Unterrichtsgeschehens macht auch K. Mollenhauer aufmerksam: ,,Es ist die Annahme sinnvoll, daß kein Erziehungsvorgang durch Rekurs auf seine politischen Komponenten oder Implikationen vollständig und zureichend erklärt werden kann. ... Zur Deduktion aus der politischen Theorie genötigt, strukturiert sich das pädagogische Handlungsfeld allzu leicht im Sinne einer normativen Indoktrination, oder es verliert überhaupt an Relevanz zugunsten einer Kritik, die erst ,oberhalb' der pädagogischen Institutionen ansetzt: bei den Verwertungsproblemen des Kapitalismus." [90]

Mollenhauer geht aber auch von einer zweiten These aus: ,,Es ist die Annahme sinnvoll, daß jeder Erziehungsvorgang in den Merkmalen seines Vollzuges politische Implikationen enthält." [91] Daraus folgt, daß solche vorpädagogischen Normen und allgemeinen Richtziele keineswegs überflüssig sind und immanent gerade auch in solchen Unterrichtskonzepten enthalten sind, die angeblich an rein pädagogischen Kriterien orientiert sind. Solche Vorannahmen und Zielvorstellungen haben nur einen anderen strategischen Stellenwert als in der Konzeption Möllers oder vieler ,,progressiver" Pädagogen. Sie sind als Korrektiv und Relevanzfilter erforderlich, als Ausgangsbasis zur Ableitung von präzisen Lernzielen jedoch nicht verwendbar.

66

So sollte sich der Leser nicht dadurch irritieren und demotivieren lassen, daß bei Robinsohn das Fehlen normativer Leitideen bemängelt, bei Möller hingegen die Ableitung von Unterrichtszielen aus solchen Normen kritisiert wurde. Auch Meyers Kritik an dieser Deduktion schließt nicht aus, daß es möglich und nötig ist, den Zusammenhang von Leitideen und Feinzielen mittels Plausibilität argumentativ nachzuweisen.

2.5. Wissenschaftsanalytische Strategien: USA

Da eine zunehmende Verwissenschaftlichung aller Lebensbereiche unbestritten ist, erscheint die Forderung, durch wissenschaftliches Lernen für Verwendungssituationen zu qualifizieren, plausibel. Vor allem die amerikanische Curriculumforschung war lange Zeit eine Domäne der Universitäten und wurde von den Fachwissenschaften beherrscht. „Das übergreifende Charakteristikum der amerikanischen Curriculumprojekte darf in ihrer engen Bindung an akademische Disziplinen gesehen werden. Diese Bindung äußert sich in verschiedenster Weise: Sie tritt bei der Frage nach den Initiativen der Projekte ebenso deutlich hervor wie bei der Untersuchung der Arbeitsgruppen hinsichtlich ihrer personellen Zusammensetzung; sie spiegelt sich in dem Begriff der ‚Struktur (einer Disziplin)‘, der für Praxis und Theorie der gegenwärtigen Curriculumentwicklung eine gleich große Bedeutung besitzt. Auch die Produkte der amerikanischen Projekte weisen auf diese Bindung hin: handelt es sich doch in der Regel um Kurse bzw. Materialien, die für eines der ‚academic subjects‘ bestimmt sind." [92]

Der Vorteil dieser Wissenschaftsnähe besteht u.a. darin, daß der traditionelle Rückstand der Schuldidaktik gegenüber der fachwissenschaftlichen Entwicklung reduziert wird. Wissenschaftliche Ergebnisse finden nun mit einem geringen zeitlichen Verzug Eingang in die Schulen. Eine solche Aktualisierung der Lehrpläne ist jedoch nur *eine* Absicht der Curriculumforscher. Wesentlicher ist die Hypothese, daß jede Fachwissenschaft eine spezifische Struktur („strukture of the disciplines") besitzt und daß diese strukturellen Begriffe, Prinzipien und Methoden aus der Fülle der einzelnen Gegenstände abgeleitet werden können, so daß die Vermittlung dieser Strukturen eine moderne Variante der formalen Bildung bedeutet. Es geht also nicht primär um die Kenntnis wissenschaftlicher Einzelergebnisse, sondern um theoretische Prinzipien und Kategorien, die eine Analyse und Bewertung der einzelnen Probleme und Situationen, mit denen der Lernende konfrontiert wird, ermöglichen. Angestrebt wird eine „kategoriale" Bildung auf wissenschaftlicher Ebene. Erwartet wird „erstens eine Verminderung des stofflichen Ballasts und zweitens eine durch die Möglichkeit intensiven Transfers gegebene Erleichterung des Lernprozesses bzw. eine erhöhte Effektivität des Unterrichts." [93]

Prämisse und gleichzeitig ungelöstes Problem dieser wissenschaftsorientierten Curriculumstrategie ist die Übereinstimmung der Strukturen der Wissenschaftsdisziplinen, der Unterrichtsgegenstände, der Verwendungsbereiche und der psychischen Lernprozesse. In einem ersten Schritt der Curriculumkonstruktion muß also die jeweilige Struktur der Disziplin ermittelt werden. Dabei zeigt sich allerdings, daß diese Strukturen durchaus nicht eindeutig und zweifelsfrei zu analysieren sind, sondern daß verschiedene Fachvertreter vor allem der sozial- und geisteswissenschaftlichen Disziplinen durchaus zu unterschiedlichen Ergebnissen gelangen. Im sprachlichen Bereich zeigt sich als weitere Schwierigkeit, daß die Struktur der Sprachwissenschaft nicht identisch ist mit den Strukturen der Sprache. Die syntaktische Struktur einer Sprache ist unabhängig von den Strukturprinzipien der Linguistik.

In einem weiteren Schritt müssen die Ergebnisse dieser Wissenschaftsanalyse didaktisch verarbeitet werden, d.h. sie müssen dem psychologischen Entwicklungsstand und dem Erfahrungshorizont der Schüler angepaßt werden. Die Auffassungen, ob solche fachwissenschaftlich orientierten Curricula sich auch für die unteren Altersklassen eignen, gehen auch in den USA weit auseinander. Bei diesem Transformationsprozeß werden insbesondere die lernpsychologischen Forschungen von Piaget, Bruner, Gagné u.a. berücksichtigt. Inzwischen ist allerdings sehr infrage gestellt worden, ob die Entwicklungspsychologie brauchbare Kriterien für die Auswahl von Curriculuminhalten anzubieten hat, ob sie voraussagen kann, welche sachlogischen Strukturen von welchem Alter an frühestens erlernt werden können. Im Unterschied zu Piaget gelangt Hans Aebli zu der Schlußfolgerung: „Die Entwicklungspsychologie hat bei ihrem derzeitigen Wissensstand keine Kriterien zur Auswahl von Inhalten des Curriculum zu geben." [94]

Nach Klärung dieser Fragen werden Lehr-Lernmaterialien konstruiert. Dabei streben viele Projekte ein „forschendes", „entdeckendes" Lernen an, d.h. es wird weniger Wert auf Wissensvermittlung als auf Methodenaneignung gelegt. Die Materialien bestehen so zum großen Teil weniger aus Stoffplänen als aus Aufgabenkatalogen oder aus Anweisungen für Experimente und Versuche durch die Schüler. „Der Weg zur Einsicht in mathematische Strukturen führt ... nicht über Regeln und Formeln, wie sie die meisten der herkömmlichen Lehrbücher im Überfluß enthalten, sondern über ‚inquiry' und ‚discovery', zwei Begriffe, die zur Charakterisierung der amerikanischen Curriculumreform ebenso unerläßlich sind wie ‚basic concepts' und ‚strukture'." [95] Die Produktion dieser Materialien erfolgt im allgemeinen durch Arbeitsgruppen, die aus Lehrern und Fachwissenschaftlern zusammengesetzt sind.

Charakteristisch für diese Art der Curriculumentwicklung ist die sehr kurze Konstruktionsphase. Die Materialien werden oft in wenigen Monaten erarbeitet, um unverzüglich in Schulen erprobt zu werden. Diese Erprobungsphase nimmt sehr viel mehr Zeit in Anspruch und beginnt meist mit einem Training der Lehrer. Bei einem Projekt, über das K. Huhse berichtet, wurden die Materialien an 550 Schulen mit 50.000 Schülern überprüft. Nach dieser Kontrolle beginnt die Revision der Rohmaterialien und die Erstellung des endgültigen Curriculum: Dieses „Endprodukt" ist damit optimal empirisch abgesichert und überprüft. „Die Mehrzahl der amerikanischen Projekte geht in dem Bewußtsein, daß man es besser machen müsse, sogleich ‚an die Arbeit', d.h. an die Konstruktion eines neuen Curriculum. Als Ausgangsbasis dieser Arbeit dienen gewöhnlich keine sorgfältigen Untersuchungen und Analysen, trügen sie auch nur den Charakter von Stichproben, sondern der Konsensus innerhalb des Steering Committee." [96]

Dieser Pragmatismus sowie die Orientierung an der Wissenschaftsstruktur haben lange Zeit zu einer Vernachlässigung der „Belange
des Schülers (abgesehen von rein lernpsychologischen Gesichtspunkten) und der Gesellschaft bei der Festlegung der Ziele und Inhalte"
geführt. [97] Allerdings scheint sich in dieser Hinsicht ein Wandel ab-
zuzeichnen. „Zweifel an der universellen Brauchbarkeit der Formel
von der ‚Struktur der Disziplinen', Ansätze zur Entwicklung interdisziplinärer Curricula, neu erwachendes Interesse an den Bedürfnissen des Kindes und der Gesellschaft, die Forderung nach ausdrück-
licher Berücksichtigung solcher Bedürfnisse bei der Planung neuer
Curricula, neuer organisatorischer Formen der Curriculumentwicklung, Pläne zur Integration von Curriculumforschung und -entwick-
lung, starkes und noch immer zunehmendes Engagement der Bundes-
regierung — alle diese Phänomene deuten darauf hin, daß die amerikanische Curriculumreform im Begriff ist, in eine neue Phase ein-
zutreten." [98]

Trotz dieser Bemühungen und Perspektiven kritisieren insbesondere
die ausländischen Curriculumforscher das theoretische, insbesondere
ideologie- und gesellschaftskritische Defizit der amerikanischen Curriculumentwicklung, auch und gerade in Projekten der „social studies".
So charakterisierte Gunnar Myrdal bereits 1944 den Widerspruch
zwischen „american values" und „american behavior" als „amerika-
nisches Dilemma". [99] Die Curricula sollen zum kritischen Denken
befähigen, gleichzeitig aber eine Internalisierung demokratischer
Werte fördern, die nur allzu oft im Gegensatz zur politischen und gesellschaftlichen Praxis stehen. A. Holtmann stellt folgende Strategien
zur Verdeckung des „Dilemmas" und zur Minderung der kognitiven
Dissonanz fest:

— „die Rhetorik von ‚american dream', von ‚american creed'
und von den ‚american values'; die Überzeugung von der grundsätzlich gleichen Chance der im pluralistischen System widerstreitenden Gruppen;

— der fatalistische Glaube an die liberale Selbstregulierung der
gesellschaftlichen Probleme im Sinne des ‚american dream';

— das Vertrauen auf Geld und private Initiative als geeignete Mittel zur Lösung der Probleme im Sinne des *american dream*;

— die Überzeugung von der grundsätzlichen Intaktheit des bestehenden politisch-ökonomischen Systems als Instrument zur Verwirklichung des *american dream*;

— die *soziale Ignoranz*, um weiterträumen zu können." [100)]

Die curricularen Konsequenzen dieses Dilemmas lassen sich an Erscheinungen wie dem ,Afghanistanismus' verdeutlichen. Das forschende, wissenschaftliche Lernen wird dort kanalisiert, wo die behauptete Einheit von Idee und Wirklichkeit infrage zu stellen wäre: ,,Brennende gesellschaftliche Probleme der USA werden gern draußen behandelt: Edwin Frentons Schüler untersuchen die Rassenfrage am Beispiel Südafrikas und Brasiliens, und Ronald Lippit handelt das Problem der Vorurteile am Beispiel eines Jungen mit grünen Haaren ab. Gesellschaftliche Realität läßt er wissenschaftlich beseitigen ... Gesellschaftlich Verursachtes wird individualisiert." [101)]

Hier zeigt sich eine generelle Gefahr lernzielorientierter Curriculumforschung: Die im psychologischen Vokabular formulierten Lernziele garantieren noch nicht ein kritisches Lernen, wenn verharmlosende Inhalte ausgewählt werden. ,,Engagement'' ist für sich solange kein wünschenswertes Lernziel, solange nicht entschieden und begründet wird, wofür sich der Lernende engagieren soll. Die Vermittlung wissenschaftlicher Inhalte und Methoden gewährleisten nicht unbedingt Lernprozesse, die eine kritische Rationalität fördern.

Aber auch die Kritiker der amerikanischen Curriculumforschung übersehen nicht die Leistungen dieser Untersuchungen: Wissenschaftlicher Fortschritt wird ohne Zeitverlust fachdidaktisch umgesetzt; wissenschaftliches Lernen gilt nicht mehr als Privileg einer sozialexklusiven Bildungsschicht; wissenschaftliche Denkweisen und Methoden werden für rationales Problemlösen und für entdeckendes Lernen fruchtbar gemacht; die lernpsychologische Forschung wird curricular verarbeitet; die Betonung der Erprobungsphasen fördert eine Einbeziehung vieler Lehrer in die Curriculumentwicklung und eine ständige praxisnahe Evaluation und Revision der Curricula; das Lehrbuch wird durch multi-mediale Materialien ersetzt. [102)]

Es ist nicht uninteressant, daß auch in der Sowjetunion ähnliche Curriculumstrategien dominierten und ebenfalls inzwischen revidiert wurden. „Nicht nur die ‚Logik' der Wissenschaft, auch die wissenschaftlichen Methoden sollten Gegenstand des Unterrichts sein, so daß der Schüler mit ihnen vertraut wurde. Noch pointierter führte diese Position zu der Formel von einer Isomorphie von Welt, Wissenschaften und Unterricht. Die marxistisch-leninistische Erkenntnistheorie mit dem Konzept von der Widerspiegelung der Welt durch das Bewußtsein findet darin ihren Niederschlag und erlaubt den kurzschlüssigen Brückenschlag von einer ‚materialistischen' Interpretation des wissenschaftlichen Erkenntnisvorganges zur Bestimmung von Bildungsinhalten. Dies ist der Hintergrund, vor dem die dominierende Rolle der Fachwissenschaftler, vor allem der Naturwissenschaftler bei der Bestimmung des Curriculum verständlich wird. Deren Einfluß ging so weit, daß eine radikale Kürzung der humanwissenschaftlichen Fächer und deren weitgehende Verlegung in die außerschulische Zirkelarbeit zur Diskussion stand." [103] Vor allem in der Diskussion über den polytechnischen Unterricht ist diese Verabsolutierung der Wissenschaften relativiert worden, der Produktionsprozeß wird jetzt als gleichwertige Quelle von Lerninhalten anerkannt. „Aus der Analyse einer Vielfalt von Produktionsabläufen will man nun Prozesse isolieren, die sich gleichsam als ‚didaktische Urzellen' eignen." [104]

2.6. Lehrplananalytische Strategien: F. Achtenhagen, T. Husén u.a.

Die von Robinsohn skizzierte Perspektive einer umfassenden Gesamtrevision der Lehrpläne wird von den meisten Pädagogen begrüßt, aber auf absehbare Zeit nicht für realisierbar gehalten. Ohne eine solche langfristige Reformkonzeption aus dem Blick zu verlieren, versuchen einige Forschungsteams, durch mittelfristige Curriculumprojekte schneller eine Veränderung der Schulpraxis zu erreichen. Vor allem die Münsteraner Curriculumtheoretiker um H. Blankertz arbeiten an mehreren Curricula, für die charakteristisch ist, daß 1. fachdidaktische Kriterien betont werden und daß 2. mit der Analyse vorhandener Lehrpläne begonnen wird. F. Achtenhagen, P. Menck u.a. plädieren für eine „mittelfristige, fachdidaktisch akzentuierte Curriculumforschung". Auf den naheliegenden Einwand, daß durch dieses Verfahren der problematisch gewordene Fächerkanon verfestigt wird, antwortet H. Blankertz: „Die so begründete Präferenz mittelfristiger Forschungsprojekte bedeutet indessen keinen Verzicht auf die Problematisierung traditioneller Unterrichtsfächer und -inhalte und keinen Verzicht auf umfassende Gesamtrevision, sondern deren Voraussetzung." [105] Immerhin: diese „Voraussetzung" ist selber nicht voraussetzungslos; um Fachlehrpläne kritisieren und verbessern zu können, benötigt man Leitideen und Kriterien. Ob es ausreicht, zu „unterstellen, ein Gesamtplan zur Curriculumrevision existiere",[106] ist fraglich.

Das Vorgehen dieser Projektgruppen ist jedoch nicht so pragmatisch und punktuell, wie es zunächst den Anschein haben mag. So werden zunächst die traditionellen Fächer auf ihren Stellenwert im Gesamtlehrplan, auf ihre Prämissen und Normen hin überprüft. Mithilfe der Sozialwissenschaften werden Kategorien, Kriterien und Dimensionen des Lehrplans erarbeitet und in einem „didaktischen Strukturgitter" aufeinander bezogen. Für den politischen Unterricht werden aus der Fragestellung der „Vergesellschaftung" die Lernbereiche „Arbeit", „Sprache" und „Herrschaft" ausgewählt und in die Ebenen „Problematisierung", „Intention" und „Selektion" einerseits und die Interpretationsmuster „technisch wertfrei", „praktisch ideologisch" und „emanzipatorisch kritisch" gegliedert. [107] Aufgrund solcher Strukturgitter ist eine analytische Kritik der Lehrpläne und des Unterrichts möglich. Die vorhandenen Fachlehrpläne werden mit den erarbeiteten Zielen und den eigenen Normen konfrontiert. In einem weiteren Schritt werden dann Kriterien einer „konstruktiven Lehrplan- und Unterrichtsgestaltung" erarbeitet. Dabei orientieren sich die Münsteraner Forscher an dem lerntheoretischen Didaktik-Modell von Heimann/Schulz, gehen aber in ihrer „Normenkritik" über dieses Modell hinaus. „Als Ergebnis der konstruktiven Lehrplan- und Unterrichtsgestaltung erwarten wir insbesondere a) die präzise, auf Überprüfbarkeit abgestellte Neufassung der Unterrichtsziele; b) die Einbeziehung von Beurteilungsmethoden für die objektiv zu erfassenden Schülerleistungen; c) die Bereitstellung korrespondierender Unterrichtsmethoden unter Berücksichtigung der entsprechenden Medien." [108]

Bei der Lehrplanrevision des Münsteraner Teams dominieren fachdidaktische und ideologiekritische Überprüfungen. Stärker empirisch orientiert ist die Evaluation und Revision vorhandener Lehrpläne und Unterrichtsinhalte in Schweden. Hier wurde seit 1957 versucht, die Lerninhalte mit geforderten und gewünschten Qualifikationen in beruflichen oder privaten Verwendungsbereichen zu vergleichen. Aus einer solchen Wirkungskontrolle wurden dann Konsequenzen für eine Korrektur der Lehrpläne gezogen. ,,Zu Beginn wurden zunächst fünf Forschungsziele abgesteckt:

1. ein Katalog der in bestimmten Fachgebieten vermittelten Fertigkeiten, die die moderne Gesellschaft vom einzelnen in seiner Rolle als Berufstätiger und Bürger verlangt;

2. die Bestimmung der Art und Weise, wie diese Fächer gegenwärtig in der allgemeinbildenden Schule gelehrt werden;

3. ein Vergleich der durch objektive Tests gemessenen Lernerfolge mit den von ,Abnehmerkreisen' geforderten Voraussetzungen: der Berufsschulen, Gymnasien und Arbeitgeber;

4. eine Überprüfung der Effektivität des in der Schule Gelernten durch die Messung des bei berufstätigen Erwachsenen noch vorhandenen Wissens und durch Befragung dieser Erwachsenen, wobei sie ihr Schulwissen nach dessen Wert für ihre Arbeit und andere Tätigkeiten beurteilen sollten;

5. die Feststellung des Verhältnisses zwischen diesen verbliebenen Fertigkeiten und ihrem ,Gebrauch' nach dem Urteil von Vorgesetzten und Beschäftigten selbst.'' [109]

Zunächst wird durch Schulbuch-, Lehrplananalysen, Lehrerbefragungen usw. ermittelt, welche Inhalte in welcher Zeit unterrichtet werden. Dann werden ,,Abnehmer'', d.h. Lehrer der weiterführenden Schulen und Hochschulen oder Arbeitgeber befragt, welche Qualifikationen sie erwarten und welche Defizite sie bei den Schulabgängern festgestellt haben. Außerdem werden Erwachsene nach dem Nutzen des Gelernten und nach ihren Lernbedürfnissen und Interessen gefragt. Die Grenzen dieser empirischen Erhebungen sowie die Gefahr eines utilitaristischen Nützlichkeitsdenkens und einer Überbetonung momentan ,,marktfähiger Qualifikationen'' werden durchaus gesehen und berücksichtigt. Ausgeklammert werden mußten z.B. „nicht-kognitive" Unterrichtsergebnisse wie Einstellungen, Werthaltungen usw. Auch die Anforderungen veränderter und künftiger Situationen konnten auf diese Weise nicht erfaßt werden.

Dennoch liefern solche Wirkungskontrollen wertvolle Hinweise für Curriculumrevisionen. So wurden unterschiedliche Anforderungen an den Mathematikunterricht gestellt: „die eine, von den Berufsschulen erhoben, legte den Nachdruck auf die Anwendung der Grundrechenarten, die zweite, von den Gymnasien vertreten, befürwortete die Ausrichtung des Fachs auf fortgeschrittene Mathematik." [110]

Im Schwedischunterricht konnte unterschieden werden zwischen „1. Elementen des Faches, die im hohen Maße für jede Art der beruflichen und wissenschaftlichen Weiterbildung verlangt und 2. anderen, die für die meisten Unterrichtsarten gefordert und 3. solchen, die nur für bestimmte berufliche oder wissenschaftliche Zweige benötigt werden." [111] Im Bereich Sozialkunde wurden verschiedene Berufsgruppen gebeten, die 18 schulischen Stoffgebiete nach ihrer subjektiven Bedeutsamkeit einzuschätzen. Diese Angaben wurden mit dem tatsächlichen Unterrichtsumfang verglichen. „Zu einzelnen Elementen des Stoffs ist herauszustellen, daß ,Familienleben' und ,Hauswirtschaft' durch die befragten Berufstätigen hoch eingeschätzt wurden, aber im Lehrplan an unterer Stelle rangierten. Außerdem scheinen ,Gesetz und Gerechtigkeit' in der Schule nicht die Beachtung zu erhalten, die nach Einschätzung der Berufstätigen wünschenswert wäre, während andererseits die Bedeutung, die sie dem Stoffgebiet ,Staat' zumessen, von seiner Stellung im Lehrplan überragt wird." [112] Ein Vergleich zwischen Schulbüchern und subjektivem Wissensbedarf ergab: „Die Korrelationen zwischen beiden sind recht gering, ja mehrere Lehrbücher stehen inhaltlich in gar keinem Verhältnis zu dem Wissensbedarf der verschiedenen Berufsgruppen." [113] Husén betont nachdrücklich, daß „empirische Studien bestenfalls Empfehlungen zu Überlegungen für das Curriculum liefern, die bei ihrer endgültigen Fassung auf Werturteile bezogen sein müssen." [114]

Während diese Konzeptionen eine Fülle von ideologiekritischen und empirischen Untersuchungen einschließen, ist bei anderen Projekten zur Lehrplanreform der — theoretische wie empirische — Forschungs-

aufwand erheblich geringer. So ist bei manchen „pragmatischen" Ansätzen zu fragen, ob diese Korrektur der Lehrpläne noch als Curriculumentwicklung bezeichnet werden sollte. Die Einführung der Lern-
zielterminologie gewährleistet alleine noch nicht den qualitativen
Sprung vom Lehrplan zum Curriculum. Eine den Anforderungen der
Curriculumdiskussion entsprechende pragmatische Curriculumentwicklung hat der Deutsche Bildungsrat für die Erprobung von Gesamtschulen vorgeschlagen: „Ein pragmatisches Verfahren der Lehrplanrevision und Erprobung als Innovationsprozeß im Rahmen der
Gesamtschule erfordert folgende Schritte:

- Definition von konkreten Unterrichtszielen;

- Entwicklung von Unterrichtssequenzen, Materialien und Ver-
  mittlungsmethoden, die geeignet sind, zu den definierten Zielen zu führen;

- Überprüfung der Leistung: Sind die definierten Unterrichtsziele von den Schulen erreicht worden?

- Revision der Unterrichtssequenzen, Materialien und Vermitt-
  lungsmethoden nach den Ergebnissen der Überprüfung." [115]

Diese Vorschläge pragmatischer, mittelfristiger und lehrplananalyti-
scher Curriculumentwicklung verweisen auf einen Prozeß permanenter Curriculumreform. Bei dieser „rollenden Reform" müssen allerdings die Lehrer in den Prozeß der Curriculumentwicklung einge-
schaltet sein. Es reicht dann nicht aus, daß an Instituten Curricula
produziert und als fertige Produkte der Praxis übergeben werden.
Möglichkeiten und Bedingungen einer solchen permanenten Curriculumentwicklung in der Schulpraxis werden von H.v. Hentig in einer
„Laborschule" in Bielefeld und einer angeschlossenen „Curriculum-
Werkstatt" erprobt. Hier wird nicht nur Unterricht als Curriculumentwicklungsprozeß organisiert, sondern auch Forschung vollzieht
sich als „development research", bei der Hypothesen und Zwischenergebnisse unmittelbar in der Unterrichtspraxis überprüft werden. [116]
Dieses Projekt enthält bereits das wesentliche Element einer „offenen
Curriculumentwicklung".

Die Relevanz der lehrplananalytischen Strategie für die EB ist begrenzt, da es in der EB kaum Lehrpläne gibt, die revidiert werden können. Das schließt nicht aus, daß bei der Neuentwicklung von Curricula für Erwachsene die Fülle von Erfahrungen der Kursleiter verwertet werden muß. Im strengen Sinne wird dieses analytische Verfahren jedoch vor allem bei der Überarbeitung prüfungsbezogener Kurse, z.B. im Rahmen des Zweiten Bildungsweges, anwendbar sein. Auf ein Anwendungsbeispiel im Bereich der VHS-Zertifikatskurse wird an späterer Stelle eingegangen.

2.7. Zwischenbilanz

Dieser Überblick über unterschiedliche Curriculumstrategien läßt erkennen, daß eine geschlossene Theorie und einheitliche Verfahrensweisen der Curriculumentwicklung noch nicht vorhanden, vielleicht auch nicht möglich und wünschenswert sind. Als weiteres vorläufiges Ergebnis kann festgehalten werden, daß die verschiedenen Konzepte jeweils andere Akzente setzen und verschiedene Methoden vorschlagen. Teils steht die Inhaltsauswahl, teils die Lernzielentscheidung im Vordergrund; teils werden erfahrungswissenschaftliche, teils hermeneutische Methoden bevorzugt. Kritisiert wird deshalb meist eine Einseitigkeit der einzelnen Projekte und das Ausklammern von Problemstellungen. Auch die Kritiker an den deduktiven Modellen geben zu, daß auf Deduktionen nicht völlig verzichtet werden kann; auch Chr. Möller räumt ein, daß logisch-mathematische Verfahrensweisen durch hermeneutisches Sinnverständnis ergänzt werden muß. So scheint eine Übereinkunft darin zu bestehen, daß Curriculumforschung auf einen Methodenpluralismus angewiesen ist, wenn nicht schwerwiegende Verkürzungen der Fragestellung in Kauf genommen werden sollen. Außerdem zeigt sich, daß Curriculumforschung arbeitsteilig betrieben werden muß, da ein Projekt immer nur Teilaspekte und Ausschnitte erforschen kann.

Deutlich ist ferner ein konzeptioneller Wandel in der westdeutschen Curriculumdiskussion, den man formelhaft „von der Effektivierung zur Demokratisierung" beschreiben kann. In den ersten Projekten dominiert das Interesse an einer Effizienzsteigerung und Optimierung des Unterrichts, an einer Objektivierung und Kontrolle des Lernfortschritts. Im Vordergrund stehen Fragen der Lernzieloperationalisierung und Lernzielüberprüfung, wobei „Lernziel" behavioristisch als — beobachtbares und meßbares — Endverhalten definiert wird. Eingesetzt werden mathematische, erfahrungswissenschaftliche und sozialtechnologische Forschungsinstrumente.

In der Kritik dieser Projekte sind sich geisteswissenschaftliche Bildungstheoretiker und gesellschaftskritische Pädagogen vielfach einig. Aus neomarxistischer Sicht wird diese Kritik vor allem mit einem polit-ökonomischen Begriffssystem und Interpretationsschema geleistet, ohne daß diese kritische Analyse jedoch progressive, d.h. neue und weiterführende Ansätze einer Curriculumentwicklung sichtbar macht.

Die neue Phase der Curriculumforschung, die sich eine Demokratisierung und Emanzipation der Gesellschaft zum Ziel setzt, wird weniger von der marxistischen Politökonomie als von der kritischen Theorie der Frankfurter Schule inspiriert. So rekurrieren sowohl Holtmann wie Lenzen, Mollenhauer und Dieckmann, aber auch die hessische Curriculumkommission auf Kategorien und Gesellschaftsanalysen von J. Habermas.

Festzustellen ist eine Vernachlässigung der bildungsorganisatorischen und institutionellen Komponente. Robinsohn wies darauf hin, daß auch in Gesamtschulen „die Curricula im Augenblick struktur- und organisationsimmanent revidiert" werden. [117] Da zunächst wünschenswerte Lernziele und Inhalte entschieden werden müssen, sind schulorganisatorische und -institutionelle Veränderungen die Folge solcher curricularen Untersuchungen. Andererseits wird bereits bei der Ermittlung der Lernaufgaben zu berücksichtigen sein, welche Lernaufgaben die Institution Schule übernehmen kann und welche Lernziele besser in Familie, Freizeit oder beruflicher Praxis erworben werden können. Curriculumforschung kann also auf Organisationsanalysen nicht verzichten, wobei organisatorische und institutionelle Faktoren sowohl als Determinanten der Lernplanung wie auch als zu verändernde Variablen interpretiert werden müssen. Bei den meisten Curriculumprojekten jedoch läßt sich erneut eine „didaktische Selbstbeschränkung" nachweisen: das Bildungssystem wird entweder als Konstante in Rechnung gestellt oder als Fragestellung völlig ausgeklammert. Wie sehr Lernprozesse durch die Schulstruktur, d.h. auch durch Schulordnungen, Rollenverteilungen, Kommunikationschancen, Mitbestimmungsmöglichkeiten und Unterrichtsformen, beeinflußt werden, ist von M. Bönsch für die Hauptschule deutlich gemacht worden. [118] Gerade in der noch wenig institutionalisierten EB werden diese Aspekte zu berücksichtigen sein.

Als weiteres Ergebnis der bisherigen Curriculumentwicklung kann man feststellen, daß von den drei möglichen Informationsquellen und Ansätzen — Curriculumentwicklungen von der Kultur und Wissenschaft aus, von den Anforderungen der Gesellschaft aus, von den Bedrüfnissen des Adressaten aus — die letzte Möglichkeit bisher am stärksten vernachlässigt wurde. Zwar berücksichtigt vor allem die amerikanische Forschung die neueren Ergebnisse der Entwicklungs- und Lernpsychologie, die Motive, Interessen und Bedürfnisse der Schüler gehen jedoch nur sehr mittelbar in die curricularen Entscheidungen ein. So untersucht das Flechsig-Team zwar die Präferenzen der Entscheidungsträger, nicht aber die der Entscheidungsbetroffenen, d.h. der Lernenden. Grundsätzlich scheint auch der Curriculumtheorie ein Reifegefälle zwischen Erzieher und Zögling zugrunde zu liegen: Experten und Curriculumforscher entscheiden, was und warum der „unmündige" Heranwachsende zu lernen hat. Diesen Mangel hat D. Lenzen deutlich erkannt, ohne daß er konkrete Lösungsstrategien aufzeigen kann. Eine solche Vernachlässigung der subjektiven Bildungsbedürfnisse ist gerade mit fundamentalen Prinzipien der EB nicht zu vereinbaren und zwar nicht nur wegen der vielzitierten scheinbaren Freiwilligkeit der Teilnahme, sondern vor allem angesichts der Forderung nach Selbstbestimmung der Lernenden.

Der quartäre Bildungsbereich der EB ist bei der bisherigen Curriculumforschung weitgehend ausgeklammert worden, wie auch Curriculumprojekte zum tertiären Sektor des Hochschulbereichs nur sehr zögernd gestartet werden.

Doch nicht nur die Partizipation der Lernenden, auch die Beteiligung der Lehrenden an der Curriculumkonstruktion ist nur in wenigen Projekten befriedigend gelöst. Am ehesten scheint eine solche Mitwirkung der Lehrer in den Konzepten gewährleistet zu sein, die — wie die amerikanischen Vorhaben — der Erprobung von vorläufigen

Entwürfen in der Schulpraxis ein großes Gewicht beimessen. In der Bundesrepublik haben vor allem Wolfgang Edelstein[119] und Hartmut von Hentig eine pragmatische, basisnahe Lehrplanrevision in Zusammenarbeit mit den Lehrern konzipiert und teilweise erprobt. In der Schweiz wird die Einbeziehung der Lehrer in die Curriculumentwicklung in einem gesonderten, von Karl Frey betreuten Forschungsprojekt untersucht.[120]

Die Frage nach der Beteiligung von Lehrenden und Lernenden verweist auf eine generelle Problematik der Curriculumforschung: in den meisten Fällen erfolgt die Konstruktion von Curricula an Hochschulen oder Instituten, weitgehend isoliert von der Unterrichtswirklichkeit. In das Forschungskonzept einbezogen wird allenfalls eine Evaluation der Materialien, d.h. eine Erfolgskontrolle nach dem Unterricht. Die „Implementationsphase", also die Verwendung der Curricula im Unterricht, bleibt im allgemeinen von der Curriculumforschung unberücksichtigt. Mit anderen Worten: die Unterrichtspraxis wird von dem Curriculumforscher quasi als „black box" ignoriert, er betrachtet seinen Auftrag meist mit der Konstruktion von Materialien und Tests als abgeschlossen. Curriculumforschung schließt nur in Ausnahmefällen Unterrichtsforschung ein. Diese Vernachlässigung der Implementation ist jedoch kein Defizit der Curriculumtheorie, sondern ein Mangel der Forschungspraxis. Viele Curriculumtheorien heben die bisherige Trennung von Lehrplanentwicklung und Unterricht, von Forschenden und Lehrenden in ihrem Ansatz auf. Ob es einer spezifischen Forschermentalität zuzuschreiben ist, daß diese Intention in vielen Projekten nicht realisiert wird, kann an dieser Stelle nicht untersucht werden.

Überblickt man die hier dargestellten Curriculumstrategien, so läßt sich ein Katalog von Aufgaben identifizieren, die ein Curriculumprojekt im Idealfall zu lösen hat. Diese Aufgaben lassen sich — mit K. Frey — als curriculare „Handlungsräume" beschreiben, in denen Informationen gesammelt und verarbeitet und Entscheidungen — z.B. über die Auswahl von Zielen und Inhalten — getroffen werden müssen. Diese Handlungsräume lassen sich — als Zwischenergebnis der bisherigen Bestandsaufnahme — schematisch darstellen:

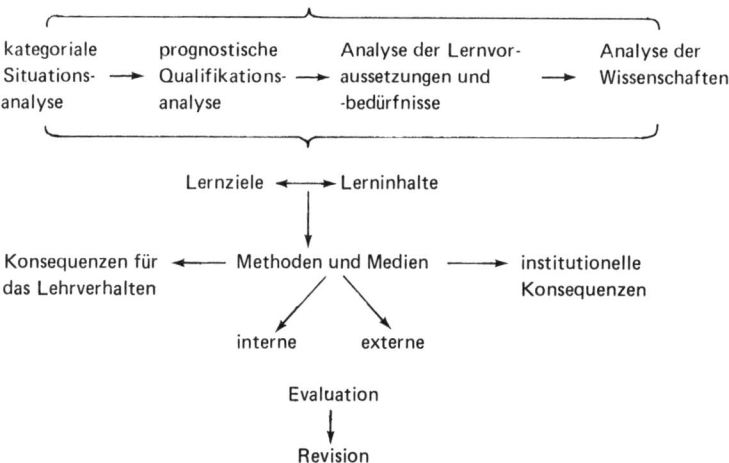

theoretisches Konzept

kategoriale Situationsanalyse → prognostische Qualifikationsanalyse → Analyse der Lernvoraussetzungen und -bedürfnisse → Analyse der Wissenschaften

Lernziele ←→ Lerninhalte

Konsequenzen für das Lehrverhalten ←— Methoden und Medien —→ institutionelle Konsequenzen

interne   externe

Evaluation

Revision

Da diese Handlungsräume an späterer Stelle ausführlich erörtert werden, mögen hier einige Anmerkungen zum Verständnis des Schaubildes genügen. In dem theoretischen Konzept muß die Funktion des Curriculum geklärt werden. Dazu gehört eine Analyse und Reflexion des gesellschaftlichen Kontextes sowie eine Berücksichtigung der Interdependenz von Gesellschaft, Ökonomie und Pädagogik. Dieses Konzept sollte auch eine Begründung von Leitideen und Richtzielen enthalten, die zugleich als Orientierungsrahmen und Relevanzfilter für die zweite Ebene der Erhebung curricularer Planungsdaten geeignet sind. Diese Bestandsaufnahme, z.B. die Analyse von Verwendungssituationen, erfolgt also aufgrund eines theoretischen Vorverständnisses. Die Auswahl und die Interpretation der — größtenteils empirisch zu ermittelnden — Daten wird aus einer begründeten Perspektive und aufgrund eines Theorienentwurfs vorgenommen. Die Situationsanalyse wird durch Kategorien strukturiert, andererseits ist es möglich, noch nicht vorhandene wünschenswerte Situationen und Qualifikationen zu identifizieren. Zu den Qualifikationen werden dabei nicht nur kognitive Fähigkeiten und Fertigkeiten, sondern auch sozialemotionale Einstellungen und Identifikationen gezählt. Diese Daten werden mit Informationen über die Ausgangslage der Adres-

81

saten konfrontiert, wobei nicht nur lernpsychologische Erkenntnisse, sondern auch Faktoren der Lerngeschichte, des Erfahrungshorizonts, der sozialen Lage und Interessen zu berücksichtigen sind. Vorläufig kann dieser Schritt als „Ermittlung des Lebenszusammenhangs" [121] beschrieben werden. Die Analyse des Wissenschaftsbestandes steht an letzter Stelle, da es nicht darum geht, wissenschaftliche Ergebnisse zu vermitteln, sondern die Wissenschaften auf Lösungen zu den ermittelten Problemen hin zu überprüfen. Diese Materialien müssen curricular verarbeitet werden. Es muß eine Lernziel-Inhaltsmatrix erstellt werden, in der die in einer Veranstaltung der EB lernbaren Ziele und Inhalte ausgewählt, zugeordnet und gegliedert werden. Diese Matrix wird in einem weiteren Schritt in ein Artikulationsschema, d.h. einen didaktischen Ablaufplan umgewandelt, wobei den Unterrichtseinheiten entsprechende Methoden und Medien zugeordnet werden. An dieser Stelle sind institutionelle Maßnahmen, z.B. technische und räumliche Voraussetzungen, einzuplanen und Konsequenzen für das Lehrverhalten, z.B. team-teaching, zu bedenken. Die interne Evaluation bezieht sich auf Wirkungskontrollen innerhalb der Bildungsveranstaltung, während die externe Evaluation Verhaltens- und Einstellungsänderungen außerhalb der Bildungseinrichtung in der gesellschaftlichen und beruflichen Praxis überprüft. Eine solche Evaluation liefert Hinweise für eine Revision des Curriculum. Dieses Schema verdeutlicht zugleich den Systemcharakter der Curriculumtheorie. Einerseits ist erkennbar, daß bei der Curriculumkonstruktion zahlreiche Elemente aufeinander bezogen und voneinander abhängig sind. Andererseits kann das Curriculumsystem als Bestandteil des Bildungssystems, aber auch als Variable des gesellschaftlichen Gesamtsystems interpretiert werden. [122] Ein solcher „systems approach" verhindert eine „didaktische Selbstbeschränkung" der Curriculumentwicklung.

Bevor versucht werden kann, eine solche Strategie zu konkretisieren und auf ihre Anwendbarkeit in der EB zu befragen, müssen jedoch noch einige grundsätzliche Einwände und Bedenken gegen die bisherige Praxis der Curriculumkonstruktion erörtert werden.

3. Kritik der Curriculumforschung

3.1. Legitimationsprobleme

Der didaktische Fortschritt steht und fällt mit der rationalen Lösung von Legitimationsfragen. Wie können Entscheidungen über Ziele, Inhalte und Methoden wissenschaftlich vertretbar und demokratisch gefällt werden? Dogmatische Entscheidungen sind für die Curriculumforschung indiskutabel. Die Berufung auf letzte — metaphysische oder sonstige — Instanzen ist ideologiekritisch nicht haltbar und entzieht die Lehrplanentscheidungen einer demokratischen Kontrolle.

Am ausführlichsten und zuverlässigsten sind diese Legitimationsprobleme von Hilbert Meyer analysiert worden. Meyer untersucht diese Frage sowohl in der normativen und geisteswissenschaftlichen Didaktik als auch in der modernen Curriculumforschung. Die normative Didaktik legitimiert didaktisch-methodische Entscheidungen durch die Ableitung aus vorgegebenen Weltanschauungen und Glaubenslehren. Die geisteswissenschaftliche Lehrplantheorie erkennt die Problematik einer solchen Deduktion, sie versucht demgegenüber, den Sinn und die „wahren" Lernziele aus der Erziehungswirklichkeit hermeneutisch zu erschließen. Sie kann von dieser Position aus jedoch kaum Alternativen und weitreichende Innovationen der gegenwärtigen Lehrplanpraxis entwickeln. Die Curriculumforschung geht von der geisteswissenschaftlichen These aus, daß Lehrplanentscheidungen das Ergebnis des Kampfes gesellschaftlicher Interessen und Machtpositionen sind, und sie versucht diese gesellschaftlichen Prozesse zu analysieren und zu steuern. Dieses Interesse an einer Objektivierung, Kontrolle und Kritik von bisher unkontrollierten Entscheidungsprozessen ist der entscheidende Ausgangspunkt z.B. für das Konstanzer LOT-Projekt des Flechsig-Teams. Die Notwendigkeit einer solchen Transparenz und der Fortschritt an Kontrolle und Objektivität durch dieses Verfahren sind unumstritten. Die zentrale Frage Meyers ist jedoch: wächst mit dem Gewinn an Transparenz der Entscheidungs*prozesse* auch die inhaltliche Gültigkeit der Entscheidung*ergebnis-*

se? [123)] Ist das Lernziel X allein deshalb gültiger als Y, weil sich in dem Simulationsexperiment der Konstanzer Gruppe 5 Entscheidungsträger für X und nur 3 für Y entschieden haben? Dieses sozialtechnologische Verfahren der Entscheidungsfindung wird ergänzt durch eine Strategie der zunehmenden Präzisierung und Deduktion von konkreten aus abstrakten Lernzielen — ein Ansatz, der bei Chr. Möller im Vordergrund steht. Meyer gliedert seine Arbeit deshalb in ein Kapitel über Deduktionsversuche durch Operationalisierung und in einen Abschnitt über sozialtechnologische Lösungsversuche.

Es zeigt sich, daß die Operationalisierung nicht die Probleme normativer Ableitung löst, da ,,das Operationalisieren der Lernziele selbst noch nicht erfahrungswissenschaftlich kontrolliert vollzogen werden kann, vielmehr eine Frage des Trainings und Konsens von Experten ist. Das Operationalisieren darf also noch nicht als Operationalisierung des Operationalisierens ausgegeben werden''. [124)] Auch die Lernzielhierarchisierung liefert keine Kriterien zur Auswahl, Entscheidung und Begründung von Lernzielen. Bloom hat seine Taxonomie ausdrücklich nur als Analyseinstrument verstanden, das eine Gliederung und Ordnung vorhandener Lernzielkataloge erleichtert. Taxonomien ,,schaffen keine Rechtsgründe für Lernzielselektionen, sondern nur die Voraussetzung zur Handlungsorientierung''. [125)] Am ehesten scheinen Evaluationsstrategien eine objektive Entscheidung über Beibehaltung oder Ablehnung von Lernzielen zu ermöglichen, da hier der Anspruch des Lernziels mit dem tatsächlichen Lernerfolg verglichen wird. Da jedoch die Kriterien für die Lernzielplanung und die Lernzielkontrolle dieselben sein müssen, bewegt man sich im Kreis. Evaluiert werden nur vorher entschiedene Lernziele, durch die Evaluation werden keine neuen Lernziele gewonnen. Immerhin sind negative Entscheidungen möglich, da nicht realisierbare Lernziele eliminiert·werden können.

Der Fortschritt dieser erfahrungswissenschaftlichen Methode ist also nur relativ gegenüber der normativen Didaktik. Prinzipiell löst auch sie die Legitimationsfrage nicht.

Die Hoffnung Chr. Möllers, Lernzielentscheidungen im Idealfall durch einen Computer fällen zu lassen, ist illusorisch. Auch bei Operationalisierungen und Hierarchisierungen muß zwischen den Beteiligten eine Übereinkunft und Verständigung herbeigeführt werden. So nimmt in fast allen Curriculumprojekten das Expertenteam eine Schlüsselposition ein. Das Legitimationsproblem scheint also objektiv und demokratisch lösbar zu sein, wenn die Experten „richtig" ausgewählt werden und ein rationaler Konsens aller Beteiligten erreicht wird. Meyer bezeichnet diese Verfahren der Konsensbildung und der Entscheidungsfindung als „sozialtechnologisch". Es handelt sich hierbei um eine „Verfahrenslegitimation",

Als Beispiel für ein solches Verfahren der Konsensbildung sei die Delphi-Technik kurz skizziert. Mehrere Experten geben — schriftlich oder mündlich — Urteile über die Entwicklungen von Wissenschaften, Situationen oder Qualifikationen ab. Diese Urteile werden — zusammen mit neueren wissenschaftlichen Ergebnissen — allen Beteiligten zugänglich gemacht mit der Bitte, das eigene Urteil nochmals zu überprüfen. „Dem Einsatz der Technik liegt demnach die Überzeugung zugrunde, daß die statistische Aggregation individueller Prognosen zu einem Gruppenkonsens zu ‚besseren' Ergebnissen führt als das Aushandeln des Konsensus in der Diskussion." [126] Für eine Vorausschau wissenschaftlicher und gesellschaftlicher Entwicklungen ist diese Technik geeignet, sofern aber Entscheidungen über kontroverse Interessen und unterschiedliche gesellschaftliche Zielvorstellungen getroffen werden müssen, ist das Ergebnis dieser Befragung durch die Auswahl der Experten determiniert. Die Delphi-Technik basiert auf der Prämisse, daß eine Angleichung der verschiedenen Prognosen an einen Mittelwert bzw. eine Mehrheitsmeinung zu erwarten ist; solche Kompromisse sind jedoch im Bereich der Interessen und Werte weder unbedingt möglich noch in jedem Fall wünschenswert. Doch auch für nichtfaktische, normative Schätzungen ist die Delphi-Technik eingesetzt worden.

„Kern des Helmer-Entwurfs einer Forschungsstrategie ist der Vorschlag, zwei getrennte, jeweils mit Hilfe von Delphi-Studien zu füllende Matrizen der relevanten gesellschaftlichen Bedürfnisse auf der einen und der zur Befriedigung dieser Bedürfnisse vorgeschlagenen schulischen und curricularen Innovationen auf der anderen Seite anzulegen." [127] Eine rationale Entscheidung des Verhältnisses von Normen und Lernzielen erfolgt durch den Versuch, „die Komplexität der Vermittlung von Bedürfnissen und unterrichtlichen oder erzieherischen Innovationen so lange in den zu erfassenden Zügen zu reduzieren, bis die Delphi-Technik mit Aussicht auf Erfolg eingesetzt werden kann. Der politische Konflikt über die durch die Schule zu realisierenden Normen wird dadurch nivelliert; einmal durch den Kunstgriff, die gesellschaftlichen Bedürfnisse von Experten prognostizieren zu lassen, statt sie durch einen demokratischen Prozeß der Interessenartikulation der gesellschaftlichen Gruppen selbst offenzulegen." [128] Die Experten entscheiden über gesellschaftliche Bedürfnisse ohne eindeutige Maßstäbe, und zwar fällen sie diese Entscheidungen für andere, nämlich für die betroffenen Lernenden. „Das Problem der ‚Expertokratie‘ stellt sich hier in voller Klarheit. Den Experten wird in der Praxis politischer Entscheidungsvorbereitung ein Mandat gesamtgesellschaftlicher Interessenartikulation zugeschoben, das sie selbst zumeist nicht beanspruchen wollen, oft auch gar nicht wahrnehmen, tatsächlich aber ausüben." [129]

Auch hier ist der Fortschritt an Rationalität und Transparenz gegenüber dezisionistischen Entscheidungen offensichtlich. Dennoch bieten die sozialtechnologischen Entscheidungsmodelle keine voll befriedigende Lösung des Legitimationsproblems. Der Geltungsanspruch der Normen und Entscheidungen wird „resubjektiviert", und zwar von Experten, die selber nicht die Betroffenen der Entscheidung sind. Der Entscheidungsprozeß wird transparent gemacht, damit aber wird das Entscheidungsergebnis nicht gültiger; die Entscheidungen werden formalisiert.

Meyer unterscheidet in Anlehnung an Habermas zwischen — instrumentaler und strategischer — Zweckrationalität, die an der technischen Verfügung über Ursache-Wirkung-Zusammenhänge und an der Rationalisierung der Mittel bei vorgegebenen Zwecken interessiert ist, und einer kommunikativen Rationalität, die nicht nur geltende Normen analysiert, sondern auch neue Ziele begründet. Im praktischen Interesse dieser uneingeschränkten Rationalität muß die sozialtechnologische Verfahrenslegitimation durch eine diskursive Legitimation, d.h. durch die herrschaftsfreie Verständigung der Betroffenen über Interessen und gemeinsame Zwecke ergänzt werden. Die Kritik an der sozialtechnologischen Curriculumforschung wird dahingehend zusammengefaßt, daß praktische Probleme unzulässig auf technisch lösbare Fragen reduziert werden. Die Gültigkeit und Wünschbarkeit von Normen, Interessen und Bildungszielen sind durch Verfahrensregeln und Entscheidungstechniken allein nicht nachzuweisen.

Aus dieser Diskussion lassen sich für die EB folgende Konsequenzen ableiten:

1. Es ist wünschenswert und notwendig, daß hauptberufliche Mitarbeiter und nebenberufliche Kursleiter die Techniken der Lernzielpräzisierung, Lernzielstufung und Lernzielkontrolle beherrschen und bei der Veranstaltungsplanung verwenden. Nur so wird geklärt, was in einem Kurs erreicht werden kann und soll, und nur so kann sich der Kursleiter vergewissern, welche Ziele erreicht wurden. Der Lernerfolg der Teilnehmer ist umso größer, je genauer sie über die Lernziele Bescheid wissen und je häufiger sie ihren Lernfortschritt feststellen können.

2. Es ist wünschenswert und notwendig, daß die Verständigung über Ziele und Funktionen der EB in Beiräten und anderen Entscheidungsgremien systematisiert und objektiviert wird. Dazu sind Kategorien und sozialtechnologische Verfahrensweisen, wie sie z.B. in dem LOT-Projekt verwendet werden, eine wesentliche Hilfe. Präferenzen der Beteiligten, Prognosen, Realisierungschancen von EB müssen mit Alternativen offengelegt und entschieden werden. Je gründlicher Kontroversen ausdiskutiert werden, desto eher können spätere Konflikte und Kritik an der EB-arbeit vermieden werden.

Durch eine solche Transparenz und Objektivierung der Entscheidungsprozesse ist jedoch noch nicht geklärt, nach welchen Kriterien solche Entscheidungsgremien zusammengesetzt sein sollten und über welche Art von Kompetenz die Mitglieder verfügen müssen. Ähnlich wie Flechsig zunächst die Strukturen und Praktiken herkömmlicher Lehrplankommissionen analysiert hat, müßten in der EB zuerst die Interessen und Funktionen der Beiratsmitglieder untersucht werden, um dann Konsequenzen für Innovationsstrategien ermitteln zu können.

3. Diese Maßnahmen ersetzen nicht eine notwendige kommunikative Verständigung mit den Betroffenen, d.h. den potentiellen Teilnehmern, über deren Interessen, Bedürfnissen und Ziele. EB unter dem Postulat der Selbstbestimmung erfordert nicht nur eine formale Vergewisserung, daß die Lernziele des Kursleiters

akzeptiert werden, sondern eine inhaltliche Lernzielpartizipation. Ein solcher Diskurs der Betroffenen ist in den bisher dargestellten Curriculumkonzepten nur unzureichend geplant und realisiert worden.

3.2. Probleme der Lernzielbeschreibung

Die lapidare Feststellung von R. Mager „Wer nicht weiß, wohin er will, braucht sich nicht zu wundern, wenn er ganz woanders ankommt", ist unbestritten. Kein Curriculumtheoretiker bestreitet die Notwendigkeit, pädagogische Intentionen offen zu legen, Lernziele so präzise wie möglich zu formulieren und sich des Lernfortschritts zu vergewissern. Kein Curriculumprojekt verzichtet darauf, die Auswahl von Inhalten und Methoden an Lernzielen und/oder zu erwerbenden Qualifikationen zu orientieren. Kulturgüter oder andere Lerninhalte werden nicht um ihrer selbst willen vermittelt, sondern sie werden für bestimmte Zwecke gelernt.

Umstritten ist dagegen, ob Lernziele ausschließlich als beobachtbares und meßbares Endverhalten beschrieben werden müssen, ob die behavioristische Definition von Lernzielen als Verhaltensziele die einzig gültige ist.

Wenn — wie R. Mager es vorschlägt — Lernziele nur als beobachtbares Endverhalten beschrieben werden, so wird damit zwar ein mögliches Ergebnis eines Lernprozesses, nicht aber der (nicht beobachtbare, psychische) Lernvorgang selber erfaßt. Die reine Tätigkeit sagt noch nicht viel über den erfolgten Lernprozeß aus. Deshalb schlägt Robert M. Gagné eine Erweiterung des Konzepts von Mager vor: „Ich bin in der Tat geneigt zu behaupten, daß die vollständige Bestimmung eines Unterrichtsziels ... die Bestimmung sowohl der Art von Fähigkeit, die durch Lernen erlangt wird, als auch der spezifischen Tätigkeit, mittels derer die Fähigkeit festgestellt werden kann, enthalten muß. Es lassen sich ohne Schwierigkeiten Beispiele dafür finden, daß selbst wirklich brauchbare ‚Verhaltensverben' (wie z.B. ‚tippt' in ‚er/sie tippt einen Brief') in mehr als einer Art und Weise interpretiert werden können. Hat das Individuum nun gelernt, einen Brief ‚abzuschreiben' oder zu ‚verfassen'?"[130] Damit wird die Möglichkeit operationaliserter Lernziele und entsprechender Tests bereits eingeschränkt, denn solche Fähigkeiten sind nicht in dem Maße beobachtbar und meßbar wie die von Mager beschriebenen Tätigkeiten.

Die Betonung der meßbaren Leistung in der Lernzieldiskussion hat zugleich einen sozialpolitischen Aspekt: „Der Gebrauch von operationalisierten Lernzielen ist charakteristisch für eine Kultur, die Effektivität und Produktivität hoch bewertet."[131] Qualifikationen wie Fühlen oder Begründung des Tuns sind demgegenüber sekundär. Zugleich liegt der Lernzieloperationalisierung ein bestimmter Reiz-Reaktions-Lernbegriff zugrunde, der von dem Prinzip der Konditionierung und damit einer uneingeschränkten Steuerung des Verhaltens ausgeht: „Dieser unterrichtsmethodische Ansatz beruht auf Annahmen über menschliches Verhalten, die reduktionistisch, deterministisch und physikalistisch sind. Er steht im Gegensatz zu der Ansicht, Lernen sei selbstgelenkt, unstrukturiert und größtenteils unvorhersagbar."[132] Damit stellt sich die Frage, ob durch diese Lerntheorie und entsprechende Operationalisierungstechniken Spontaneität, Kreativität und divergentes (d.h. originelles, nonkonformistisches) Denken im Lernprozeß nicht vernachlässigt werden. Kreativität und Emanzipation durch standardisierte Lerntests überprüfen zu wollen, ist ein Widerspruch in sich. „Lernen wird ... immer noch als eine Reihe meßbarer Reaktionen auf vorher sorgfältig arrangierte Stimuli aufgefaßt. Die Gleichartigkeit der Individuen wird für wichtiger gehalten als ihre Unterschiede; Schulausbildung ist systemorientiert; Anpassung an das Curriculum wird als selbstverständlich vorausgesetzt; Nachahmung wird prämiert, und computerunterstützter Unterricht wird lebhaft begrüßt."[133]

Die Kritiker der behavioristischen Lerntheorie stellen der Annahme, Lernen, Wissen und Verhalten seien identische Vorgänge, die These gegenüber, daß Lernen zu „keinem spezifischen Verhalten" führt und daß Lernen, Denken und Verhalten prinzipiell unterschiedliche Vorgänge sind. Deshalb wird vorgeschlagen, auf operationalisierte Lernziele zugunsten spezifizierter, d.h. konkret beschriebener Lernziele zu verzichten. Auf diese Weise könnte eine manipulative Konditionierung der Schüler vermieden werden.

Kritisch zu überprüfen ist auch der behavioristische Verhaltensbegriff, dem lerntheoretische Reiz-Reaktions-Modelle und das Konzept der bedingten Reflexe zugrunde liegen. Handeln als menschliche Praxis wird so allzuleicht auf ein Reagieren reduziert. Handeln erfolgt auf einen Sinnhorizont hin, während Verhalten auf physiologisch-neurologische Bedürfnisbefriedigungen zurückgeführt wird. K. Schaller schlägt deshalb vor: „Man sollte den durch dieses Modell abdeckbaren Teil menschlicher Aktivität *Verhalten* nennen und davon das *Handeln* unterscheiden. ... Kritische Erziehungswissenschaft wird darum ... sich nicht mit einem Lernbegriff begnügen dürfen, der unter Lernen Änderung des Verhaltens auf Grund bestimmter Reize und veränderter Situationen beschreibt ... Die kritische Erziehungswissenschaft wird das Handeln, in dem der Mensch sich darstellt, als rational-kommunikative Ver-Handlung von Wirklichkeit auslegen."[134)]

Zielorientierung muß also nicht eine unangemessene Operationalisierung aller Lernziele bedeuten. Die Operationalisierung kann sogar kritisches, emanzipatorisches Lernen verhindern. Hans Brügelmann schlägt deshalb eine Unterscheidung zwischen Intentionen als Prozeßbeschreibungen (z.B. Kooperationsbereitschaft, reversibler Interaktionsstil usw.) und Verhaltenszielen als Produktbeschreibung vor. [135)]

Brügelmann macht deutlich, daß die Operationalisierung nicht die einzig legitime Art der Beschreibung von Lernzielen ist und daß es vielfach angemessener ist, Lernziele als Intentionen zu beschreiben. Definieren kann man Lernziele nicht nur durch eine präzise Angabe des Endverhaltens, sondern auch durch Beispiele, „indem man Intentionen direkt in (beobachtbare) Situationen beliebiger Komplexität übersetzt, ohne sie vorher in Teilziele aufzuschlüsseln." [135)] Brügelmann bezeichnet diese Verfahren als exemplarisch oder kasuistisch. „Der Vorzug einer solchen phänomenologischen Beschreibung liegt ... darin, daß in den Beispielsituationen die Komplexität des Lernziels erhalten bleibt" und daß durch solche Beispiele auch nicht operationalisierbare Intentionen wie Mündigkeit oder Kreativität hinsichtlich der Lernvoraussetzungen konkret beschreibbar sind. [137)] Diese Beispielsituationen können von den Lernenden selber beschrieben werden, sie sind also nicht wie operationalisierte Lernziele fremdbestimmt und reduzieren nicht die Zahl möglicher Lernleistungen; sie ermöglichen ein selbstbestimmtes, divergentes Lernen und nicht nur ein reaktives, konvergentes Lernverhalten. Außerdem ermöglichen diese Beispielsituationen eher ein individualisiertes Lernen, das den Erfahrungen und Bedürfnissen des einzelnen Rechnung trägt, als standardisierte und kodifizierte Lernziele und Tests. Ein weiterer Vorteil besteht darin, daß Intentionen in Form von Beispielsituationen nicht nur formale Qualifikationen (wie z.B. Engagement), sondern inhaltlich konkretisierte Lernleistungen beschreiben. ... „Was bei der psychologischen Operationalisierung nämlich verlorenzugehen scheint, ist der inhaltliche Kontext einer Leitidee, d.h. der Begründungszusammenhang, den sie — gewissermaßen als Kürzel — repräsentiert." [138]

Dieser Begründungszusammenhang jedoch erscheint wesentlich; denn nicht das Verhalten ist in jedem Fall allein ausschlaggebend, sondern die Motive und Reflexionen, die einer Tätigkeit zugrunde liegen. Lernprozesse führen oft nicht zu einer Änderung des Verhaltens, wohl aber zu einer fundierten Begründung und Legitimation des Verhaltens. Diese Dimension des Lernens erfaßt Brügelmann durch die Unterscheidung von Verhalten und Disposition. Für die Lernzieloperationalisierung gilt: „Nur schwer überbrückbar erscheint die Kluft zwischen Verhalten und Disposition aber vor allem deshalb, weil ein und dasselbe Verhalten Ausdruck verschiedener Intentionen und weil dieselbe Leistung Ausdruck ganz unterschiedlicher Fähigkeiten sein kann. Die Qualität eines Verhaltens hängt einmal von den Motiven der Person und zum anderen davon ab, welche Lernprozesse vorhergegangen sind." [139] Die isolierte Kontrolle des Endverhaltens vermag diese Determinanten kaum zu erfassen. Auch in diesem Punkt erlauben Beispielsituationen eher als Verhaltensziele, bei der didaktischen Planung soziale und psychologische Bedingungsfaktoren wie z.B. die Motivationslage, die Lerngeschichte, die Sprachebene, gruppendynamische Aspekte u.a. zu berücksichtigen und die Auswahl von Inhalten und Methoden auf diese Faktoren abzustimmen. Durch Beispielsituationen werden also eher Lernfelder strukturiert, während bei Verhaltenszielen eher Lehrgangssequenzen programmiert werden.

Operationalisierte Lernziele werden deshalb nicht für überflüssig erachtet, der Absolutheitsanspruch der zugrunde liegenden Lerntheorie und die Allgemeingültigkeit der Operationalisierung werden jedoch infrage gestellt. Der Vorzug an Eindeutigkeit operationaler Verhaltensziele wird durch zahlreiche Beschränkungen erkauft. Diese Kritik trifft nicht für alle Curriculumkonzepte zu, wohl aber für die, die sich den behavioristischen Grundlagen verpflichtet fühlen. Die Ergänzung von Feinzielen durch Intentionen, die exemplarisch beschrieben werden, vermag die Einseitigkeit einiger Curriculumtheorien aufzuheben. Diese Beschreibungen leisten eher eine Verzahnung von didaktischen Bedingungsfaktoren und Entscheidungskomponenten. So wird z.B. ein Zusammenhang zwischen Verwendungssituationen und Lernzielen erreicht, allerdings bei einem Verlust an intersubjektiv gültiger, meß- und beobachtbarer Kontrolle. Die Beispielsituationen enthalten nicht nur Angaben über das Lernergebnis (wie bei den Verhaltenszielen), sondern auch über den Lernvorgang.

Allerdings können diese Beispielsituationen nicht unabhängig von den Lernenden von einem Expertenteam und nicht *vor* einer Kontaktaufnahme mit den Adressaten festgelegt und formuliert werden. Das Curriculum kann nicht mehr vollständig vor und unabhängig von dem Unterricht erstellt werden. Die Lernenden müssen an der Konstruktion ihres Curriculum beteiligt werden.

Gerade für die soziokulturelle EB scheint die Formulierung solcher Situationen ,,adressatennäher'' zu sein als eine Feinzielpräzisierung. Eine effektive Beteiligung der Erwachsenen an der Operationalisierung von Verhaltenszielen wird nur in Ausnahmefällen aufgrund der Vorbildung und Lernerfahrung möglich sein. Außerdem nehmen Erwachsene kaum an Veranstaltungen der EB mit exakten Lernzielen teil, wohl aber aufgrund von Problemen, Interessen, Aufgaben, Defiziten. Lernzielformulierungen werden ihnen als formal und abstrakt angesichts dieser konkreten Ausgangslage und Erwartungshaltung erscheinen. Eine Beschreibung solcher Beispielsituationen ist ihnen aber sehr wohl möglich, wobei der Kursleiter eine didaktische Strukturierung dieses ,,Rohmaterials'' leisten muß.

S. Robinsohn wollte mit seinen Vorschlägen die Verfestigung und Erstarrung herkömmlicher Lehrpläne aufheben. Curriculumrevision war als Prozeß permanenter Lehrplanreform, als „Evaluationswelle" konzipiert. Dieser Ansatz ging jedoch in der weiteren Entwicklung der Curriculumdiskussion vielfach verloren und wurde teilweise in das Gegenteil verkehrt.

Die meisten Curriculumprojekte gelten als abgeschlossen, wenn ein fertiges Curriculum, das aus einem Lernzielkatalog, Unterrichtsmaterialien und/oder Testbatterien bestehen kann, konstruiert ist, dessen sich die Bildungspraxis bedienen kann. Das Curriculum als Produkt ist „output" der Curriculumkonstruktion und „input" des Unterrichts. Wenn eine Evaluation des Curriculum vorgesehen ist, so werden allenfalls die Ergebnisse kontrolliert, nicht aber die Lehr-Lernprozesse, die zur Erreichung oder Nicht-Erreichung dieser Ergebnisse geführt haben. Es wird überprüft, ob die Lernziele des Curriculum realisiert wurden, nicht aber, warum und wie diese Ziele im Unterricht verwirklicht wurden, ob nicht andere als die geplanten Lernziele „nebenher" erreicht wurden. „Eine Evaluation des Lernerfolgs ... bringt außerdem für die Bewertung des Curriculums, aber auch für die Diagnose von Lernbedürfnissen insofern nur begrenzte Einsichten, als zwar Erfolg oder Mißerfolg, kaum aber ihre Gründe festgestellt werden können. Auch unter diesem Gesichtspunkt müssen Verhaltensziele durch Evaluationskriterien ergänzt werden, die Inhalt und Bedingungen des Lernprozesses beschreiben." [140]

Bei der Mehrzahl der herkömmlichen Curriculumforschungen bleibt die Umsetzung des Curriculum im Unterricht, die Implementation, unberücksichtigt. Mehrfach ist deshalb darauf hingewiesen worden, daß das kodifizierte Curriculum in der Lernveranstaltung erhebliche Modifikationen erfahren kann, daß während der Unterrichtssituation neben dem geplanten Curriculum ein zweites, verborgenes („hidden"), latentes Curriculum entsteht, das nicht kontrolliert wird.

Diese Trennung der Implementationsphase, des tatsächlichen Unterrichts, von der Curriculumkonstruktionsphase ist nicht zuletzt deshalb problematisch, weil nicht alle Faktoren des komplexen Lehr-

Lernfeldes vorausgesagt und eingeplant werden können. Dies gilt insbesondere für die EB: die Teilnehmerstruktur, die Lernvoraussetzungen, die Interessen sind zum großen Teil vor Beginn einer Veranstaltung nicht bekannt. Aber auch situative Faktoren beeinflussen den Veranstaltungsverlauf: die Übermüdung einzelner Teilnehmer, Spannungen in der Gruppe, räumliche Unzulänglichkeiten bis hin zu dem vielzitierten Fernsehprogramm, das für einen drop-out mitverantwortlich gemacht wird. Weder die konkreten Lernvoraussetzungen noch die situativen Faktoren können von den Curriculumkonstrukteuren ,,antizipiert" und didaktisch einkalkuliert werden.

Ursprünglich wurde von der Curriculumforschung erwartet, daß sie schulisches Lernen wissenschaftlich begründen und organisieren kann und daß dadurch der Unterricht unabhängig von dem einzelnen Lehrer wird. ,,Im Extrem sollten solche Programme ,teacher-proof' sein, d.h. unabhängig von den Eigenarten des einzelnen Lehrers für alle Schüler und alle Situationen einen gleichartigen Lernerfolg garantieren." [141] Diese Erwartung hat sich nicht erfüllt, außerdem hat sich die Arbeitsteilung zwischen den Curriculumforschern als ,,Plankonstrukteuren" und den Lehrern als ,,Planausführern" als problematisch erwiesen. Auch wenn einzelne Lehrer gleichsam stellvertretend in den Expertenteams vertreten sind, auch wenn die Curriculumentwürfe in einigen Schulen erprobt werden, auch wenn eine intensive Lehrerfortbildung eingeplant wird — der Lehrer, der mit dem Curriculum ,,vor Ort" arbeiten soll, bleibt Adressat und Objekt der Curriculumforschung. Aus der organisatorischen Trennung von außerschulischer Curriculumkonstruktion und Unterricht ergeben sich Konflikte und Verunsicherungen. Der Lehrer weiß, daß etwas auf ihn zukommt, aber er weiß nicht, was ihn erwartet und was von ihm erwartet wird. Diese Verunsicherung wird dadurch verstärkt, daß die curriculumtheoretische Diskussion sich immer mehr von der Unterrichtswirklichkeit gelöst und verselbständigt hat. Die Reflexion über Curricula ist zu einem esoterischen Gespräch weniger Experten geworden, deren Sprache für den ,,Außenstehenden" kaum noch verständlich ist. Die Praxisrelevanz der erörterten Probleme ist nur noch wenigen einsichtig. Außerdem scheint die Kluft zwischen der theoretischen Reflexion der Curriculumforschung und den praktisch verwertbaren Ergebnissen immer größer zu werden. Die Fülle der Literatur zur Curriculumtheorie ist unüberschaubar geworden, die Resultate sind für den Leh-

rer einigermaßen unbefriedigend. Für viele scheint die Curriculumforschung nicht mehr als die Problematisierung der eigenen Bemühungen und eine neue exklusive Geheimsprache erbracht zu haben. Die
unterrichtspraktischen Innovationen durch Curriculumforschung sind
gering, zumal die Konstruktionsphase der Curriculumforschungen oft
so lange ist, daß die Ausgangsbedingungen bei Abschluß des Projekts
schon nicht mehr zutreffen. Die an Hochschulen und Instituten an-
gesiedelte Curriculumforschung scheint sich haarscharf an der Unterrichtspraxis und an den Lehrern vorbei zu entwickeln.

Während die Funktion des Lehrers in der Curriculumentwicklung seit
langem als Problem erkannt und in einigen Projekten auch „bearbeitet" wird, sind die beiden anderen Gruppen von Betroffenen, die Eltern und die Schüler, noch weniger in den Prozeß der Curriculumkonstruktion integriert. Gelegentliche Hinweise und Forderungen, z.B. von
Lenzen, haben zunächst nur deklamatorischen Charakter. Die Schüler
sind „Objekte von Entscheidungen ..., die Verwaltung, Wissenschaft
und ... Lehrer über Ziel, Inhalt, Art und Weise des Unterrichts fällen", [142] gleichwohl sollen die Schüler durch diese Entscheidungen
„emanzipiert" werden. Die Curriculumforschung muß weitgehend die
Individualität des einzelnen Schülers ignorieren, von der konkreten Unterrichtssituation abstrahieren und gleichzeitig den individuellen Lernprozeß steuern. „Unterricht ist von den jeweils spezifischen Bedingungen der Situation und der an dieser Situation Beteiligten abhängig. ... Dieses Argument spricht gegen die Annahme, daß Lernprozesse
sowohl global (was die Menge der Adressaten betrifft) als auch minu-
tiös (was die Spezifizierungen der Lernerfahrungen und der Lernergebnisse betrifft) planbar seien ... Die zentrale und minutiöse Steuerung von Lernprozessen widerspricht sowohl allgemeinen Zielvorstellungen wie Emanzipation, Mündigkeit oder Kreativität als auch der
politischen Forderung nach demokratischer Beteiligung aller Betroffenen an den Entscheidungen, die die jeweiligen Unterrichtsprozesse
strukturieren." [143] Mit anderen Worten: eine vor-schulische Curriculumkonstruktion ist weder — der Komplexität des Unterrichtsfel-
des entsprechend — möglich noch — Demokratisierungsforderungen
entsprechend — wünschenswert. Es gilt einen Mittelweg zwischen
„globaler" und individualistisch-„minutiöser" Lernplanung, zwischen
vorgefertigten Unterrichtsplänen und einem Verzicht auf jegliche didaktische Planung zu finden. Die Suche nach diesem „Kompromiß"
bildet den Kern des zweiten Teils dieser Veröffentlichung.

Von dieser Forderung der Teilnehmernähe aus erscheinen auch die skizzierten Legitimationsprobleme in einer neuen Perspektive: die Legitimationsbasis ist problematisch, wenn Curriculumkonstrukteure und Experten die Entscheidungen fällen; Lernziele können nicht ohne Beteiligung der Betroffenen festgelegt werden. „Das Hauptdefizit ist darin zu sehen, daß Theorien der Curriculumentwicklung die Legitimation ihrer praktischen Entwürfe über lange Strecken didaktischer Entwicklung fast ausschließlich in der Identität mit bildungstheoretischen Prinzipien suchen, während sie u.E. nur in der stärkeren Einbeziehung der Betroffenen in den Entwicklungsprozeß gefunden werden kann. Dies in dem Sinne, daß sich die Betroffenen die Entwürfe der didaktischen Theorie zur Herstellung oder Veränderung ihrer konkreten Praxis in kritischer Auseinandersetzung zu eigen machen können oder eine Aneignung durch die Anlage des Entwicklungsprozesses zumindest theoretisch gesichert ist. Eine solche ,Einbeziehung der Betroffenen' kann jedoch nur dann geleistet werden, wenn Curriculumentwicklung schon in frühen Stadien im Kontext der zu realisierenden Praxis bzw. im Horizont des Bewußtseins der von ihr betroffenen Schüler und Lehrer stattfindet." [144]

Daß diese Forderungen für die EB in besonderer Weise gelten, liegt auf der Hand. Der Einwand, daß Schüler aufgrund ihres Entwicklungsstandes zu einer solchen curricularen Mitbestimmung noch nicht in der Lage sind, entfällt für die EB. Damit wird nicht bestritten, daß auch Erwachsene zu einer solchen Mitbestimmung erst motiviert und befähigt werden müssen. Des weiteren soll damit nicht gefordert werden, die Veranstaltungen ausschließlich an manifesten subjektiven Bildungsinteressen zu orientieren. Und drittens muß angemerkt werden, daß eine solche Teilnehmerpartizipation nicht in allen Kursen in gleicher Weise sinnvoll und erforderlich ist.

Der Trennung von Curriculumkonstruktion und Unterricht entspricht die Arbeitsteilung zwischen Curriculumforschung und Unterrichtsforschung. Die Curriculum-Forschung im deutschsprachigen Raum konzentriert sich zur Zeit zunehmend auf die Ermittlung und Begründung von Lehrzielen und Evaluierungsverfahren und überläßt die Probleme der Unterrichtssysteme mehr der ‚pädagogischen' Phantasie oder der ‚didaktischen Erfahrung'." [145] Die herkömmliche Unterrichtsforschung wiederum klammert Fragen der Zielsetzung und -begründung weitgehend aus und konzentriert sich auf methodische und sozialpsychologische Vermittlungs- und Interaktionsprobleme. Daß mit dieser Beschränkung der Zusammenhang von Zielen, Inhalten und Methoden nur unzureichend erfaßt wird, ist als Problem seit langem bekannt. Im Blick auf die Curriculumforschung wird jedoch ein weiterer Zusammenhang durch die Forschungsorganisation aufgelöst: die notwendige Einheit von Planung (=Curriculumkonstruktion), Durchführung (=Implementation) und Kontrolle (=Evaluation). Wie sich die Curriculumforschung nicht nur auf die Konstruktion von Curricula beschränken sollte, kann die Unterrichtsforschung nicht die Durchführung ohne Berücksichtigung des Planungskonzepts registrieren, da wesentliche Kriterien für die Beurteilung des Unterrichts nur aus den curricularen Zielvorstellungen zu gewinnen sind. Mit anderen Worten: Curriculum- und Unterrichtsforschung müssen im Sinne einer didaktischen ,,Aktionsforschung'' verzahnt werden. ,,Genau an diesem Problem, dem Planungsproblem, trennen sich die Ansätze der traditionellen Unterrichtsforschung und einer für das Feld der Weiterbildung zuständigen neuen Konzeption von empirischer Unterrichtsforschung.'' [146]

Eine solche Verzahnung verschiedener Phasen — Erschließung von Curriculum-Ressourcen, Lernzielbestimmung, Lernorganisationsplanung, Evaluation — ist von G. Hirschmann im Detail dargestellt und am Beispiel der VHS-Zertifikatskurse demonstriert worden. [147]

Die hier skizzierten Mängel seiner Trennung von Curriculumentwicklung und Unterricht, von Konstrukteuren und Betroffenen sind erstmals von F. Huisken kritisiert worden. Ansatzpunkt für diese Kritik ist die Bedeutung und Funktion des Experten, dem bei Robinsohn, Möller, Flechsig u.a. wesentliche curriculare Entscheidungen zugewiesen werden. Huisken fragt nach der Legitimation und der Kompetenz von Fachwissenschaftlern oder ,,Abnehmern'' als Experten, er bezweifelt, daß sie eine angemessene Interpretation von Verwendungssituationen im Interesse der Betroffenen leisten können. [148]

Wenn nicht der Betroffene, sondern der Abnehmer als Experte für Situationsanalysen anerkannt wird, so ist — nach Huisken — zu befürchten, daß auch nur die für den Abnehmer (z.B. den Arbeitgeber) ,,verwendbaren'' Qualifikationen in dem Curriculum verarbeitet werden.

Während diese und ähnliche Bedenken bei den meisten Kritiker zunächst zu einer prinzipiellen Ablehnung der Curriculumentwicklung führten, wird neuerdings versucht, die Curriculumkonzepte unter Berücksichtigung dieser Einwände zu verbessern. Als interessantester Versuch dieser Art kann das Konzept „offener" Curriculumkonstruktion gelten.

3.4. Offene Curricula — Rückschritt oder Fortschritt?

Die bisher behandelten Strategien der Curriculumentwicklung werden als „geschlossene" Curriculumkonstruktion bezeichnet. Das Curriculum als fertiges, kodifiziertes Produkt ist „output" einer außerschulischen Konstruktionsphase und „input" eines Unterrichtssystems. „Curriculum" bezeichnet also nicht die Realprozesse im Unterricht, sondern Pläne, die als Steuerungsinstrumente im Unterricht eingesetzt werden können. [149] Diese Aufgabe der (Fern-)Steuerung von Unterricht hat die Curriculumforschung bisher nicht befriedigend gelöst. „Die Hoffnungen, die auf die Planbarkeit von Lernen, auf eine wissenschaftlich gesicherte Entwicklung allgemeingültiger Unterrichtsverläufe und auf eine wirkungsvolle Reform der Schule durch extern entwickelte Materialien gesetzt wurden, haben sich jedoch nicht erfüllt." [150] Dabei muß allerdings betont werden, daß die oben dargestellten Einwände und Mängel für die einzelnen Curriculumprojekte teils mehr, teils weniger gelten. Ansätze einer „basisnahen" Curriculumentwicklung unter Einbeziehung aller Betroffenen sind ebenso vorhanden wie eine Transzendierung des behavioristischen Lernzielansatzes. Die amerikanische Praxis der intensiven Erprobung von ersten Entwürfen in zahlreichen Schulen zeigt, daß die externe Konstruktionsphase nicht so abgeschlossen ist, wie es die Kennzeichnung als geschlossene Curricula suggeriert. Ferner gibt es Lernsequenzen z.B. im naturwissenschaftlichen, mathematischen, fremdsprachlichen oder auch beruflichen Unterricht, für die eine Operationalisierung von Feinzielen wünschenswert ist und bei denen eine Mitbestimmung der Lernenden nicht unbedingt notwendig und möglich ist.

Daher ist die Alternative „offene versus geschlossene" Curricula mißverständlich, denn das Konzept offener Curriculumkonstruktion enthält nichts völlig Neues, völlig Anderes. Allerdings werden Akzente
anders gesetzt, und es sind neue Strategien und Techniken erforderlich. Charakteristisch für den derzeitigen Stand der Diskussion ist,
daß die Kritik an den geschlossenen Curricula sehr differenziert und
detailliert ist, daß aber die konstruktiven Vorschläge für eine offene
Curriculumkonstruktion noch sehr vage und wenig operationalisiert
sind. Es wird häufig betont, welche Fehler offene Curricula im Unterschied zu geschlossenen Curricula vermeiden wollen; seltener wird
ausgeführt, welche Zielsetzungen mit welchen Strategien und Methoden verwirklicht werden sollen

Hans Brügelmann nennt sechs Merkmale des offenen Curriculum als
Gegenmodell zur klassischen Curriculumentwicklung:

"(a) *Offenheit des Entwicklungsprozesses* bedeutet, daß Curriculumprodukte als prinzipiell nie abgeschlossen und insbesondere auch durch Unterricht verändert betrachtet werden;

(b) mit *instrumentaler Offenheit* ist gemeint, daß weder die Ergebnisse empirischer und theoretischer Sozialforschung noch die
Produkte curricularer Entwicklungsarbeit die Festlegung allgemeingültiger Mittel-Zweck-Relationen erlauben, sondern lediglich als unter bestimmten Bedingungen brauchbare Hypothesen
plausibel gemacht werden können;

(c) die *normative Offenheit* eines Curriculum kommt darin zum
Ausdruck, daß es entweder alternative Lernerfahrungen anbietet
oder seiner Struktur nach den Austausch oder die Ergänzung von
Lernangeboten erlaubt;

(d) als *didaktische Variabilität* läßt sich der Versuch bezeichnen,
möglichst viele Dimensionen der Unterrichtswirklichkeit durch
— im Einzelfall durchaus konkurrierende — Kriterien für die Unrichtsplanung verfügbar zu machen und sich nicht auf die Verwendung einzelner Konstruktionsprinzipien zu beschränken;

(e) die *Inhaltsoffenheit* führt zu einem ‚integrativen Curriculum',
in dem die Klassifikation von Lernerfahrungen offengehalten
wird nicht nur grundsätzlich für interdisziplinäre Fragestellungen, sondern auch für ad hoc auftauchende, situationsspezifische

Probleme, deren Bewältigung nicht durch traditionelle Raster oder extern definierte inhaltliche oder methodische Ausschnitte verkürzt werden soll;

(f) *Offenheit des Lernerfolgs* schließlich ist ein Merkmal von Curricula, die darauf angelegt sind, verschiedenen Schülern in gemeinsamen Lernsituationen individuelle Lernerfahrungen zu ermöglichen." [151]

Offenheit bedeutet keineswegs Beliebigkeit, permanente Improvisation und Verzicht auf Planung. In der Planungsphase wird allerdings berücksichtigt, daß die konkreten Unterrichtssituationen nicht im Detail vorausgesagt und standardisiert werden können, daß die Lernergebnisse selber nur bedingt planbar sind, daß die Lernenden an der Begründung und Auswahl ihrer Lernziele und Inhalte beteiligt werden müssen. Ergebnisse dieser curricularen Planung sind deshalb nicht mehr verbindliche, operationalisierte Lernzielkataloge, sondern Lernzielalternativen, die Lehrern und Schülern eine Entscheidung erleichtern. Es werden keine — im Extremfall programmierten — Unterrichtsmaterialien erstellt, sondern es werden Problemsituationen beschrieben, wobei die Lösung der Probleme nicht in jedem Fall festgelegt ist. Die Rollen des Lehrers und der Schüler verändern sich wesentlich: Die curricularen Unterrichtshilfen sind als Vorschläge und Angebote zu verstehen, die der Lehrer der Unterrichtssituation und den Lernvoraussetzungen der Schüler entsprechend modifizieren und konkretisieren muß. Der Lehrer muß zwischen „Planung und Spontaneität, ... allgemein verwendbaren Vorgaben und situativer Anpassungsfähigkeit, ... außer- und innerschulischer Entscheidung, ... personen- und materialorientierter Reformstrategie" vermitteln. [152] Die Schüler müssen befähigt werden, bei der Auswahl der Curriculumelemente und bei der Zielbestimmung, aber auch bei der Überprüfung der Zielerreichung mitzuwirken und mitzubestimmen.

Während die geschlossenen Curricula als detaillierte Kursprogramme und standardisierte Lehrgänge bezeichnet werden können, strukturieren die offenen Curricula eher Lernsituationen und verweisen auf einen problemorientierten Projektunterricht. Kennzeichen dieser Lernsituationen ist ihre Komplexität, die den Schüler zur Aktivität und Kreativität ermuntert, indem auf eine „Fraktionierung" von Zielen und Verhaltensweisen verzichtet wird. „Offene Lernsituation heißt hier: Schülern wird ein Problem/Konflikt vorgestellt, ohne daß festgelegt ist, wie sie sich mit ihm auseinandersetzen, auf welche Mittel sie dabei zurückgreifen, was sie bis zum Ende einer Stunde gelernt haben (müssen). Allerdings gehen in eine solche Situation durchaus Annahmen über die Wirkung bestimmter Lernformen ein." [153]

Charakteristisch für offene Curricula ist die Problemorientierung und Individualisierung, die aktive Rolle von Lehrer und Schülern, die Kommunikation über Ziele und Verfahrensweisen, der Verzicht auf standardisierte und „fremdbestimmte" Materialien sowie auf operationalisierte Lernziele, die Flexibilität im Blick auf je verschiedene Unterrichtssituationen, das Verständnis von Unterricht als „didaktisches Experiment", die Unabgeschlossenheit der Curriculumentwicklung.

Für solche offenen Curricula nennen W. Sachs und Chr. Scheilke mehrere Argumente:

1. Das *strategische Argument:* „Teilnahme (der Lehrer und Schüler) an der Planung soll deren adäquaten Vollzug sicherstellen."

2. Das *normative* Argument: „ ‚Emanzipation' als ‚kritischer Bildungsbegriff' fördert eine Beteiligung der Betroffenen."

3. Das *pragmatische* Argument: Mit diesem Konzept lassen sich schneller Innovationen und Veränderungen der Unterrichtspraxis verwirklichen.

4. Das *demokratische* Argument einer Beteiligung aller Betroffener, das sich allerdings kaum von dem politischen Argument unterscheidet.

5. Das *didaktische* Argument: die Kompetenz und Erfahrungen der Lehrer werden optimal genutzt. [154]

K. Heipcke und R. Messner plädieren für eine offene Curriculumkonstruktion „unter dem Anspruch praktischer Theorie": Die bisherige Curriculumforschung hat sich immer mehr von der Bildungspraxis entfernt. „Die inhaltlichen Schwerpunkte der didaktischen Theorie selbst bleiben durch ein esoterisch-antizipatorisches Vorgehen nicht unbeeinflußt. Der Notwendigkeit des unmittelbaren Praktischwerdens enthoben, werden die Reflexionen über Zielfragen und Inhaltsperspektiven immer weiter differenziert, während demgegenüber

Überlegungen zu ihrer Vermittlung an die Praxis und zu ihrer situations- und personspezifischen Realisierung in den Hintergrund treten." [155] Die beiden Autoren übernehmen ausdrücklich Kategorien und Fragestellungen der bisherigen Curriculumforschung, fordern aber, „die Ausarbeitung im Strukturzusammenhang Inhalte-Qualifikationen-Lebenssituationen von Anfang an im Horizont der Betroffenen zu führen. Die Inhalte sollten jedoch nur im Hinblick auf solche Qualifikationen und Lebenssituationen im Unterricht behandelt werden, deren Bedeutung für die Betroffenen einsichtig werden kann. ... Das Verfahren der Curriculumentwicklung, das einer solchen Konzeption zugrunde liegt, versteht sich eher als das einer schrittweisen kritischen Ausarbeitung von Unterrichtspraxis denn als solches einer großangelegten Antizipation von Unterricht durch Curriculumforschung." [156]

Da auf diese Weise die Unterrichtssituation in den Blickpunkt des Interesses rückt, wird die Curriculumforschung zu einem großen Teil Aktionsforschung im Unterricht. (Wobei allerdings zu bezweifeln ist, ob das, was z.Z. als Aktionsforschung deklariert wird, den hier gestellten Ansprüchen bereits gerecht wird.) „Vor Ort" wird untersucht, ob die Planungshypothesen z.B. über die Lernvoraussetzungen zutreffen und in welcher Weise Entscheidungen in der Lerngruppe getroffen und begründet werden. „Curriculumentwicklung als Aktionsforschung basiert auf dem Prinzip, die Betroffenen nicht als Objekte der Entwicklung, Planung, Erprobung und Evaluation zu betrachten, sondern sie vielmehr als Subjekte des Entwicklungsprozesses zu verstehen. Dies bedeutet insbesondere die aktive gemeinsame Teilnahme der Betroffenen an bisher häufig der Curriculumforschung vorbehaltenen Aktivitäten, z.B. dem Entwurf von Handlungsorientierungen, an der Strukturierung und Organisation von schulischen Arbeits- und Lernprozessen sowie an der Auswertung und Beurteilung der stattfindenden Prozesse und zustandekommenden Produkte." [157] Die Aktionsforschung als Evaluationsforschung kontrolliert nicht nur die Lernergebnisse und die Qualität (Validität) des Curriculum, sondern die Lern- und Kommunikationsprozesse. „Nicht was der einzelne Schüler nach Abschluß des Unterrichts leistet, steht hier als Frage im Vordergrund, sondern warum er an dieser oder jener Stelle des Lernprozesses Schwierigkeiten in der Kommunikation und Kooperation mit anderen Schülern hat, wie diese Schwierigkeiten zu deuten sind, auf welche Weise der Lehrer auf einzelne Schüler einzugehen vermag usw." [158] Auch hier ist es wichtig, daß Lehrer und Schüler an dieser Begleitforschung aktiv beteiligt sind, daß ihnen die Instrumente und Fragestellungen nicht nur einsichtig sind, sondern daß sie diese Beobachtungsaufgaben zum Teil selber übernehmen können. Auf diese Weise werden die Beteiligten für ihre eigenen Lernprozesse sensibilisiert, gleichzeitig werden die Zwischenergebnisse unmittelbar in den Unterrichtsprozeß eingebracht und beeinflussen den weiteren Verlauf. Damit sind die traditionellen „Gütekriterien" der Unterrichtsforschung wie Objektivität, Validität, Reliabilität, Trennung von Beobachter und „Beobachtungsobjekt" infrage zu stellen und zu revidieren. Das bloße „Dabeisein" von „Forschern" und ein unsystematisches Problematisieren des Unterrichtsgeschehens jedoch gewährleistet noch keinen wissenschaftlichen und praxisdienlichen Erkenntnisfortschritt.

3.5. Probleme offener Curricula

Im Unterschied zu den geschlossenen Curricula haben die curricularen Planungsvorarbeiten in diesem Konzept eine andere Funktion und Qualität: Vor dem Unterricht wird kein fertiges Curriculum konzipiert, sondern es werden Vorschläge und Hypothesen erarbeitet. Die eigentliche Curriculumkonstruktion erfolgt im Unterricht mit den Betroffenen, so daß das Curriculum als Produkt nicht input, sondern output des Unterrichts ist, Auch die Forschung wird als unterrichtsbegleitende Aktionsforschung unter Einbeziehung aller Beteiligten organisiert.

Da wesentliche Kriterien, Kategorien, Fragestellungen und „Handlungsräume" der geschlossenen Curriculumkonstruktion weiterhin gültig bleiben, liegen die entscheidenden Besonderheiten dieses Konzepts in der Curriculumstrategie: es müssen weiterhin Informationen über Verwendungssituationen didaktisch verarbeitet werden, aber nicht von Experten unabhängig von den Lernenden, sondern im Unterricht durch die Betroffenen. Daß diese „partizipatorische" Strategie zu einer Revision theoretischer Positionen (z.B. des behavioristischen Lernbegriffs) und methodischer Verfahren (z.B. bei der wissenschaftlichen Begleitung) führt, ist mehrfach angedeutet worden.

Dadurch daß die Besonderheit und Komplexität der jeweiligen Unterrichtssituation sowie die Individualität der beteiligten Lehrer und Schüler betont werden, ist diese Strategie „offener" und schwerer zu formalisieren. Daraus kann leicht das Mißverständnis resultieren, als sei die Phase der Curriculumtheorie überwunden und man könne mit gutem Gewissen zur vorcurricularen Unterrichtspraxis zurückkehren. So können sich viele Bildungstheoretiker mit diesem Konzept offener Curricula einverstanden erklären, die bisher die gesamte Curriculumforschung abgelehnt haben. Während die Theoretiker der offenen Curricula einen Ausgleich zwischen vorschulischer Planung und situationsbedingter Spontaneität suchen, könnten viele diesen Versuch als Alibi für einen Verzicht auf Planung und als ein Votum für Improvisation und Intuition mißverstehen.

Anderen mag dieses Modell als utopisch erscheinen — angesichts der Überlastung vieler Lehrer. Ihnen werden jetzt Aufgaben zugemutet, von denen die bisherige Curriculumforschung sie zu entlasten versprochen hatte. Sie sollen jetzt nicht nur einen Beitrag zur Curriculumentwicklung, sondern auch zur begleitenden Aktionsforschung leisten. Skeptisch eingeschätzt werden auch die Fähigkeiten der Schüler, ihre eigenen Lerninteressen reflektieren zu können. So kann bezweifelt werden, ob die Schüler zur eigenen Entscheidung ihrer Lernziele fähig sind.

Auch die institutionellen und organisatorischen Möglichkeiten unseres Schulsystems zur Realisierung solcher Konzeptionen können gerade von denen bezweifelt werden, die sich in Schulversuchen bisher bereits um didaktische Innovationen bemüht haben.

Ein weiterer Einwand betrifft die Gefahr, daß die Reflektion der Lernziele und Lernprozesse soviel Zeit in Anspruch nimmt, daß eine Erarbeitung von Lernergebnissen zu kurz kommt. Wenn ständig über Ziele und Interessen diskutiert wird, ist es nicht ausgeschlossen, daß man sich auf keinen gemeinsamen Nenner einigt, so daß die Lernzielpartizipation ein gezieltes Lernen blockiert. Für viele Hochschullehrer wird dieses Bedenken eine gewichtige Rolle spielen.

Vermutlich werden die „klassischen" Unterrichtsforscher den Verfechtern einer praxisnahen Aktionsforschung Dilettantismus und Unwissenschaftlichkeit vorwerfen. Letztlich ist hier nicht nur die empirische Wissenschaftsmethodologie relativiert, sondern auch wesentliche wissenschaftliche Prinzipien, wie z.B. das Postulat der intersubjektiven Nachprüfbarkeit.

Die praktische Bewährungsprobe des Konzepts offener Curricula steht noch aus. Die bisherige Diskussion hat eher einen Orientierungsrahmen als eine erprobte Strategie zur Entwicklung und Evaluation offener Curricula ergeben. Schon jetzt läßt sich abschätzen, daß sich dieses Konzept nicht für alle Fächer und alle Altersstufen in gleicher Weise als brauchbar erweisen wird, daß für fremdsprachliche und mathematisch-naturwissenschaftliche Fächer weiterhin geschlossene Curricula wünschenswert sind.

Ungeklärt ist ferner das Problem der Verbreitung. Während geschlossene Curricula ,,teacher proof'', d.h. lehrerunabhängig entwickelt sind und an jedem Ort eingesetzt werden können und die Lernkontrollen im Extremfall bundeseinheitlich durchgeführt und zentral ausgewertet werden können, lassen sich die Erfahrungen mit offenen Curricula nur sehr schwer verallgemeinern und auf andere Unterrichtssituationen übertragen. In welcher Weise Lehrer, die nicht unmittelbar an solchen Versuchen offener Curriculumentwicklung beteiligt sind, von den punktuell gesammelten Erfahrungen profitieren können und welche Ergebnisse sie ohne eigenen Forschungsaufwand übernehmen können, ist noch ungeklärt. Das Problem der Vereinzelung läßt sich bereits an den Gesamtschulversuchen demonstrieren.

4. Bedingungsfaktoren der Erwachsenenbildung

4.1. Strukturmerkmale des Programms

Die Grenzen und Möglichkeiten einer Entwicklung von Curricula für EB werden sich erst bei entsprechenden Curriculumforschungen feststellen lassen. Abgesehen von den VHS-Zertifikatskursen liegen jedoch noch keine gesicherten Erfahrungen in diesem Bereich vor. So kann vorläufig lediglich die Kongruenz von curricularen Prinzipien einerseits und Merkmalen der EB ermittelt werden.

Bei einer solchen Reflexion muß man davon ausgehen, daß das Angebot in der EB sehr differenziert ist, so daß mit Sicherheit nicht eine einzige Curriculumstrategie der Vielfalt des Veranstaltungsangebots gerecht werden kann. Auf dem 5. Deutschen VHS-Tag wurden mehrere Dimensionen des Programms unterschieden.

„Als (1) *Funktionsbereiche* können gelten:
 — gesellschaftliche Reflektion
 — berufliche Qualifikationen
 — schulisches Anschlußlernen
 — Entwicklung des Medienverbundes

Als (2) *Lernziele* lassen sich nennen:
 — Lernfähigkeit
 — Wissenserwerb
 — Beherrschen von Fertigkeiten und Fähigkeiten
 — kritische Informationsverarbeitung und Orientierung
 — Problemanalyse und Problemlösen
 — Soziale Fantasie
 — Kommunikations- und Kooperationsfähigkeit
 — Kreativität"

(3) *Anspruchsebenen:* vom elementaren Nachholbedarf bis zum Kontaktstudium

(4) *Verbindlichkeitsgrad:* Kurse

- mit bundeseinheitlicher Prüfung
- nach überregionalen didaktischen Rahmenvorschlägen
- aufgrund örtlicher, situationsbedingter Planung
- mit didaktisch-methodischer Selbstentscheidung der Teilnehmer

(5) *Bestimmungsgründe:*

- Veralterung des Wissens
- wissenschaftliche Vertretbarkeit
- Annäherung an Chancengleichheit
- personale Selbstverwirklichung. [159)]

Das Programm einer vollausgebauten VHS sollte so differenziert sein, daß es alle Strukturmerkmale und Kriterien erfüllt, wobei sich in einer Veranstaltung der EB einige Kriterien ergänzen können und sollten — z.b. gesellschaftliche Reflektion und schulisches Anschlußlernen —, andere jedoch ausschließen — ein Kurs kann nicht mehreren Anspruchsebenen gleichzeitig entsprechen. Die begriffliche Systematik soll hier nicht diskutiert werden, zumal ein Anspruch auf Vollständigkeit und Validierung nicht erhoben wird. Zunächst ist festzustellen, daß die fünf Strukturmerkmale nicht nur für EB, sondern für organisierte Lernprozesse und Bildungseinrichtungen generell gelten. Das gilt sogar — wenn auch in abgewandelter Form — für die unterschiedlichen Verbindlichkeitsgrade, wenn man an Pflicht- und Wahlfächer in den Schulen denkt. Ähnliches läßt sich für die Anspruchsebenen sagen: mit der Einführung von Niveaukursen werden auch in der Gesamtschule unterschiedliche Anspruchsebenen berücksichtigt. Damit ist nicht bestritten, daß z.B. dem Merkmal der lokalen Spezifizierung in der EB eine größere Bedeutung zukommt als in der Schule oder Hochschule. Auch die Lernziele sind in dieser Form nicht ,,erwachsenenspezifisch'', keines der genannten Lernziele ist nicht auch für die Schule wünschenswert und relevant.

Von daher erscheint grundsätzlich eine Übertragbarkeit der Curriculumtheorie auf EB möglich, zum Teil werden die genannten Strukturmerkmale in der Curriculumforschung unmittelbar berücksichtigt.

Dies gilt nicht nur für die Lernziele, sondern auch für die Funktionsbereiche, die durch Verwendungssituationen präzisiert werden, oder für die Bestimmungsgründe, die durch die Entscheidung und Begründung von Richtzielen oder Leitideen in der Curriculumkonstruktion erfaßt werden.

Andererseits ist offensichtlich, daß einige Kriterien eher die Entwicklung standardisierter geschlossener Curricula, andere Merkmale eher die Konstruktion adressatenorientierter offener Curricula wünschenswert erscheinen lassen, wobei Mischformen — z.B. die Integration standardisierter Curriculumelemente in offene Curricula — denkbar sind.

geschlossene Curricula	offene Curricula
(1) berufliche Qualifikation schulisches Anschlußlernen	(1) gesellschaftliche Reflexion
(2) Wissenserwerb Fertigkeiten/Fähigkeiten Orientierung	(2) Lernfähigkeit Problemlösung Soziale Fantasie Kommunikationsfähigkeit Kreativität
(4) bundeseinheitliche Prüfung	(4) didaktische Rahmenvorschläge Selbstentscheidung der Teilnehmer

Die genannten Bestimmungsgründe sind für beide Curriculumkonzepte gleichermaßen relevant, eine Affinität eines dieser Modelle zu den verschiedenen Anspruchsebenen läßt sich nicht feststellen.

Die These, daß die Charakteristika der Curriculumforschung nicht mit den Strukturmerkmalen der EB kollidieren, soll nicht wesentliche Unterschiede zwischen Schulbildung und EB nivellieren. Zunächst seien einige Bedingungsfaktoren genannt, die eine Curriculumkonstruktion in der EB beeinflussen, wie z.B. *der geringe Professionalisierungsgrad.* Auch in Zukunft wird der größte Teil des Erwachsenenunterrichts von nebenberuflichen Kursleitern durchgeführt werden. Es ist sogar zu vermuten, daß die weitere Entwicklung weniger von der Aktivierung der Adressaten als von der Rekrutierung geeigneter nebenberuflicher Mitarbeiter abhängen wird. Die Fluktuation dieser Mitarbeiter ist relativ hoch. In vielen Einrichtungen der EB unterrichten mehr als die Hälfte der Kursleiter zum ersten (und oft einzigen) Mal. Diese Kursleiter sind beruflich oder durch andere Aktivitäten meist so stark belastet, daß sie kaum an Mitarbeiterfortbildungsveranstaltungen teilnehmen, geschweige denn curriculare Planungsarbeit leisten können. Für die meisten dieser Kursleiter wird nur eine Verwendung (extern vorfabrizierter) Curriculumpakete, nicht aber eine Beteiligung an der Konstruktion offener Curricula möglich sein.

Die Arbeitssituation der hauptberuflichen Mitarbeiter ist nicht viel günstiger. Zu der Überbelastung durch Verwaltungs- und Routineaufgaben kommt als Erschwernis die Tatsache hinzu, daß nur wenige Mitarbeiter für eine aktive Mitarbeit an der Konstruktion von Curricula ausgebildet sind. Gerade die Planung und Durchführung von Modellveranstaltungen im Sinne offener Curricula erfordert eine Freistellung von anderen Aufgaben, die erst durch einen weiteren personellen Ausbau der EB möglich wird. Auch wenn eine aktive Beteiligung der EB-Mitarbeiter an der Curriculumentwicklung nur in begrenztem Umfang zu erwarten ist, könnte eine Aneignung curricularen Denkens und curricularer Fragestellungen bereits zu einer Verbesserung der Planung und Durchführung von EB-Veranstaltungen führen. Als erster Schritt erscheint eine Diskussion über die Curriculumforschung mit den hauptberuflichen Mitarbeitern notwendig, um mit ihnen curriculare Kriterien für Planungsgespräche und Hospitationen bei nebenberuflichen Kursleitern zu erörtern.

Diese Probleme stellen sich aber grundsätzlich auch in der schulpäd-agogischen Curriculumforschung. Die Lehrer sind überlastet, sie sind während ihrer Ausbildung nicht für eine Curriculumentwicklung qua-lifiziert worden und stehen den „außerschulischen" Forschungsteams und den curricularen Produkten — oft zu Recht — skeptisch gegen-über. In Schweden sind deshalb Versuche einer systematischen Inte-gration der Lehrer in den Prozeß der Curriculumkonstruktion, -erpro-bung und -evaluation unternommen worden, die in abgewandelter Form auch für die westdeutsche EB praktikabel erscheinen. Um mög-lichst viele Lehrer für eine „rollende Curriculumreform" zu engagie-ren, sind seit 1967 lokale und regionale Studienzirkel eingerichtet worden, in denen sich ca. 20 Lehrer regelmäßig treffen, um neue Ent-wicklungen in der Curriculumforschung sowie ihre Erfahrungen mit neuen Lehrplänen zu diskutieren. Für diesen Erfahrungsaustausch werden die Lehrer jährlich an fünf Studientagen freigestellt.

Um den Kontakt und die Kommunikation der Lehrer mit den For-schungsinstitutionen und Projektteams zu sichern, werden „Skole-konsulenten" eingestellt, die „halbzeitlich" als Lehrer arbeiten und im übrigen in den Studienzirkeln mitwirken oder auch Kollegen bei der Arbeit mit neuen Curricula individuell beraten. Gleichzeitig sol-len diese „Tutoren" curriculare Projekte und Experimente an den einzelnen Schulen anregen.

Darüber hinaus sind in sieben Bezirken des Landes „Entwicklungsko-operative" eingerichtet worden, in denen Schulpraktiker gemeinsam mit Hochschullehrern didaktische Versuche planen, durchführen und erproben. Die Gefahr ist allerdings, daß sich eine „Elite" von Leh-rern etabliert und andere interessierte Lehrer von dieser Projektarbeit ausgeschlossen sind. Diese Vermittlungsprobleme zwischen beteilig-ten und außenstehenden Lehrern, zwischen Curriculumkonstrukteu-ren und -adressaten bezeichnet man als „Disseminationsproblematik".

„Die hier sehr knapp skizzierten Veränderungen in der schwedischen Curriculumentwicklung können als repräsentativ für internationale Tendenzen angesehen werden: eine zunehmende Dezentralisierung von Entwicklungsaktivitäten, eine Verstärkung der Autonomie regio-naler oder lokaler Einheiten, ergänzt durch eine zentrale Dokumen-tation, Information und Koordination, die wachsende Beteiligung von Lehrern an der Entwicklungsarbeit und insgesamt der Versuch einer schulnahen und situationsbezogenen Curriculumreform." [160] Um eine Zersplitterung und Isolation dieser Einzelaktivitäten zu verhindern, sind in Schweden mehrere „pädagogische Service-Zentren" gegründet worden, die einerseits Kontakte zu den verschiedenen Projektgruppen und Versuchsschulen pflegen, andererseits Informations-, Dokumentations- und Beratungszentren sind. Außerdem werden hier Unterrichtsmaterialien erstellt und Lehrerfortbildungsveranstaltungen organisiert. Mitarbeiter an diesen Zentren sind Lehrer, die im Rotationsverfahren nur für eine begrenzte Zeit von 3 bis 5 Jahren von ihrem Schuldienst freigestellt werden, aber auch teilzeitlich weiter unterrichten. Durch diese Rekrutierungsverfahren werden nicht nur viele Lehrer in die neuere Curriculumforschung einbezogen, sie wirken nach dieser Forschungstätigkeit in ihren Schulen als Multiplikatoren und Initiatoren für curriculare Reformen. Zusätzlich werden in Norwegen hauptamtliche „Konsulenten" eingestellt, die als Curriculumberater von Schule zu Schule reisen und insbesondere in dünn besiedelten Räumen Fortbildungsveranstaltungen organisieren. Diese „Curriculumreisenden" versuchen, die Idee des „flying workshops" zu realisieren und Lehrer zur Bildung informeller Arbeitsgruppen zu ermuntern. Die Betreuung dieser Gruppen erfolgt durch „Stützpunkte" an einzelnen Schulen, die den Informationsfluß zwischen diesen dezentralisierten Aktivitäten und den Service-Zentren organisieren. Damit geht man ab von früheren Plänen, einige Schulen zu Versuchs- und Modellschulen auszubauen, wobei dann meist die Mehrzahl der „Normalschulen" von dieser Entwicklung unberührt blieb und sich oft in einen Status minderer Reputation degradiert sah.

Durch diese Maßnahmen versucht man in Skandinavien, die zentrale Konstruktion von aufwendigen Curriculumprojekten an Hochschulen durch eine permanente Curriculumrevision „vor Ort" zu ergänzen. Durch die Aktivierung möglichst vieler Lehrer erwartet man eine größere Praxisrelevanz der Curriculumdiskussion und eine wirksamere Innovation des Unterrichts. Dabei wird im Interesse situationsbezogener Unterrichtsreform auf eine Perfektion der Curriculumforschung verzichtet. Die externe Curriculumforschung wird durch eine „kontinuierliche Reformhilfe im Schulalltag" [161] nicht abgelöst, aber ergänzt.

In der EB der BRD gibt es Ansätze für ähnliche Entwicklungen. Die VHS-Zertifikatskurse werden von Projektgruppen aus den einzelnen Landesverbänden unter Mitwirkung von Kursleitern und Hochschullehrern entwickelt. Eine Koordinierung und Betreuung dieser Gruppen erfolgt durch die zentrale Pädagogische Arbeitsstelle des DVV. [162] Diese Form der basisnahen Curriculumkonstruktion könnte auch auf Lernbereiche ausgedehnt werden, für die keine geschlossenen, sondern offene oder Rahmencurricula geeignet erscheinen. Zu überlegen wäre, ob analog zu den skandinavischen Versuchen lokale Arbeitsgruppen aus haupt- und nebenberuflichen Mitarbeitern der EB angeregt werden können, ob nicht jede Landeseinrichtung und jeder Landesverband einen Curriculumexperten einstellt, der u.a. diese Arbeitsgruppen betreut, ob Projektteams an Hochschulorten gegründet werden, in denen Mitarbeiter der EB und Hochschuldozenten zusammenarbeiten. Auch bei den geplanten Curriculuminstituten für EB lassen sich die skandinavischen Erfahrungen verwerten. Bedenkenswert ist der Vorschlag, im Rotationsverfahren ständig neue Mitarbeiter aus der Praxis einzustellen, um so eine Verbindung von praxisnaher Forschung und Kontaktstudien zu realisieren.

Daß sich diese Maßnahmen bei der derzeitigen personellen Ausstattung in der EB nicht sofort und vollständig realisieren lassen, ist offensichtlich. Andererseits scheinen die strukturellen Voraussetzungen in der EB für solche Versuche günstiger zu sein als in der „verwalteten" Schule der BRD. So können die Einrichtungen und Verbände der EB die Aufgabengebiete neuer Stellen weitgehend autonom und unabhängig von Verwaltungsvorschriften bestimmen. Auch in der inhaltlichen und organisatorischen Gestaltung von Mitarbeiterfortbildungsveranstaltungen ist der Spielraum der Veranstalter relativ groß.

4.3. Curriculare Mitbestimmung der Teilnehmer

Eine Curriculumentwicklung in der EB ohne Mitwirkung der Teilnehmer ist weder erfolgversprechend noch demokratisch legitimiert. Die Kritik an den schulpädagogischen geschlossenen Curricula hat deutlich gemacht, daß außerschulisch konstruierte Curriculumprodukte die individuellen Lernvoraussetzungen und die spezifischen

Faktoren der jeweiligen Unterrichtssituation nur unzureichend berücksichtigen. Diese Kritik gilt für die EB noch sehr viel mehr als für die Schule, denn immerhin kann die schulische Curriculumforschung von relativ gesicherten Daten über das Alter, den Entwicklungsstand, die bisher vermittelten Lerninhalte, die benachbarten Fächer, die schulorganisatorischen Bedingungen u.ä. ausgehen. Die Lernsituation in der EB ist demgegenüber sehr viel weniger „antizipierbar": Nur in den seltensten Fällen sind Zahl, Alter, Lerngeschichte, Vorwissen, Motivation usw. voraussehbar. Der Teilnehmer und die Lerngruppe sind die großen „Unbekannten", insbesondere bei der Planung soziokultureller EB. Der Schüler wird überwiegend auf künftige Verwendungssituationen vorbereitet, die er noch nicht kennt und die ihm vorgestellt werden müssen. Der Erwachsene hingegen lernt nicht propädeutisch, sondern für konkrete und je verschiedene Situationen, Probleme und Aufgaben. Daraus folgt, daß nur er selber seine Verwendungssituationen definieren und interpretieren kann. Die Relevanz entsprechender Aufgaben und Qualifikationen kann nur der Erwachsene und kein Experte für ihn bestimmen. Allerdings sollten die Möglichkeiten der Teilnehmerpartizipation nicht überschätzt werden: bei Situations- und Qualifikationsinterpretationen kann auf den Lernenden nicht verzichtet werden; eine Didaktisierung dieser Planungsdaten jedoch muß der Kursleiter leisten.

Angesichts dieser Tatbestände könnte gefolgert werden, daß in der EB für jeden einzelnen Teilnehmer ein eigenes, individuelles Curriculum benötigt wird, so daß gleichzeitig die Curriculumentwicklung ad absurdum geführt wird. Eine solche extreme Individualisierung ist nicht nur unmöglich, sondern auch nicht wünschenswert. Im Unterschied zum Selbst- und Fernstudium ist Weiterlernen in Einrichtungen der EB soziales Lernen. Die Lerngruppe ist keine Summe von Individuen, sondern es gibt gemeinsame Normen, Interessen und Zielvorstellungen, die allerdings erst durch Diskussion und Kommunikation ermittelt werden müssen. Die Klärung des Konsenses, die Überprüfung von Interessen, die Feststellungen nicht zu vereinbarender Zielvorstellungen beinhaltet einen kollektiven Lernprozeß, der zugleich Bestandteil einer teilnehmerorientierten Curriculumentwicklung ist. In dieser Hinsicht sind die Voraussetzungen für eine offene Curriculumkonstruktion in der EB erheblich günstiger als in der Schule, da den Heranwachsenden der Erfahrungshorizont für eine solche Klärung der Interessen weitgehend fehlt.

Andererseits sind Erwachsene nicht ohne Unterstützung im „Selbst-
lernprozeß" in der Lage, ihre Interessen zu artikulieren und curriculare Konsequenzen daraus zu ziehen; „Es bedarf also, damit so etwas
wie ein wissenschaftlicher Beitrag zur Lösung praktischer Probleme
überhaupt möglich ist, einer intensiven Umdefinition der Probleme,
mit denen Berufstätige ankommen. Und in diese Umdefinition ... müssen die Wissenschaftler bereits mit einbezogen sein. Es ist nicht
sozusagen von den Adressaten zu verlangen, daß sie aus eigener Kraft
diese Umdefinition leisten. Die Wissenschaftler wiederum sind durch
diese Konfrontation genötigt, aus ihrem Bezugssystem zu einem Teil
herauszusteigen, mindestens im Sinne interdisziplinärer Zusammenarbeit. Möglicherweise sind sie aber auch — und das dürfte der sehr viel
schwierigere Sprung sein — genötigt, das relativ gesicherte Feld theoretischer Aussagen durch ein Sich-Einlassen auf die Entwicklung praktischer Strategien zu verlassen und sich damit einer Bewährungsprobe
für nicht so sehr die Richtigkeit als vielmehr die praktische Relevanz
ihrer Kenntnisse auszusetzen, die ihnen sonst meist erspart bleibt." [163]

Hier wird angedeutet, daß in der EB die Rollenverteilung zwischen
Plankonstruktion und Adressat, zwischen Wissenden und Lernenden
zumindestens teilweise aufgehoben und sogar umgekehrt wird. Der
Teilnehmer wird zum Experten und zum Fragesteller. Angesichts dieser Forderungen und der Bedingungsfaktoren in der EB schlägt L. Huber ein Verfahren „kumulativer Curriculumentwicklung" vor, das das
Konzept des offenen Curriculum für die EB strategisch modifiziert
und weiterführt. Dementsprechend sollen Modellversuche in der EB
durchgeführt werden, in denen mit den Teilnehmern didaktische
Konzepte erarbeitet werden und deren Realisierung durch Begleituntersuchungen kontrolliert wird. Die Erprobung und Auswertung solcher Modelle führt zu einer Sammlung „von Planskizzen, von Ablauf-
protokollen, von Materialien, deren Erfolg in der Anwendung überprüft worden ist, und von Äußerungen, die die Teilnehmer des Kurses ... eingebracht haben; das Sammeln aller dieser Materialien könnte
allmählich zu einem Vorrat an Kenntnissen führen, der zwar noch
nicht von dem Postulat befreit, über Curriculum jeweils neu entscheiden zu müssen, aber die Vorbereitungsaufwendungen, die dabei jedes-
mal zu leisten sind, allmählich reduzieren könnte." [164] Allerdings
muß diese kumulative Curriculumentwicklung zentral koordiniert

und organisiert werden, damit eine planlose Modellaktivität isolierter Einzelversuche verhindert wird. Hier bieten sich die in Schweden erprobten Service-Zentren, die an Landesverbänden oder Curriculuminstituten angesiedelt werden könnten, aber auch die Kontaktstellen für wissenschaftliche Weiterbildung als Koordinierungsstellen an.

Zu ähnlichen Schlußfolgerungen wie L. Huber gelangt E. Schmitz: „Die einzige Lösung, die mir also möglich erscheint, ist die, daß man versucht, die Curriculumentwicklung nicht als wissenschaftlichen Prozeß vom eigentlichen Ausbildungsprozeß loszulösen, sondern daß man da eine Rückkopplung vornimmt. Daß man zum Beispiel die Teilnehmer von Weiterbildungsveranstaltungen an der Definition von Lernzielen beteiligt, gleichzeitig die Relevanz dieser Lernziele für die Berufstätigkeit der Betroffenen zum Diskussionsgegenstand der Weiterbildungsveranstaltung selbst macht und daß man dann diesen partizipatorischen Curriculumentwicklungsprozeß eben selbst zum Untersuchungsgegenstand macht. Das sind Modelle, die jetzt in der Curriculumtheorie diskutiert werden, weil man auch darauf gekommen ist, daß die Lernzielbegründung nicht sehr weit führt, sondern daß man besser tut, Prozesse der Curriculumentwicklung zu untersuchen und zu fragen, aufgrund welcher Konflikte und Interessen Lernziele gesetzt werden." [165]

Das Interesse an der Curriculumforschung aus der Sicht der EB verlagert sich eindeutig von dem Curriculum als Produkt auf die Curriculumkonstruktion als Prozeß. Damit wird die Curriculumdiskussion für didaktisch-methodische Strategien während des Lehr-Lernprozesses nutzbar gemacht. So plausibel diese Argumente sind, so dürfen die Schwierigkeiten nicht bagatellisiert werden. Aufgrund seiner Lerngeschichte und seiner pragmatischen Erwartungshaltung wird der Teilnehmer im Normalfall an verwendbaren Informationen interessiert sein, er erwartet von dem Kursleiter ein fertiges Konzept und konkrete Vorschläge, die im allgemeinen akzeptiert werden. Der Erwachsene lernt nebenberuflich und verzichtet zugunsten der Teilnahme an EB-Veranstaltungen auf „angenehmere" Freizeitaktivitäten oder auch auf lukrative Nebenverdienste. Er beurteilt deshalb jede Kurssitzung sehr kritisch aufgrund des Ertrages. Endlose Zieldebatten und Verfahrensdiskussionen erscheinen ihm meist als unfruchtbar und unergiebig. Vor allem ist eine Konfrontation zwischen den permanenten

116

„Problematisierern" und denjenigen, die eine Komplexitätsreduktion zugunsten praktikabler, wenn auch oft vordergründiger Lösungen und Handlungsanweisungen in Kauf nehmen, zu erwarten. Es ist nicht auszuschließen, daß die letztere Gruppe durch übermäßige Grundsatzdebatten und permanente Reflexionen der Gruppenprozesse eher demotiviert wird und den Kurs abbricht. Probleme dieser Art sind theoretisch leichter zu lösen als unterrichtspraktisch.

Ähnliches gilt für die Begleituntersuchungen. Auch hier darf die Belastbarkeit der Teilnehmer nicht überschätzt werden. Das Interesse der Aktionsforschung an einer unmittelbaren Verbesserung des Kursverlaufs kann leicht zu entgegengesetzter Wirkung führen, vor allem wenn das Interesse an Information und Wissen gegenüber didaktisch-methodischen Innovationsinteressen überwiegt. Gerade bei den ersten Versuchen dieser Art werden Abstriche an curricular wünschenswerten Erhebungen im Interesse der Teilnehmerzufriedenheit unerläßlich sein. Dennoch sollte nichts unversucht bleiben, um die Teilnehmer zur gemeinsamen Curriculumentwicklung zu motivieren und zu befähigen, wobei eine Veränderung der Lernhaltung nicht in einem Kurs zu erwarten ist, sondern als längerfristiger Prozeß zu planen ist.

4.4. Bildungspolitische Aspekte

Die bildungspolitische Diskussion über die Entwicklung der EB wird von Schlagworten wie „Systematisierung und Differenzierung des Angebots", „flächendeckende Versorgung", „Mindestangebote", „Baukastensystem", „gestufte Zentralisierung der Angebote" beherrscht. Diese Forderungen signalisieren eine Abkehr von der „okkasionellen EB", die durch punktuelle, zufällige Einzelangebote gekennzeichnet war, die VHS als „Bildungswarenhaus" oder „Dozentenagentur" erscheinen ließ und auf ein inhaltliches Konzept systematischen, lebenslangen Weiterlernens zugunsten individueller Initiativen und Prioritäten sowie lokaler Zufälligkeiten verzichtete. Die Alternative zu dem traditionellen Planungsverzicht ist nicht eine Standardisierung, Reglementierung und „Verschulung" der gesamten EB, sondern eine

117

curriculare Planungsstrategie, die die unverzichtbaren Prinzipien der EB wie Adressatennähe, Aktualität und Flexibilität berücksichtigt. Es geht darum, allen Erwachsenen in allen Bundesländern differenzierte und vergleichbare Bildungsangebote zugänglich zu machen, die Raum für individuelle, organisatorische und lokale Variationen lassen. Welche Veranstaltungen zu einem solchen Mindestangebot gehören und in einem Baukastensystem erfaßt werden sollten, welche dieser Bausteine als geschlossene Curricula bundeseinheitlich eingeführt werden sollten, für welche Lernbereiche Rahmencurricula entwickelt werden sollten und welche Lernsituationen als offene Curricula erarbeitet werden können, bedarf eingehender Überlegungen und Untersuchungen. Eine Kommunikation von Bildungspolitikern und Didaktikern, eine Verzahnung bildungspolitischer und curricularer Fragestellungen ist bisher kaum geleistet worden. Die EB-Gesetze nehmen indirekt – und mit problematischen Nebeneffekten und Folgewirkungen – durch die Bezuschussung der politischen Bildung oder die Festlegung der Belegungsdoppelstunde als „Gütemaßstab" auf die Didaktik der EB Einfluß.

Die bisherigen Überlegungen der VHS-Verbände zum Mindestangebot entbehren noch einer curricularen Fundierung. Aus einer Dokumentation des DVV seien einige Kriterien und Forderungen für ein solches „Basisprogramm" zitiert:

Die VHS „muß ihre Bildungsarbeit vorwiegend in intensiven, langfristigen Veranstaltungsformen leisten ...; sie muß Veranstaltungen aus der Mehrzahl der im Jahresberichtsbogen des DVV aufgeführten Stoffgebiete anbieten". [166] „Dieses Angebot umfaßt a) ein bundeseinheitliches Kursprogramm nach dem Baukastenprinzip, soweit möglich mit eindeutigen Lernzieldefinitionen und anerkannten, objektivierten Prüfungen (Zertifikatskurse), b) differenzierte Arbeitsgruppen, die an den jeweiligen und zeitlichen Bedürfnissen orientiert sind und c) Möglichkeiten der Austragung aller aktuellen Streitfragen in unterschiedlichen Veranstaltungsformen." [167]

„Dieses Angebot muß enthalten a) regelmäßige Veranstaltungen zur politischen bzw. soziokulturellen Bildung, b) regelmäßige, systematische Kurse in elementaren Wissensbereichen, c) Einrichtung und Durchführung von langfristigen Lernkursen mit Abschlüssen (z.B. Zertifikate), d) langfristige Veranstaltungen der beruflichen Fort- und Weiterbildung, einschließlich praktischer Übungen, e) Vermittlung wissenschaftsspezifischer Kenntnisse und Methoden." [168] In dem Bericht der Planungskommission EB des Kultusministers in Nordrhein-Westfalen heißt es: „Das Mindestangebot aufgrund der Pflichtaufgabe sollte umfassen: a) personorientierte Weiterbildung, b) familienorientierte Weiterbildung, c) berufsorientierte Weiterbildung, d) freizeitorientierte Weiterbildung, e) öffentlichkeitsorientierte Weiterbildung, f) Weiterbildung für individuelle Mobilität." [169]

Der Arbeitskreis mittelstädtischer VHS stellt folgende Mindestanforderungen an eine VHS: „Sie muß ein Angebot unterbreiten, das fachlich-wissenschaftlich fundiert ist. Es muß a) den sozio-kulturellen Bereich, b) Mathematik, Naturwissenschaften, Technik, c) die arbeits- und berufsbezogene Weiterbildung sowie d) den Freizeitbereich erfassen." [170] Eine ähnliche Klassifizierung schlägt der Bayerische VHS-Verband vor. Das Mindestangebot umfaßt folgende Themenbereiche: „a) sozialwissenschaftlich-ökonomische, b) geisteswissenschaftlich-pädagogische, c) mathematisch-naturwissenschaftliche, d) berufsbezogene, e) kulturell-kreative." [171]

Da die anderen Landesverbände ähnliche Vorschläge unterbreitet haben, kann von einem generellen Konsens der VHS über die zu berücksichtigenden Themengebiete ausgegangen werden. Die Angebote müssen nicht nur thematisch differenziert sein, sondern auch nach unterschiedlichen Anspruchsebenen und Verbindlichkeitsgraden gegliedert sein. Da nicht alle VHS ein so breit gefächertes Programm anbieten können, hat der Landesverband in Baden-Württemberg einen Ausbauplan entwickelt, in dem die Programme von VHS in Oberzentren, Mittelzentren und Außenstellen aufeinander bezogen sind. Die 11 Oberzentren bieten für alle Themengebiete Kurse mit unterschiedlichem Verbindlichkeitsgrad und Anspruchsniveau an, die 80 Mittelzentren führen ein breites, aber nicht umfassendes Programm durch, während in kleineren Gemeinden „ein Standardprogramm der ersten Stufen von Kursen nach dem Baukastensystem ..., ferner Arbeitsgemeinschaften, Vortragsreihen, Hobby-Arbeitskreise, Clubs und Vorträge" organisiert werden. [172]

Ebensowenig wie es S. Robinsohn gelungen ist, mit seinem Curriculumkonzept eine Gesamtrevision des schulischen Lehrplans und des

Fächerkanons zu leisten, kann allein aufgrund curricularer Kriterien verbindlich entschieden werden, welche Kurse zu einem Mindestangebot und welche Veranstaltungen zu einem „Ergänzungsprogramm" gehören. Eine solche einwandfreie Zuordnung ist nur dann möglich, wenn man sich auf *ein* curriculares Auswahlkriterium beschränkt, z.B. entweder auf die Struktur der Wissenschaften oder berufliche Anforderungen oder subjektive Bildungsinteressen. Eine solche einseitige Festlegung wird jedoch von den VHS zu Recht abgelehnt. Als prinzipiell gleichwertige Bestimmungsgründe werden sowohl „spürbar bemerkbar werdende, subjektive Teilnehmerbedürfnisse" als auch „wissenschaftlich erkennbare,objektive gesellschaftliche Erfordernisse" und „anthropologisch begründete, humanitäre Selbstansprüche" genannt.[173] Selbst wenn sich die Einrichtungen auf ein oberstes Richtziel einigen würden, wäre es aus den genannten Gründen nicht möglich, aus dieser Leitidee eindeutig primäre und sekundäre Veranstaltungsthemen zu deduzieren. Möglich ist es jedoch, mithilfe curricularer Instrumente und Kategorien die Entscheidungen über die Mindestangebote transparent zu machen, zu objektivieren und zu kritisieren. So läßt sich überprüfen, welche Interessen und Präferenzen dazu geführt haben, daß ein Zertifikatskurs X und nicht ein Kurs Y entwickelt worden ist. Aus der Curriculumdiskussion lassen sich also Maßstäbe und Kriterien gewinnen, die eine Abgrenzung und Begründung des Mindestangebots erleichtern. Die eigentliche Arbeit der Curriculumkonstruktion liegt jedoch weniger im makrodidaktischen als im mikrodidaktischen Bereich, d.h. in der Frage, für welche Lernbereiche offene oder geschlossene Curricula entwickelt werden sollten und welche Strategien und Methoden der Curriculumkonstruktion praktikabel und angemessen sind.

Ähnliches gilt für das in jüngster Zeit vieldiskutierte Konzept einer „recurrent education": Das „Zentrum für Bildungsforschung und -innovation (CERI)" der OECD hat vor kurzem ein Gutachten vorgelegt, das empfiehlt, die bisherige Trennung von erster und zweiter Bildungsphase durch einen „periodischen Wechsel von Ausbildung und Praxis" aufzuheben. Es wird vorgeschlagen, den Arbeitsprozeß des Erwachsenen in regelmäßigen Abständen durch längere Lernphasen zu unterbrechen. Charakteristisch für diesen Wechsel von Arbeit und EB „ist die Kontinuität des Lernens während des gesamten Lebens, wobei eine gegenseitige Befruchtung und Bereicherung zwischen der in den Ausbildungsphasen gewonnenen strukturierten Lernerfahrung und der unstrukturierten Lernerfahrung aus anderen Bereichen sozialer Aktivität stattfindet." [174] Die Vor- und Nachteile dieses Konzepts, die Bedingungen und Möglichkeiten einer solchen radikalen Umverteilung der Lernzeiten und Lerninhalte können hier nicht erörtert werden. Für unsere Fragestellung ist wichtig, daß dieses bildungspolitische Dokument eine Fülle curricularer Probleme enthält. So ist zu untersuchen, an welchen Situationen die Lernphasen anknüpfen können und wie die vorausgegangenen beruflichen und sozialen Erfahrungen didaktisch verarbeitet werden sollen, nach welchen Kriterien die Lerngruppen zusammengesetzt werden sollen, wie eine Überbewertung „marktfähiger" Qualifikationen curricular verhindert werden kann, in welcher Form eine „Desinstitutionalisierung" bestehender institutioneller Angebote und Maßnahmen erfolgen soll. Bei der Vielzahl z.T. konkurrierender Zielsetzungen, Kriterien, Bestimmungsgründe und Anspruchsebenen ist jedoch — ähnlich wie bei dem Baukastensystem — ein curriculares Gesamtkonzept momentan nicht sichtbar. Curriculare Strategien sind kein Ersatz für politische Entscheidungen, auch wenn sie diese beeinflussen können und von ihnen beeinflußt werden.

In den folgenden Kapiteln sollen die einzelnen curricularen Handlungsräume, d.h. die Schritte der Ermittlung, Verarbeitung und Auswahl von curricularen Planungsdaten, aus der Sicht der EB dargestellt und erörtert werden. Zuvor ist jedoch das Bedenken, eine Curriculumentwicklung leiste einer „Verschulung" der EB Vorschub, zu berücksichtigen.

121

Die Relevanz der Curriculumforschung wird häufig durch den Hinweis relativiert, in der EB gehe es nicht um Lernen und Unterricht, sondern um die Bildung von Erwachsenen. Dem ist entgegenzuhalten, daß sich Bildung und Lernen keineswegs ausschließen, sondern daß im Gegenteil Lernen die Voraussetzung für eine — wie auch immer definierte — Bildung ist, Bildung kann als ein Ergebnis von Lernprozessen interpretiert werden, wenn man voraussetzt, daß auch Haltungen, Einstellungen, Interessen, Kritikfähigkeit u.ä. gelernt werden. Der Bildungsbegriff wird erst aussagekräftig und für die Planung und Durchführung von EB relevant, wenn man ihn — z.B. mithilfe von Lernzieltaxonomien — konkretisiert und präzisiert. Solange nicht ausgesagt wird, welche Fähigkeiten und Verhaltensweisen den „Gebildeten" kennzeichnen, bleibt dieser Begriff didaktisch bedeutungslos. Wenn z.B. unterstellt wird, der „Gebildete" sei ein kritischer Konsument der Massenmedien, so muß für eine entsprechende Bildungsveranstaltung entschieden werden, welche Informationen, Kategorien, Einstellungen usw. man zu dieser Kritikfähigkeit benötigt und wie diese Fähigkeiten zu vermitteln sind. Reduziert man dagegen Bildungsvorgänge auf ungeplante, zufällige Einsichten, auf plötzliche Aha-Erlebnisse und unvorhersehbare „fruchtbare Momente", so ist dieser Planungsverzicht de facto eine Bankrotterklärung organisierter EB, denn solche spontanen Bildungserlebnisse können sich genauso gut am Arbeitplatz oder im Urlaub ereignen.

Wenn hier anstelle von Bildungsergebnissen von Lernzielen gesprochen wird, so u.a. deshalb, weil der Bildungsbegriff nicht nur für die didaktisch-methodische Planung relativ folgenlos geblieben ist, sondern weil dieser Begriff sozialhistorisch belastet ist. „Bildung" gilt seit dem 19. Jahrhundert als sozialexklusives Privileg, für die Mehrheit der Bevölkerung ist nur eine Ausbildung möglich. Wie sehr dieses Verständnis und diese Kopplung von Bildung und Sozialstatus noch in der Gegenwart gültig ist und eine Bildungsdistanz der unteren Sozialschichten bedingt, ist von W. Strzelewicz, W. Schulenberg und H.D. Raapke überzeugend nachgewiesen worden. [175)]

Daß der Bildungsbegriff die unteren Sozialschichten nicht zur Teilnahme an Veranstaltungen der EB anregt, ist unbestritten. Gegen eine Verwendung des Lernbegriffs jedoch wird von vielen Mitarbeitern der EB der Verschulungsverdacht geäußert. Da „Verschulung" zu einem Reizwort mit bildungspolitischer Brisanz geworden ist, lohnt es sich, den Inhalt dieses Schlagworts zu reflektieren. Wenn mit Verschulung gemeint ist, daß Lernen ein lebenslanger Prozeß ist, daß das Lernen von Heranwachsenden wie von Erwachsenen geplant und organisiert werden muß, daß in der Schule wie in der EB Ziele, Inhalte und Methoden des Lernens ausgewählt und begründet werden müssen, so signalisiert dieser Begriff genau das, was für die EB wünschenswert erscheint, nämlich eine intensivere Planung und Systematisierung der Veranstaltungsangebote. Wenn mit Verschulung jedoch im abwertenden Sinne gemeint ist, die EB dürfe nicht bürokratisiert und reglementiert werden, sie dürfe weder autokratische Lehrstile noch fragwürdige Leistungskontrollen und eine fremdbestimmte Programmierung des Lernens von der Schule übernehmen, so ist diese Warnung berechtigt. Allerdings erscheint die Rückfrage von H. Tietgens berechtigt, ob diese Vorwürfe nicht einem Klischee von Schule verhaftet sind, das der veränderten Schulpraxis von heute nur noch in Ausnahmefällen entspricht. Nur wenn Curriculum mit programmiertem Unterricht gleichgesetzt wird, kann vermutet werden, daß Curriculumforschung einer solchen negativen Verschulung der EB Vorschub leistet. Demgegenüber kann behauptet werden, daß erst Curriculumforschung durch die Reflexion und Kritik von Lernzielen, die Analyse von Lernvoraussetzungen, erwünschten Verwendungssituationen und Qualifikationen den Anspruch einer teilnehmerorientierten, realitätsnahen EB annäherungsweise zu verwirklichen versucht. Kreativität kann nicht programmiert werden, aber die Voraussetzungen und Lernhilfen für kreatives Denken können zum Teil curricular geplant werden.

Didaktische Planung soll Spontaneität nicht verhindern, sondern anregen: „Unterricht braucht und kennt so etwas wie Selbstbewegung: Lehrer und Studierender stellen sich aufeinander ein, greifen spontan Gedankengänge, Fragen, Antworten auf. Lehrer und Studierende sind keine Computer, die man einfach füttert: die Informationstheorie richtet sich zu sehr am Bild der Maschine aus. Der total durchprogrammierte Unterricht würde Lehrern und Studierenden die Freiheit und aus der Schule das Leben nehmen. Die EB braucht Lehrpläne, die einerseits eine deutliche Kontur bieten. Das kann man nicht, wenn bloß Stoffe angegeben werden. Andererseits müssen diese Lehrpläne den Raum für jene Selbstbewegung lassen. Sie müssen den Lehrern und Studierenden Verwandlung, Situationsanpassung ermöglichen, müssen erlauben, ja verlangen, daß Lehrer und Studierende an ihrem Curriculum mitarbeiten, es mitgestalten." [176]

Wenn Curricula in der EB den Lernvoraussetzungen und Bedürfnissen der Teilnehmer Rechnung tragen sollen, können sie nicht nur aus Strukturen des Lerngegenstands abgeleitet werden. Der Lernfortschritt kann nicht (oder nur in einigen Veranstaltungen) an „objektiven" Maßstäben unter Vernachlässigung der Individualität der Lehrenden und Lernenden sowie der Besonderheit der Lernsituation gemessen werden. Zwar stellt K. Schick zu Recht fest: „Erst die objektive Relation (Leistung gemessen an Lernzielen) ermöglicht eine klare Aussage über Kenntnisse und Fähigkeiten, die zur Vergleichbarkeit der Zeugnisse herangezogen werden kann." [177] Die Lernleistung und der Lernfortschritt des einzelnen werden mit solchen standardisierten Tests jedoch keineswegs objektiv gemessen. Für viele Veranstaltungen der EB erscheint die „subjektive Relation", d.h. die Beurteilung des Lernfortschritts gemessen an den bisherigen Leistungen, „objektiver", weil gerechter. Nur wenn die objektiven, personunabhängigen Lernkontrollen nicht verabsolutiert werden, vermeidet die EB eine Entwicklung, die die Schulpädagogik z.B. in Gesamtschulen bereits überwunden hat. Nur wenn Curricula der EB nicht nur vom Ansatz der Wissenschaftsanalyse, sondern auch aufgrund von Bedürfnis- und Qualifikationsanalysen her konstruiert werden, kann den Lernvoraussetzungen und Interessen unterschiedlicher Zielgruppen entsprochen werden.

Zweifellos ist der Gegenstand der Curriculumtheorie der *organisierte* Lernprozeß. Daß auch durch Teilnahme an Streiks, Bürgerinitiativen und anderen Aktionen gelernt wird, ist unbestreitbar. Verfehlt ist es jedoch, organisierte EB mit kompensatorischem und nicht organisiertes Erfahrungslernen mit emanzipatorischem Lernen gleichzusetzen. Daß beide Funktionen nicht antithetisch gegenübergestellt und gegeneinander ausgespielt werden können, hat auch die Podiumsdiskussion zwischen Negt, Tietgens, Schulenberg, Dikau u.a. ergeben. [178] Wer emanzipatorische Ziele ernst nimmt, muß einen Ausbau organisierter

Weiterbildung wollen. In diesem Sinne fordert Dikau zu Recht: ..Es geht nicht ohne systematisches Lernen; es geht nicht ohne technisch-ökonomische Qualifizierung; es geht nicht ohne Information und übende Anwendung; es geht nicht ohne eine rechtliche und finanzielle Sicherung der Einrichtungen und Maßnahmen, und die Kritik an der befürchteten ,Verschulung' geht deshalb am Kern vorbei, weil sie so tut, als ob alles systematische und organisierte Lernen nichts anderes sei als eine Neuauflage überholten Paukbetriebs — womöglich noch zur Aneignung der sogenannten bürgerlichen ,Bildungsgüter', über deren tatsächliche Relevanz dann nicht mehr nachgedacht wird." [179] Die Notwendigkeit betriebsnaher oder stadtteilbezogener Zielgruppenarbeit wird damit nicht bestritten, sondern verstärkt. Curriculare Strategien werden aber auch und gerade dann benötigt, wenn man — wie O. Negt es fordert — die gesellschaftlichen Erfahrungen der Erwachsenen aufgreift und Lernen als ,,Erfahrungserweiterung" definiert. [180]

5. Planungsdaten der Curriculumentwicklung

Im folgenden werden mögliche Verfahren und Probleme der Curriculumkonstruktion als Prozeß beschrieben. Die Erörterung der Curriculumentwicklung erscheint für die EB im derzeitigen Zustand wichtiger als die Darstellung fertiger Curricula als Produkte und als die Skizzierung von Problemen der Curriculumrealisierung in Veranstaltungen der EB, d.h. der Implementation. Mit anderen Worten, zunächst muß geklärt werden, wie für die EB Curricula entwickelt werden können, bevor die Realisierungsmöglichkeiten diskutiert werden können. Die Betonung des Curriculumentwicklungsprozesses ist aber auch auf unsere These zurückzuführen, daß in der soziokulturellen EB die Konstruktion von Curricula weitgehend im Lernprozeß mit den Beteiligten erfolgen sollte, so daß das fertige, kodifizierte Curriculum nicht am Anfang, sondern am Ende des Lehr-Lernprozesses vorliegt. Schematisch lassen sich beide Konzepte wie folgt darstellen:

geschlossene Curriculum:

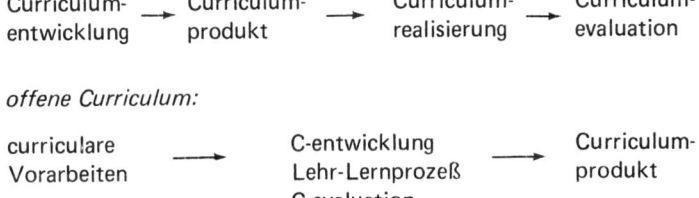

offene Curriculum:

Unabhängig von der Frage, ob die Curriculumentwicklung vor oder während des Unterrichts erfolgt, müssen Informationen gesammelt und ausgewählt werden. Z.B. müssen mögliche Lernziele zusammengestellt, wünschenswerte Lernziele ausgewählt und diese Lernziele geordnet werden. Solche Entscheidungen bezeichnen wir mit K. Frey als curriculare Handlungen. [181] Die Handlung „Lernzielbestimmung" verweist auf das Problem, nach welchen Kriterien Lernziele ausgewählt werden sollen. Der „Handlungsraum" schließt also die Hand-

127

lung (Lernzielbestimmung) und das Problem (Kriterienbegründung) ein. Die Handlung ist insofern unproblematisch, als z.b. für Lernzielpräzisierung und -hierarchisierung Techniken und Methoden von Mager, Bloom u.a. erarbeitet worden sind. Zur Lösung der Probleme, z.b. der Entscheidung von Kriterien, haben sich dagegen solche Techniken (z.b. der mathematischen Entscheidungslogik) nur bedingt als brauchbar erwiesen. Hier muß die methodisch-technologische Ebene durch theoretische Reflexionen ergänzt werden. ,,Ohne das Beispiel weiter auszugestalten, wird hier schon klar, daß nicht das ‚Bestimmen der Lernziele' problematisch ist. Das Problem ist die Begründung des Verfahrens — oder in Hinsicht auf eine Theorie formuliert — die Erklärung, weshalb die durch das Verfahren gewonnenen Lernziele gültig sind." [182] Es genügt also nicht, unreflektiert curriculare Techniken und Methoden aneinanderzureihen und zum Gebrauch vorzuschlagen. Andererseits bleibt eine Problematisierung und Theoretisierung didaktischer Fragen praktisch folgenlos, wenn nicht konkrete Lösungsmöglichkeiten aufgezeigt werden. Dabei ist zu klären, ob eine Verbesserung der Unterrichtswirklichkeit oder eine systematische Theoriebildung angestrebt wird. Im ersteren Fall ist es legitim, hypothetisch und heuristisch Kategorien und Methoden zu verwenden, deren systematische Stringenz und Stimmigkeit (noch) nicht voll erwiesen ist. Um unterrichtspraktische Innovationen zu fördern, kann man m.E. vorläufig z.B. Taxonomien verwenden, auch wenn diese Klassifikationssysteme begrifflich, empirisch und wissenschaftstheoretisch nicht voll abgesichert sind. Andernfalls kann mit dem Hinweis auf unzureichende Validität und Reliabilität der Instrumente und Begriffssysteme jeder Versuch didaktischer Verbesserung boykottiert werden. Was für die EB vorrangig benötigt wird, sind Strategien mittlerer Reichweite, mit denen nicht gewartet werden kann, bis perfekte und in sich geschlossene Theorien vorliegen.

So ist das Verhältnis zwischen Sachstruktur und Lernstruktur wissenschaftstheoretisch ungelöst. Welchem (psychologisch formulierten) Lernziel welcher (fachwissenschaftlich formulierte) Lerninhalt entspricht, ist nicht mit Sicherheit zu entscheiden. Lernzieltaxonomien basieren auf anderen Kriterien und Strukturen als inhaltliche Taxonomien, beide Begriffssysteme sind nicht kompatibel, d.h. sie entsprechen einander nicht. Diese Divergenz verurteilt strenggenommen jede Curriculumkonstruktion zum Scheitern, denn in keinem Curriculumkonzept kann auf eine Zuordnung von Zielen und Inhalten verzichtet werden. Theoretisch bleibt jede Lernziel-Inhalt-Matrix unbefriedigend. Nur wenn man bereit ist, die Plausibilität der Zuordnung eines Lernziels A zu einem Lerninhalt a als vorläufig ausreichende Begründung anzuerkennen, kann man sich auf eine Curriculumentwicklung einlassen.

Das Problem der Kompatibilität stellt sich an mehreren Stellen der Curriculumkonstruktion. Es taucht immer an den Nahtstellen verschiedener Handlungsräume auf. In Anlehnung an Robinsohn kann man vier Handlungsräume unterscheiden: 1. Analyse der Verwendungssituation, 2. Analyse der Qualifikation, 3. Lernzielbestimmung, 4. Inhaltsauswahl. Jeder Schritt für sich genommen ist einigermaßen zuverlässig zu leisten. Jeder Handlungsraum basiert jedoch auf verschiedenen Prinzipien und Begriffssystemen und erfordert andere Methoden, so daß die Ergebnisse nur schwer koordinierbar sind. Aus der Situationsanalyse lassen sich nicht linear Qualifikationen ableiten, aus Lernzielen lassen sich keine Inhalte gewinnen. Das Deduktionsproblem stellt sich als Kompatibilitätsproblem gleichsam auf horizontaler Ebene neu. Bei allen curricularen Strategieschemata und Flußdiagrammen verbirgt sich das Kompatibilitätsproblem jeweils in den Pfeilen. Solange keine wissenschaftliche Metatheorie vorliegt, die ein für alle Einzeldisziplinen gültiges Kriterien- und Kategoriensystem entwickelt, ist allenfalls eine pragmatische und hypothetische Lösung dieser Zuordnungsprobleme möglich.

Bevor die einzelnen Handlungsräume diskutiert werden, ist die Frage zu klären, ob einer der vorhandenen curriculumtheoretischen Ansätze für die EB als verbindlich vorgeschlagen werden kann oder soll. Der Überblick über die verschiedenen Curriculumkonzepte hat gezeigt, daß es eine einheitliche Curriculumtheorie nicht gibt. Die verschiedenen Merkmale der Curriculumdiskussion sind in den einzelnen Konzepten mehr oder weniger berücksichtigt und mehr oder weniger stark ausgeprägt. Eine Definition von Curriculum, die alle Curriculumprojekte erfaßt, muß deshalb relativ formal und vage bleiben: ,,Das Curriculum ist die systematische Darstellung des beabsichtigten Unterrichts über einen bestimmten Zeitraum als konsistentes System mit mehreren Bereichen zum Zwecke der optimalen Vorbereitung, Verwirklichung und Evaluation des Unterrichts." [183] In den verschiedenen Konzepten und Projekten liegen die Schwerpunkte und Akzente entweder bei der Ermittlung von Bildungsbedürfnissen oder bei der Bestimmung von Lernzielen oder bei der Analyse der Wissenschaften oder bei der Objektivierung von Entscheidungsprozessen. Die unterschiedlichen Akzente verweisen dabei auf je verschiedene Prämissen und Intentionen. Eine bloße Addition aller Konzepte zu einer „Supertheorie" ist deshalb nicht möglich.

Andererseits hat die kurze Skizzierung des Selbstverständnisses der EB gezeigt, daß es zumindest im Bereich der VHS eine Pluralität prinzipiell gleichwertiger Bestimmungsgründe und Funktionsbeschreibungen von Weiterbildung gibt, EB muß sowohl subjektiven Bildungsinteressen als auch gesellschaftlichen Lernerfordernissen als auch humanitären Zielvorstellungen als auch wissenschaftlichen Entwicklungen Rechnung tragen. Damit entfällt die Möglichkeit, ein Curriculumkonzept, das von *einem* „Ressourcensystem" ausgeht, für die EB zugrunde zu legen. Als „Ressourcen" gelten die Quellen, aus denen curriculare Daten und Informationen gewonnen werden. Relativ übereinstimmend werden vor allem in der amerikanischen Curriculumdiskussion drei mögliche Ressourcen genannt: 1. individuelle Lerninteressen, 2. überdauernde Lebenssituationen, 3. kulturelle (incl. wissenschaftliche) Tradition. In den verschiedenen Curriculumprojekten werden implizit Prioritäten gesetzt, d.h. einige Ressourcen werden vorrangig, andere nur sekundär oder gar nicht berücksichtigt. Vor allem die Bedürfnisse der Lernenden werden in der schulpädagogischen Curriculumforschung fast völlig vernachlässigt. Diese Klassifizierung der Ressourcen entspricht weitgehend den genannten Bestimmungsgründen für die EB. Da die VHS auf eine Rangordnung dieser Begründungen verzichten, kann nicht ein Curriculumansatz für die gesamte EB propagiert werden, sondern ein nach Funktionen und Bestimmungsgründen differenziertes Programmangebot erfordert entsprechende und je verschiedene Curriculumstrategien. Für ein Bildungsurlaubsmodell bietet sich der Ansatz bei den individuellen Interessen und bei den Verwendungssituationen an, für ein Kontaktstudium stehen als Ressourcen die wissenschaftliche Entwicklung und an zweiter Stelle die Verwendungssituationen im Vordergrund. Dabei ist jedoch jeweils die Kritik an der Einseitigkeit der einzelnen Ansätze zu berücksichtigen. Das vorgeschlagene Curriculummodell (S. 66) stellt also lediglich einen Orientierungsrahmen dar, das den unterschiedlichen Lernbereichen der EB entsprechend modifiziert werden muß.

5.1. Verständigung über Richtziele

Die Tatsache, daß für die EB in der VHS verschiedene Bestimmungs-gründe und unterschiedliche Funktionsbereiche als prinzipiell gleich-berechtigt akzeptiert werden, rechtfertigt weder von vornherein den Vorwurf einer Konzeptionslosigkeit, noch erübrigt sie die Reflexion übergeordneter Leitlinien und Richtziele. Daß Kurse zum Erwerb von Kulturtechniken wie Schreibmaschineschreiben, Beherrschung von Fremdsprachen u.ä. notwendig und legitim sind, wird niemand be-streiten wollen. Ebenso unstrittig dürfte sein, daß die Notwendigkeit dieser Kurse nicht allein und unmittelbar aus dem Prinzip „Emanzi-pation" abgeleitet werden kann. Gleichzeitig wird man sagen müssen, daß diese Elementarkenntnisse und -fertigkeiten eine Voraussetzung für emanzipatorisches Lernen und Verhalten darstellen. Mit anderen Worten: die wünschenswerte Vielfalt des Programmangebots kann nicht aus einem einzigen Bestimmungsgrund deduziert werden. Zu fordern ist allerdings, daß diese Prinzipien sich nicht gegenseitig wi-dersprechen oder aufheben. Die Forderungen nach beruflicher Wei-terbildung und emanzipatorischem Lernen schließen sich nicht unbe-dingt aus. Allerdings wird eine Einrichtung, die sich beiden Prinzipien verpflichtet fühlt, andere Lernziele für berufsqualifizierende Curri-cula anstreben als eine Institution, die ausschließlich an einer Anpas-sung und Produktionssteigerung durch Erwachsenenqualifizierung in-teressiert ist.

Eine solche ideologiekritische Reflexion des Selbstverständnisses und des Aufgabenverständnisses der EB wird durch Curriculumforschung keineswegs überflüssig, sondern ist notwendiger erster Schritt einer jeden Curriculumkonstruktion. Wenn diese Klärung von Prinzipien,

Leitideen und Richtzielen nicht erfolgt, fehlt jeglicher Maßstab zur Auswahl und Bewertung relevanter Verwendungssituationen, gewünschter Qualifikationen und vorrangiger Lernziele. Relevanz, Wünschbarkeit und Vorrangigkeit können nur aufgrund von Kriterien bestimmt werden. Robinsohn konnte deshalb keine befriedigenden Hinweise zur Auswahl und Interpretation der Verwendungssituationen und Qualifikationen geben, weil die Klärung der Richtziele als curriculumstrategischer „Handlungsraum" vernachlässigt worden war. Daß ein gesamtgesellschaftlicher Konsensus nicht — wie S. Robinsohn annimmt — ohne weiteres unterstellt werden kann, läßt sich für die EB sehr schnell nachweisen. Im folgenden seien einige, zufällig ausgewählte Zitate über das Selbstverständnis der EB mitgeteilt, die sich nicht unbedingt gegenseitig ausschließen, die jedoch als einziger Maßstab zu sehr verschiedenen Curricula führen würden.

„Zwischen Bildungswesen und Leistungsfähigkeit der Wirtschaft in einer demokratischen freiheitlichen Gesellschaft besteht ein enges wechselseitiges Abhängigkeitsverhältnis. Die wachsende Tendenz zur Verwissenschaftlichung und der damit zusammenhängenden Technisierung führt in Verbindung mit anderen Faktoren in Gesellschaft und Wirtschaft zu strukturellen Veränderungen, deren Phasen sich zunehmend verkürzen. Damit wandeln sich auch laufend die Anforderungen, die an den einzelnen im Berufsleben und in der Gesellschaft gestellt werden. Die Leistungsfähigkeit des einzelnen sowie die Funktionsfähigkeit von Gesellschaft und Wirtschaft erfordern daher ein erhöhtes Bildungsniveau. Der Weg dazu führt über das ständige Bemühen um Weiterbildung." [184]

„Gebildet im Sinne der EB wird jeder, der in der ständigen Bemühung lebt, sich selbst, die Gesellschaft und die Welt zu verstehen und diesem Verständnis gemäß zu handeln. Soweit es dabei um Einsicht und Verständnis, das heißt um eine Erhellung des Bewußtseins geht, knüpft diese Definition der Bildung an einen der umstrittensten Bildungsbegriffe der europäischen Geistesgeschichte an: denn Erhellung des Bewußtseins ist nur ein anderer Name für das, was man früher Aufklärung nannte ... Diese Helle des Bewußtseins darf nicht als abgesonderte Rationalität mißverstanden werden. Gebildet ist nicht der Kopf, sondern der Mensch." [185]

„Die EB ist das Symptom und Produkt der tiefgehenden Demokratisierung unserer Gesellschaft ... Hier liegt auch der Anruf an eine EB, die sich ihrer Verbindung zur Zukunft der Demokratisierung bewußt ist und die es als ihre Aufgabe betrachtet, an der Überwindung des Analphabetismus zweiten Grades in diesem neuen Stadium der Demokratisierung mitzuwirken ... Hier kommt es ... auf eine neue Zentrierung der Wissensinhalte und der Methoden, auf das Verständnis der neuen gesellschaftlichen Lage und ihrer komplizierten Zusammenhänge an." [186]

Marxistische Kritiker dieser Positionen stellen die Möglichkeiten einer solchen EB ohne gesellschaftliche Veränderung infrage: Aussagen wie den letzten beiden ist gemeinsam, „daß sie die Weiter- oder EB nicht in erster Linie aus ökonomischen Funktionen ableiten, sondern aus dem Postulat der aktiven Teilnahme aller Mitglieder einer Gesellschaft an ihrer Weiterentwicklung. Und hierin zeigt sich das genuin bürgerlich-demokratische Selbstverständnis, das hinter diesen Forderungen steht. Die bürgerliche Gesellschaft der Aufklärung und des klassischen Liberalismus ist erst dann zu sich selbst gekommen, wenn alle ihre Mitglieder als freie Bürger nach Maßgabe von Vernunftgründen in rationaler Diskussion gemeinsam entscheiden und ihre Beziehungen zueinander regeln sowie die notwendig auftauchenden Probleme lösen können ... Ist es überhaupt ohne reale Veränderung der gesellschaftlichen Situation dieser Gruppen (Arbeiter, untere Angestellte, Arbeitslose) möglich, ihnen Weiterbildung im Sinne der eingangs gegebenen Definitionen zu vermitteln?" [187]

Ein anderer Kritiker analysiert die Situation der EB ähnlich: „Lernen fungiert ... als fortgeschrittene Form von Selbsterhaltung, als gesellschaftlich nützliche, ‚notwendige' Arbeit ... Das heißt, die Lernarbeit dient insofern der Besserstellung, als sie der Erhaltung und Entfaltung des herrschenden Wirtschaftssystems dient. Wer nicht ‚weiterlernt', steigt ab, verelendet á la longue." Daraus leitet der Autor die Forderung ab: „EB kann nichts anderes sein als die Schaffung von Bedingungen, in denen die Lohnabhängigen Erfahrungen über ihre Lage in dieser Gesellschaft machen und Didaktiken für ihre Veränderung entwerfen können." [188]

133

Mehrfach ist versucht worden, die verschiedenen Konzeptionen von EB in einer Typologie zu erfassen, wobei diese Einordnungen immer eine Vereinfachung darstellen. Am verbreitesten ist die Gegenüberstellung von *affirmativen* (technokratischen, autoritären, adaptiven) und *emanzipatorischen* (kritischen, nicht autoritären) Konzepten. Innerhalb der emanzipatorischen Ansätze werden wiederum verschiedene Varianten unterschieden:

> „a) eine von Geschichte und Gesellschaft weiterhin absehende Konzeption, die von ‚Mündigkeit' und ‚Autonomie' auch dann noch sprechen kann, wenn diese sich allein im Bereich des Privaten und/oder der Innerlichkeit realisieren lassen (= privatistische Variante)
>
> b) eine — im Unterschied zu Variante a — zwar die Gesellschaft einbeziehende, jedoch vorwiegend in individuell/intellektuellen Bereich wirksame Emanzipationsauffassung, die sich z.T. hinter Begriffen wie ‚Kritikfähigkeit', ‚kritisches Denken' o.ä. verbergen kann, sei es, daß man sich mit einer praktisch folgenlosen kritischen Analyse gesellschaftlicher Zusammenhänge begnügt, sei es, daß — zumindest implizit — eine Identität von Wissen und Handeln vorausgesetzt wird (= intellektualistische Variante)
>
> c) eine Konzeption, die nicht nur — wie Variante b — zur individuellen Reflexion der gesellschaftlichen Voraussetzungen und Barrieren der Mündigkeit anleiten, sondern darüber hinaus Möglichkeiten zur Schaffung emanzipationsfördernder gesellschaftlicher Bedingungen prüfen und Veränderungsstrategien mit dem jeweils Betroffenen erarbeiten will (= politische Variante)."[189]

Es kann an dieser Stelle keine inhaltliche Analyse und Kritik dieser Konzeptionen von EB geleistet werden. In unserem Zusammenhang interessiert lediglich der Stellenwert und die Bedeutung solcher Zielvorstellungen für die Curriculumkonstruktion. Es ist mehrfach darauf hingewiesen worden, daß aus solchen Richtzielen keine Curriculumelemente linear deduziert werden können, daß aber zur Auswahl von Planungsdaten und zur Entscheidung konkreter Lernziele ein solcher konzeptioneller und normativer Orientierungsrahmen unerläßlich ist.

Am intensivsten wird die Diskussion über Funktion und Stellenwert der Leitidee „Emanzipation" in der Curriculumforschung geführt,

obwohl oder gerade weil dieser Begriff zu einem Modewort geworden ist, das aus den unterschiedlichsten Interessen zitiert wird. „Sein gehäuftes Auftreten in modernen erziehungswissenschaftlichen Arbeiten, aber auch schulverwaltungsamtlichen Verlautbarungen deuten auf eine gewisse Alibifunktion und verbal-deklamatorische Pflichtübung hin, besonders aber dann, wenn solche Arbeiten in ihren Konsequenzen eher als antiemanzipatorisch beurteilt werden müssen." [190]
B. Buschbeck und G. Buttler haben deshalb versucht, die curriculare Bedeutung dieses Richtziels zu eruieren und eine Gefährdung dieser Intention „aus der Richtung einer technokratischen Machtübernahme im erzieherischen Feld, bei der nolens volens Systemzwänge und Effektivitätsforderungen das durchaus bejahte Ziel der Emanzipation aus dem Blick geraten lassen," [191] abzuwehren. Im Unterschied zum Deduktionsverfahren von Chr. Möller wird hier keine Ableitung konkreter Ziele aus abstrakten Zielen vorgeschlagen, sondern die Leitidee Emanzipation wird als „Relevanzfilter" verwendet, an dem die einzelnen Lernziele gemessen werden. Die möglichen Lernziele und Inhalte werden also auf ihre Verträglichkeit mit diesem Richtziel überprüft. Damit entschieden werden kann, ob ein Lernziel Emanzipation fördert, verhindert oder „wertneutral" ist, muß diese Leitidee so konkret wie möglich definiert werden. Am konsequentesten ist dieser Versuch von der hessischen Curriculumkommission unter Leitung von W. Klafki unternommen worden, wobei von dem Emanzipationsbegriff der Frankfurter Schule ausgegangen wird. Nach dem Vorschlag von K.G. Fischer erfordert Emanzipation die Fähigkeit, sich aus Abhängigkeiten zu befreien, wobei diese Fähigkeiten diskursiv und argumentativ differenziert und konkretisiert werden. Doch nicht aus einer solchen semantischen Konkretisierung, sondern aus der Konfrontation der Curriculumressourcen „Gesellschaft, Lernender und Kultur" mit diesen Fähigkeiten werden Curriculumelemente ausgewählt. In den hessischen Rahmenrichtlinien zur Gesellschaftslehre wird dieses Vorgehen angedeutet. „Oberstes Lernziel für eine demokratische Gesellschaft ist demnach die Befähigung zur Selbst- und Mitbestimmung. Diese optimale Teilhabe des einzelnen an gesellschaftlichen Entscheidungsprozessen ist an die Aufhebung ungleicher Lebenschancen geknüpft. Welche Inhalte sich mit diesem Lernziel verbinden, wird erst dann deutlich, wenn man es auf Anwendungssituationen bezieht. Diese situationsbezogene Bestimmung des allge-

meinen Lernziels kann nur in Verbindung mit Angaben darüber erfolgen, was unter den jeweiligen Verhältnissen Selbstbestimmung oder soziale Gerechtigkeit als Postulate des Grundgesetzes bedeuten können." [192)]

Curriculumstrategisch erfüllt die Leitidee also mehrere Funktionen: einerseits wirkt sie als „Relevanzfilter", den entsprechende Lernziele passieren und der andere Lernziele zurückweist; außerdem werden ursprünglich wertneutrale Ziele in den Zusammenhang mit emanzipatorischen Lernzielen eingeordnet und somit in ihrer Funktion näher bestimmt. Darüber hinaus liefert die Leitidee Maßstäbe und Kriterien zur Auswahl und Interpretation relevanter Verwendungssituationen und gewünschter Qualifikationen. Zum dritten schließt diese Leitidee bestimmte Techniken und Verfahrensweisen der Curriculumkonstruktion aus. So ist es mit dem Begriff der Emanzipation nicht zu vereinbaren, daß Curriculumentscheidungen ohne Mitwirkung der Betroffenen gefällt werden oder daß der Lernende durch operationale Feinlernziele und standardisierte Tests konditioniert und programmiert wird.

Als Verfahren zur Konkretisierung dieser Leitidee werden von D. Lenzen ideologiekritische Analysen, von der hessischen Kommission „semantische Operationalisierungen eines Sprachzeichens" vorgeschlagen. K.G. Fischer skizziert dieses Verfahren wie folgt: „1. Das Wort ‚Emanzipation' ist aufzuarbeiten, d.h. andere synonyme und ähnliche Worte sind zu sammeln. 2. Die Wortgeschichte des Zeichens ‚Emanzipation' ist aufzuarbeiten, um Bedeutungsidentität und Bedeutungswandel des Wortes zu erfassen. 3. Die Realgeschichte von ‚Emanzipation' ist kritisch zu sichten ... 4. Die Wortbedeutungen im aktuellen Gebrauch sind aufzuarbeiten und kritisch mit den Ergebnissen der anderen Wortanalysen zu konfrontieren." [193)] Diese semantischen Analysen können zwar Entscheidungshilfen leisten, aus ihnen wird sich jedoch die Entscheidung für oder gegen eins von mehreren Emanzipationskonzepten nicht allgemeinverbindlich ableiten lassen. Dieses Legitimationsproblem kann weder erfahrungswissenschaftlich noch sozialtechnologisch, sondern nur durch „intersubjektive Verständigung" aller Beteiligten gelöst werden. K. Mollenhauer schreibt dazu: „Für Erziehungshandeln muß unterstellt werden, daß es kommunikatives Handeln ist. ‚Kommunikatives Handeln' nennen wir solches Handeln, das seine Zwecke in den daran beteiligten Subjekten selbst hat; das nicht auf Naturbeherrschung direkt aus ist (also auch nicht ‚Produktion' ist), sondern Verständigung über Sinn-Orientierungen und Handlungsziele erreichen will ... Für die Ebene alltäglicher Kommunikation heißt das, daß der Educandus hervorgebracht werden soll als ein Subjekt, das sich in gegebene Sinnzusammenhänge einfügen, die in diesen Zusammenhängen eingespielten Standards problematisieren, auf der Basis solcher Problematisierung zu neuem Konsensus und neuem Handeln fähig sein soll." [194] Für Mollenhauer ist auch der Begriff Emanzipation ein kommunikativer Begriff, der nicht vorweg entschieden und festgelegt werden kann. Allgemeine Ziele und Normen können nur „im praktischen Diskurs der Betroffenen" (Habermas) geklärt werden.

Damit wird erneut die Verzahnung von Curriculumkonstruktionsprozeß und Lernprozeß deutlich: Die Verständigung über Richtziele ist in allen problem- und teilnehmerorientierten Veranstaltungen der EB der einzig mögliche Legitimationsmodus. Der „praktische Diskurs", in dem der Geltungsanspruch von Richtzielen geklärt wird, setzt von den Beteiligten Fähigkeiten der Argumentation, der Ideologiekritik und Selbstreflexion voraus, die erlernt werden müssen − z.B. durch die Beteiligung der Adressaten an der Curriculumentwicklung. „Praktischer Diskurs" stellt sich damit als „reales Moment im Bildungsprozeß" dar. [195]

Auch Mollenhauer erkennt, daß die Forderung nach einem solchen Diskurs leichter formuliert als pädagogisch realisiert werden kann, und auch Habermas hat darauf hingewiesen, daß die Möglichkeit des Diskurses auf der utopischen Prämisse einer „idealen Sprechsituation" basiert, in der alle Teilnehmer die gleichen Chancen haben, ihre Interessen und Ziele zu artikulieren und zur Geltung zu bringen. Mollenhauer unterscheidet deshalb zwischen einer theoretischen und einer empirischen (und auch strategischen) Ebene: „Wir behaupten, daß sie (die Ebene des Diskurses) die letzte Legitimationsbasis für Lernzielentscheidungen darstellt, nicht aber, daß die Qualifikationen dieser Ebene − das ihr entsprechende Verhalten − vom Individuum als erstes erlernt werden müsse oder könne. Wir beabsichtigen also keine genetische Theorie, in der von Entwicklungen, von der Aufeinanderfolge von Lernschritten die Rede ist, sondern zunächst nur eine Struktur-Theorie, in der die notwendigen Kriterien bestimmt werden, unter denen das pädagogisch-kommunikative Handeln beurteilt werden muß." [196]

Für die EB ergibt sich daraus, daß eine Lernzielpartizipation auch als Diskurs über Richtziele und Leitideen als theoretisches Postulat unverzichtbar ist, daß aber diese Intention aufgrund der Lernfähigkeit, der (rezeptiven) Lernerfahrung und der Motivationslage meist nicht zu Beginn, sondern erst im Verlauf eines längeren Lernprozesses realisiert werden kann. Wenn also in der Praxis normative curriculare Vorentscheidungen z.T. ohne die Betroffenen gefällt werden müssen, so müssen diese Prämissen zumindest aufgedeckt, thematisiert und in der Lerngruppe problematisiert werden. Solche Vorentscheidungen werden auch bei denjenigen Curricula gefällt, die scheinbar aus objektiven Bildungserfordernissen entwickelt worden sind. Die Frage nach dem Sinn und Zweck, nach Funktion und Konsequenzen stellt sich für einen EDV-Kurs ebenso wie für ein Seminar über betriebliche Mitbestimmung. Auch ein Curriculum, das ausschließlich aus der „Struktur der Disziplinen" abgeleitet wurde, enthält implizit oder explizit normative Entscheidungen. Buschbeck und Buttler warnen zu Recht vor einer „selbst aufgezwungenen politischen Abstinenz, die das technologische Instrumentarium (der Lernzielforschung) unwissend Kräften ausliefert, die unter Umständen im antiemanzipatorischen Sinne der Effektivitätssteigerung und Leistungsoptimierung sich seiner bedienen." [197] Ebenso ist jedoch vor einer Manipulation durch die „Emanzipatoren" zu warnen. Nicht selten werden scheinbar im Interesse der Emanzipation manipulative Strategien verwendet. So fordern B. Dieckmann u.a. zu Recht: „Auch eine emanzipatorische Begründung von Curriculumentscheidungen muß das Risiko auf sich nehmen, daß die Lernenden in ihrem Erkenntnis- und Erfahrungsprozeß zu anderen Ergebnissen der Analyse gesellschaftlichen Strukturwandels gelangen, als es diejenigen für richtig hielten, die das Curriculum konstruierten." [198] So können auch „progressive" Teilnehmer zu dem Ergebnis kommen, daß es in unserem „System" durchaus Errungenschaften gibt, die nicht „verändert", sondern „stabilisiert" werden sollten. Deshalb erscheint es sinnvoll, den Anpassungsbegriff zu differenzieren und zwischen einer aktiven und einer passi-

138

ven Anpassung zu unterscheiden. „Im Unterschied zur passiven Anpassung besteht die aktive im Einsatz der Fähigkeit, den jeweiligen Anpassungsanspruch zu überprüfen und in Frage stellen zu können, sich einer inneren Nichtanpassung und äußeren Anpassung bewußt zu sein und angemessene Verhaltensformen in Konfliktsituationen finden können. Sie vollzieht sich über die Reflexion und die kritische Distanzierung. Diese aktive Anpassung setzt basale Anpassung als Grundlage für neue und differenziertere Verhaltensweisen voraus."[199]

Zusammenfassend läßt sich sagen: eine Klärung und Präzisierung normativer Leitideen ist für eine Curriculumkonstruktion unerläßlich. Eine solche Diskussion ist jedoch nicht abstrakt, sondern nur im Zusammenhang curricularer Entscheidungen zu führen. Für die konkreten Curriculumentscheidungen sind Leitideen ein Orientierungsrahmen und Kontrollinstrument, kaum aber eine Informationsquelle. Ohne einen solchen Relevanzfilter jedoch bleiben Auswahl und Interpretation von Verwendungssituationen und Qualifikationen willkürlich. Als solche Leitidee kann auch der Bildungsbegriff fungieren.

5.2. Analyse der Verwendungssituationen

Erwachsene lernen meistens nicht „auf Vorrat" und nicht aus einem zweckfreien Erkenntnisinteresse, sondern für konkrete Probleme, Aufgaben und Anwendungsbereiche. Angesichts dieses Tatbestands erscheint der von Robinsohn vorgeschlagene Ansatz der Curriculumforschung bei den möglichen Verwendungssituationen gerade für die EB als brauchbar. Diese Vermutung sei an einem Beispiel verdeutlicht: die didaktische Planung eines Seminars, das der Verfasser in einer VHS über „Portestsongs" durchführte, orientierte sich primär an literaturgeschichtlichen und literarischen Strukturen und Fragestellungen. Erst als ein überdurchschnittlicher „drop out" zu verzeichnen war, wurden die Motive der Teilnehmer genauer erfragt. Dabei zeigte sich, daß die motivierenden Verwendungssituationen sehr unterschiedlich waren: eine Mutter wollte verstehen lernen, warum sich ihr Sohn intensiv diese Songs anhörte, eine Gymnasiallehrerin

139

erwartete Anregungen für einen modernisierten Literaturunterricht in der Unterprima, ein musikalisch begabter Lehrling wollte eigene Lieder dichten lernen, ein Student wollte über die politökonomischen Ursachen dieser Schallplattenproduktion diskutieren; andere Teilnehmer wollten die neuesten Songs hören. Es ist deutlich, daß jede Verwendungssituation spezifische Qualifikationen impliziert und auf entsprechende Lernziele, Inhalte und Methoden verweist. Bei anderen Themen wie z.B. Mengenlehre sind die Verwendungssituationen weniger disparat, aber auch hier müssen sie bei der curricularen Planung in Rechnung gestellt werden.

So plausibel dieser situationsbezogene Ansatz ist, so gravierend sind die Schwierigkeiten bei der Durchführung entsprechender Analysen, aber auch die theoretischen Einwände. Der Vorteil dieses Konzepts ist in seiner Gesellschafts-, Praxis- und Handlungsorientierung zu sehen. Gelernt wird ein situationsangemessenes Verhalten und Handeln. Ungeklärt ist dagegen, 1. wie die Situationen identifiziert, klassifiziert und interpretiert werden sollen, 2. nach welchen Kriterien lernrelevante oder typische Situationen ausgewählt werden sollen, 3. wie nicht nur vorfindbare, sondern auch wünschenswerte künftige Situationen ermittelt werden können, 4. wie verhindert werden kann, daß tätigkeits- und situationsunspezifische Basisqualifikationen vernachlässigt werden.

Vor allem Doris Knab hat versucht, die verschiedenen Situationen zu klassifizieren. Sie schlägt eine Unterteilung vor in ,,Situationen, die in den Ausbildungsgängen verschiedener Schuldisziplinen auftreten'', ,,Situationen der Weltorientierung'' und ,,Situationen des privaten und öffentlichen Lebens'', [200)] gelangt aber trotz dieses Vorschlags zu dem Ergebnis, daß eine für Curriculumkonstruktion ergiebige Klassifikation bisher noch nicht gelungen ist. Zur Ermittlung künftiger Situationen schlägt D. Knab vor, ,,normativ bestimmte Realutopien'' zugrunde zu legen. ,,Dabei wird impliziert, daß diese Berechnung nicht nur eine Weitererrechnung des Bestehenden meinen kann, sondern daß auch Impulse der Kommission in diese Realutopien einfließen müssen.'' [201)] Auch in diesem Fall steht die Bewährungsprobe noch aus. Als Instanzen der Situationsanalyse nennt Knab in Anlehnung an Robinsohn vor allem die Experten, und zwar insbesondere Fachwissenschaftler und Humanwissenschaftler.

Jürgen Ziechmann schlägt eine Weiterentwicklung der Berliner Konzeption in folgende Richtungen vor: „Die Fortführung des Robinsohnschen Konzepts würde ... unter vier Aspekten zu denken sein, wobei in seinem Modell bereits implizierte Ansätze noch verdeutlicht werden: a) einmal resultiert aus der Annahme dieser Aufgabe (Situationen, in denen das Individuum sich bewähren muß, zu beschreiben) die Konzeption eines Menschenbildes, das die in letzter Zeit so forcierte Forderung nach Emanzipation und Mündigkeit enthalten kann; b) zum anderen ist in dieser Situationsbeschreibung angelegt der Zwang, sich ideologiekritisch zur Begründung darüber zu äußern, warum eine solche Handlungssituation Gegenstand des Curriculums wird; c) die Frage nach den Qualifikationen involviert gleichfalls die ideologiekritische Überprüfung und birgt den Zwang in sich, die Gründe zu nennen, die für die Auswahl einer Situation entscheidend waren; d) die Beschreibung von Situationen und Qualifikationen erfolgt auch unter den Bedingungen pädagogischen Handelns, da die Verwirklichung derjenigen Intentionen, die mit der Beschreibung einer Situation impliziert sind (und deren Verhaltensmöglichkeit durch das Individuum erst Resultat eines Lernprozesses ist), conditio sine qua non ist". [202]

Außer programmatischen Verlautbarungen und problematisierenden Anmerkungen liegen bisher kaum curriculare Analysen von Verwendungssituationen vor. Techniken solcher Analysen scheinen die Arbeitswissenschaften in Aussicht zu stellen: „Mit dem zu erarbeitenden Instrumentarium für Tätigkeitsanalysen sollen derzeit ausgeführte Tätigkeiten beschrieben werden bezüglich ihrer Aufgaben und der Anforderungen, die die Ausführung ermöglichen. Diese Tätigkeitsanalysen sollen folgende Fragen beantworten helfen:

— Ähnlichkeiten bzw. Verwandtschaft von Tätigkeiten

— Ähnlichkeiten bzw. Verwandtschaft von Anforderungen

— Gruppierungen bestimmter Anforderungsarten

— Anforderungen einer bestimmten Tätigkeit

— Zuordnung von Anforderungen zu Stufen der technischen Entwicklung

— weitere Einflüsse aus der Arbeitsaufgabe auf die Tätigkeit und ihre Anforderungen, insbesondere im Hinblick auf Variationsmöglichkeiten." [203]

141

Die Tätigkeitsanalyse erfolgt als objektbezogene und als subjektbezogene Tätigkeitsbeschreibung. Die objektbezogene Perspektive erfaßt den (vorgegebenen) Zweck der Tätigkeit, der durch die Anforderungen definiert wird und der Hinweise auf das verlangte Können, die Inanspruchnahme, die Arbeitsbedingungen und Belastungen enthält. Die subjektbezogene Tätigkeitsbeschreibung erfaßt die Ausbildung, die momentane Leistungsfähigkeit, die Beanspruchung und die Eignung, zu der Kenntnisse, Fähigkeiten, Fertigkeiten und Eigenschaften gehören. Dieses Modell der Tätigkeitsbeschreibung wird auf die einzelnen Aufgaben der Tätigkeit übertragen, so daß die Tätigkeitsanalyse auf mehreren Ebenen erfolgt:

"1. Allgemeine Beschreibung der Tätigkeit und der Arbeitsperson

2. Beschreibung der Grundaufgabe der Tätigkeit

3. Beschreibung der Teilaufgabe der Tätigkeit

4. Beschreibung der Einzelfunktionen für ausgewählte Teilaufgaben der Tätigkeit

5. Spezielle Anforderungen der ausgewählten Einzelfunktionen

6. Spezielle Anforderungen aus der Tätigkeitszusammensetzung und ihrer Eingliederung."[204]

Zur allgemeinen Tätigkeitsbeschreibung gehören u.a. auch Angaben über Beaufsichtigung und Kontrolle, Zusammenarbeit und Verantwortung. Die Aufgabenanalyse beantwortet die Frage: "*was* wird *wie woran* getan", d.h. sie untersucht den Handlungsvorgang und seinen Zweck, das Handlungsobjekt und die Handlungsmittel. Die Anforderungsanalyse erfaßt die Einzelfunktion und damit auch die Qualifikation, z.B. auf den Ebenen Erkennen, Entscheiden, Handeln.

Durchgeführt wird die Tätigkeitsanalyse mithilfe eines Erhebungskatalogs, durch den festgestellt wird, ob bestimmte Merkmale vorhanden oder nicht vorhanden sind; dabei können gelegentlich auch Schätzskalen verwendet werden. Diese Daten werden gewonnen durch Beobachtungen, Messungen oder Befragungen der Arbeitsperson, Kollegen oder Vorgesetzten. [205]

Zweifellos läßt sich mit diesem arbeitswissenschaftlichen Instrumentarium eine Fülle curricular relevanter Daten, insbesondere für die berufliche Aus- und Weiterbildung gewinnen. Wenn z.B. Curricula für Sekretärinnenkurse entwickelt werden, sollte auf solche Tätigkeitsanalysen nicht verzichtet werden. Dabei würde sich u.U. ergeben, daß das Stenographieren erheblich an Bedeutung verloren hat zugunsten der Arbeit mit Diktiergeräten. Darüber hinaus aber sollten solche Tätigkeitsbeschreibungen als Lerngegenstand mit den Teilnehmern bearbeitet werden. Dabei wird sich herausstellen, daß diese Analysen nur bestimmte Dimensionen der Tätigkeit erfassen und andere Komponenten ausklammern. So enthalten diese Beschreibungen kaum Angaben über Zufriedenheit am Arbeitsplatz, Lern- und Kommunikationschancen, Prestige- und Aufstiegskämpfe, Gratifikationen und Sanktionen, über den Grad der Fremdbestimmung, über die Rollendefinition und die Arbeitsplatzsicherheit. Alle diese Faktoren prägen die Arbeitsplatzsituation mit, und sie enthalten Lernchancen, aber auch Lernbarrieren.

Die meisten Tätigkeitsanalysen sind im Bereich industrieller Arbeit durchgeführt worden. Diese Tätigkeiten sind relativ stark standardisiert und fraktioniert, d.h. in Teilaufgaben zerlegbar. Die Arbeitsleistung ist meist quantitativ meßbar, wobei die Kriterien dieser Leistung festgelegt sind. Dominierend ist ferner die Tätigkeit an Maschinen, wobei die Zwecke der Arbeit gleichfalls unabhängig von der Interpretation des Arbeitenden vorgegeben sind. Wenn als Richtziel lediglich das effektive Funktionieren angestrebt wird, können aus solchen Situationsbeschreibungen Curricula abgeleitet werden. ,,Eine solche Strategie der Begründung von Lernzielen ist nur dann relativ einfach, wenn Situationen gleichsam ,naturgegeben' sind und mit Hilfe von intersubjektiv eindeutigen Begriffen beschrieben werden können. In diesem Fall sind Situationen relativ unabhängig von der Interpretationsleistung des Handelnden in den Situationen. Dies kann jedoch nur für sehr spezielle Situationen angenommen werden. Vor allem beim Umgang mit technischen Apparaturen, deren Funktionsweise eindeutig feststeht, wird von dem Personal, das diese Apparaturen bedient, eine eindeutige Leistung gefordert. In dem Moment aber, wo Situationen nicht mehr nur durch das Verhältnis von Menschen zu technischen Systemen allein charakterisiert sind, wird die Situa-

143

tion wesentlich komplexer. Nicht mehr allein das Interesse *eines* Handelnden und sein Wissen von den physikalischen Eigenschaften eines technischen Apparats definieren die Situation, sondern unterschiedliche Interessen, Qualifikationen und damit unterschiedliche Interpretationsleistungen von interagierenden Personen müssen bei der Definition der Situationen berücksichtigt werden." [206]

Situationsbeschreibungen, die diese Dimensionen ausklammern, basieren auf einem „positivistisch halbierten" Verständnis von Rationalität, bei der lediglich die Brauchbarkeit von Mitteln für gegebene Zwecke untersucht wird, während eine substantielle Rationalität auch die Zwecke und die gesellschaftlichen Implikationen reflektiert und kritisiert. In diesem Fall können Situationen nicht nach einem standardisierten, intersubjektiv nachprüfbaren Erhebungsbogen analysiert werden, sondern es ist eine Verständigung über die Kategorien und Kriterien der Situationsinterpretation erforderlich. M. Buttgereit u.a. veranschaulichen diesen Unterschied am Beispiel Verkehr: „Eine rigide und irrationale sowie traditionelle Situationsdefinition, aus der man ein Curriculum für die Verkehrserziehung herleiten könnte, wäre die folgende: man geht vom System ‚Mensch-Auto' aus und untersucht, welche Bedienungserfordernisse ein Auto angesichts einer vom Werk her in der Bedienungsanleitung definierten Leistungsfähigkeit hat, und man geht weiterhin von der gegenwärtigen Gesetzgebung und Rechtsprechung bezüglich des Straßenverkehrs aus ... Würde man für die Verkehrserziehung nun von einer ganz anderen Situationsdefinition ausgehen, dann wäre hieraus möglicherweise ein wesentlich *rationaleres* Curriculum zu gewinnen. Die Situation könnte z.B. das gesamte Verkehrssystem sowie die psychischen und sozialen Bedingungen mitumfassen, die im Zusammenhang mit dem Erwerb und der Bedienung von Autos heute zum Problem geworden sind ... (Das Curriculum) würde überdies Einstellungen vermitteln, die zu einer vermehrten Benutzung öffentlicher Nahverkehrsmittel, zum Bewußtwerden der eignen Irrationalität im Versuch der Statusdemonstration durch das Auto und zu einer Internalisierung der ‚öffentlichen' Verantwortung des Autofahrers führen könnten." [207]

Ein solcher Ansatz der Situationsdefinition könnte auch das Problem einer Integration beruflicher und politischer Bildung, z.B. in Sekretärinnenkursen, lösen helfen. Bei der Analyse müßten dann nicht nur die Qualifikationsanforderungen, sondern auch die Staus-, Abhängig-keits- und Konkurrenzprobleme aufgearbeitet werden.

Wie sehr die Situationsanalyse durch das theoretische Vorverständnis, die Interpretationskategorien und damit auch durch die curricularen Leitideen determiniert wird, zeigt auch die Beschreibung des Situa-tionsbereiches Freizeit durch die hessische Curriculumkommission. Hier wird deutlich, daß ein Vorverständnis von Freizeit als frei ver-fügbare, verhaltensbeliebige Zeit im Sinne V. Graf Blüchers zu anderen Resultaten führt als eine Definition von Freizeit, die — nach J. Haber-mas — komplementär auf die Arbeitszeit bezogen und von ihr geprägt wird. [208] Um diese Interpretierbarkeit von Situationen zu berücksich-tigen, wird hier das Etikett ,,kategoriale Situationsanalyse'' vorge-schlagen, wobei die Ermittlung und Begründung dieser Kategorien in dem ersten Schritt der Curriculumkonstruktion, der Klärung von Richtzielen, geleistet werden muß. Nur so ist gewährleistet, daß sich Situationsanalysen nicht verselbständigen und daß der Zusammen-hang von Leitideen und Richtzielen und der Erhebung von curricu-laren Planungsdaten realisiert wird.

Auf eine Vollständigkeit der Tätigkeitsbeschreibung kann dabei weit-gehend verzichtet werden. In einem Hochschulseminar über Profes-sionalisierung der EB haben wir zunächst versucht, alle Tätigkeiten und Aufgaben des hauptberuflichen pädagogischen Mitarbeiters zur Arbeitssituation ,,Umgang mit nebenberuflichen Mitarbeitern'' auf-zulisten und Umfang und Bedeutung dieser Fähigkeiten von den Be-teiligten auf einer Skala einschätzen zu lassen. Dieses an arbeitswis-senschaftlichen Methoden orientierte Vorgehen erwies sich für die Planung eines entsprechenden Curriculum als relativ unergiebig. Nicht erfaßt werden konnten institutionsspezifische Varianten und indivi-duelle Ausprägungen, die Reflexion und Begründung der Tätigkeiten, zugrundeliegende Erwartungen, Interessen und Rolleninterpretatio-nen, auftretende Konflikte und Mißerfolge, subjektiv empfundene Qualifikationsdefizite u.ä. In einem zweiten Versuch haben wir des-halb einige hauptberufliche Mitarbeiter mündlich nach den Situatio-nen gefragt, in denen Konflikte und Schwierigkeiten im Umgang mit Kursleitern auftraten, z.B. die Motivation zur Teilnahme an Fortbil-dungsveranstaltungen, zu didaktischen Innovationen, zur Hospitation oder auch zur Veränderung des Lehrstils. Diese Aufgaben sind zwar seltener zu lösen als Routinetätigkeiten, sie ermöglichen aber eine sehr viel komplexere Beschreibung und curriculare Auswertung dieses Situationsfeldes. Die Kategorien für die Auswahl und Interpretation dieser Aufgaben waren aus dem Professionalisierungskonzept von H.A. Hesse und W. Schulenberg abgeleitet worden. [209]

Wenn Situationen interpretiert werden müssen, wobei diese Interpretation auch von den Interessen und Erfahrungen der Beteiligten abhängt (Unterschichtangehörige schätzen z.b. ein Fünfmarkstück größer ein als begüterte Mittelschichtangehörige), so kann die Situation nur gemeinsam mit den Betroffenen definiert werden. Die Interpretation einer Situation ist von der Sozialisation, der sozioökonomischen Lage, den Normen und Interessen der Beteiligten abhängig. Eine Situationsbeschreibung „von außen", z.b. durch einen Curriculumfachmann, ist deshalb nur begrenzt möglich. Ob ein Pädagoge oder Soziologe die Freizeitsituation eines Schichtarbeiters angemessen beschreiben kann, ist sehr zu bezweifeln. Andererseits ist vor einer individualistischen „Subjektivierung" der Situationsanalysen zu warnen. Vielfach handelt es sich bei Situationselementen nicht um individuelle Sichtweisen und Probleme, sondern um interpersonale, gesellschaftlich bedingte Phänomene, die für ganze Randgruppen und soziale Schichten relevant sind. Um diese sozioökonomische und soziokulturelle Bedingtheit scheinbar individueller Probleme zu erkennen, sind Lernhilfen und wissenschaftliche Kategorien und Theoreme erforderlich. Wünschenswert ist ferner die Kommunikation mit anderen, die sich in derselben Lage befinden. Damit verweist der Ansatz der Situationsanalyse auf eine Zielgruppenarbeit in der EB, vor allem dann, wenn als Richtziel ein solidarisches Handeln intendiert wird.

Genauso berechtigt und notwendig ist jedoch die entgegengesetzte didaktische Konsequenz. Die Träger verschiedener Rollen und Positionen interpretieren eine Situation jeweils verschieden. Vorgesetzte und ungelernte Arbeiter beurteilen einen innerbetrieblichen Konflikt unterschiedlich, die Situation in einer Schulklasse wird von Lehrern und Eltern anders gedeutet, die Verkehrssituation wird von Älteren anders eingeschätzt als von Jüngeren. In den seltensten Fällen handelt es sich dabei um antagonistische Interessen und Gegensätze. Positiv formuliert: in den meisten Fällen ist ein Diskurs zwischen den beteiligten Gruppen und Rollenträgern möglich, ergiebig und wünschenswert. Die EB hat neben der Arbeit mit homogenen Zielgruppen die wichtige Aufgabe, die Kommunikation und den Erfahrungsaustausch zwischen Bevölkerungsgruppen und Gesellschaftsschichten zu fördern und neben einer Rollenidentität eine Rollendistanz und ein Verständnis „der anderen" anzuregen. Mit anderen Worten: das Problem der Situationsanalyse verweist auf die Zielgruppenproblematik, wobei es von der Situation und den Richtzielen abhängt, ob homogene Zielgruppen oder eine heterogene Teilnehmerstruktur wünschenswert sind. Bildungspolitisch begründet dieser Ansatz sowohl eine „gruppengebundene" wie eine „gruppenverbindende" EB.

Bei unserer Diskussion über Mitarbeiterkontakte in der EB zeigte sich, daß diese Interpretation selber einen Lernprozeß für alle auslöst. K. Mollenhauer konstatiert daher zu Recht: „Da Erziehung aber nichts anderes ist als Strukturierung von Situationen, also auch Umgang mit den Situationsdefinitionen aller an der pädagogischen Kommunikation Beteiligten, muß die Analyse solcher zwischen den im pädagogischen Feld interagierenden Individuen wirksamen Situationsdefinitionen als der erste praktische Schritt eines jeden pädagogischen Handelns behauptet werden. Gleiches gilt für die Forschung: Erst die Ermittlung der Situationsdefinitionen der Betroffenen kann uns Einblick in die Relevanz der wissenschaftlichen Fragestellungen verschaffen; das gilt allerdings nur, sofern die Forschung an den Problemen des Handlungsfeldes und nicht nur an abstrakter Theorie interessiert ist." [210] Hier wird die Verzahnung von Verwendungssituation und Lernsituation wie auch von Lernorganisation und Unterrichtsforschung angedeutet. Die Situationsanalyse wird nicht — wie im Konzept geschlossener Curriculumkonstruktion — von Experten vor der Unterrichtsveranstaltung, sondern mit den Teilnehmern im Unterricht geleistet. Enno Schmitz erkennt in der traditionellen „objektiven" Situationsbeschreibung die Gefahr einer unkritischen Festschreibung von Strukturen, deren geschichtliche Entwicklung und Veränderbarkeit von den Arbeitswissenschaften ignoriert werden. Tätigkeitsanalysen z.B. lassen nur eine arbeitsteilige Lösung von Aufgaben erkennen. „Wie die Arbeitsteilung zustande gekommen ist, darüber gibt die politische Ökonomie hinreichend Auskunft, und daß diese Arbeitsteilung nichts technisch Vorgegebens ist, sondern eine Herrschaftsfrage ist, ist klar. Und wenn man jetzt Tätigkeitsfelder untersucht, dann bekommt man praktisch nur ein Abbild einer herrschaftsmäßig bestimmten Arbeitsteilung. Wie man diese Arbeitsteilung durch Weiterbildung verändern kann, das können einem diese Arbeitsplatzuntersuchungen oder Tätigkeitsuntersuchungen nicht sagen." [211]

Das heißt also, daß nicht nur die Situationsbeschreibung gemeinsam mit den Beteiligten geleistet werden muß, sondern daß nur mit ihnen überlegt werden kann, wie Situationen zu verbessern sind. Die Gefahr einer Anpassung an den status quo, die an dem Konzept von Robinsohn kritisiert wurde, läßt sich nur vermeiden, wenn die Arbeitsteilung zwischen Curriculumkonstrukteuren (die die Situationsanalysen liefern), den Kursleitern als „Planausführende" und den Teilnehmern als Planadressaten aufgehoben wird. Daß damit eine vorbereitende Sammlung von Informationen und Materialien über die Verwendungssituationen nicht ausgeschlossen, sondern sogar erforderlich ist, wird an späterer Stelle zu zeigen sein.

Verfahren und Instrumente der Situationsbeschreibung determinieren wesentlich die möglichen Lernziele. Teilnehmerunabhängige arbeitswissenschaftliche Tätigkeitsanalysen können nur einfache, funktionale Aufgaben erfassen, die auf arbeitsteilige, funktionsorientierte Qualifikationen verweisen und komplexere Lernzielebenen wie z.B. Verständnis, Analyse, Synthese und Bewertung meist ausschließen. Nicht zufällig können im berufsqualifizierenden Bereich relativ leicht aufgrund solcher Arbeitsplatzanalysen programmierte Curricula entwickelt werden. Rigiden Tätigkeitsanalysen entsprechen leicht operationalisierbare Lernziele, insbesondere auf der Wissens- und Fertigkeitsebene. Rationale Situationsbeschreibungen erfordern die Formulierung komplexer, kritischer Lernziele, die z.T. „dysfunktional" im Sinne des Bestehenden und situationsunspezifisch sind. In Analogie zu einer Unterscheidung verschiedener Wissensebenen von J. Habermas könnte man behaupten, daß solche Analysen zu Lernzielen für technisch verwertbares Wissen (bei vorgegebenen Mitteln und Zwecken) und allenfalls für funktionalistisches Steuerungswissen (zur Ermittlung optimaler Strategien bei vorgegebenen Zwecken), nicht aber zu einem aufklärenden, praktisch folgenreichen Wissen (das die Kritik der Zwecke einschließt) führen. [217] Mithilfe dieser Kategorisierung von Wissensbereichen „scheint es nämlich möglich zu sein, bei der

Definition von Situationen als Ausgangspunkt einer Curriculumkonstruktion für den Bereich beruflicher Aus- und Weiterbildung jeweils drei Ebenen gleichzeitig zu reflektieren: die Ebene des wissenschaftlich-technischen Fortschritts, die Ebene des gesellschaftlichen Fortschritts (im Sinne der Steigerung der Steuerungskapazität gesellschaftlicher Systeme, die auf Lernprozesse im Rahmen strategischen Handelns und soziotechnischen Planens zurückgeht) und schließlich die Ebene einer emanzipatorischen Veränderung von Institutionensystemen, die auf Lernprozesse gegenüber Ideologien zurückgehen." [213)

In der bisherigen Curriculumdiskussion ist der Situationsbegriff in zweierlei Hinsicht reflektiert worden: einmal als Verwendungssituation, in der das Gelernte angewendet werden soll, zum anderen als Lernsituation, in der Lehr-Lernprozesse vollzogen werden. B. Dieckmann und Mitarbeiter schlagen — als dritte Variante — Situationsanalysen zur Ermittlung des Weiterbildungspotentials von Erwachsenen vor. ,,Dazu benötigt man ... Untersuchungen über die Lernchancen im Erwachsenenalter in verschiedenen Lebensbereichen und für verschiedene Lebensabschnitte — und zwar unter Berücksichtigung der konkreten Situationen, in denen sie erzeugt bzw. verhindert werden." [214) Diese Perspektive erfaßt also die Faktoren, die für eine didaktische Planung und Durchführung von EB-Veranstaltungen — angefangen bei der Bildungswerbung — relevant sind, sie verhindert, daß eine Vielzahl von Daten gesammelt wird, die vielleicht soziologisch und sozialpsychologisch, nicht aber didaktisch unmittelbar interessant sind. Sie erleichtert zudem eine Konzentration auf die Verhaltensweisen und Qualifikationen, die durch organisierte EB erlernbar sind. Es ist zu erwarten, daß solche Untersuchungen Aufschlüsse über manifeste und latente Bildungsbedürfnisse, über Lerndefizite und Lernerfordernisse erbringen. In ihrer Definition des Situationsbegriffs orientiert sich das Heidelberger Team an einem Konzept von K. Thomas, das als Situationselemente Subjekt, Thema, Gegebenheit, Horizont, Lage, zeitliche Aspekte, Innen und Außen, Raum und Zeit, Erkenntnis und Artikulation der Situation unterscheidet. ,,Beachtenswert ist hierbei vor allem, daß Thomas das Subjekt (der Handelnde und der Erkennende zugleich) mit in die Definition des Situationsbegriffs hineinnimmt." [215) So ist der erlebte Raum wichtiger als der objektiv gemessene, die Erlebniszeit interessanter als die chronologisch meßbare Zeit. Dieckmann u.a. gehen insofern über den individualistischen Situationsbegriff von Thomas hinaus, als sie die „effektive Vergesellschaftung des Individuums" zu erfassen versuchen. „Mindestens ebenso wichtig erscheinen uns interpersonal und im weiteren Sinne sozial artikulierte Situationen, denn nur bei Berücksichtigung sozial artikulierter und mehr oder weniger generalisierter bzw. ,typischer' Situationen dürfte es gelingen, individuelle Lernmöglichkeiten und Lernverhinderungen auf zureichenden Ebenen der Komplexität aufzusuchen." [216] Auf diese Weise werden sozioökonomische und soziokulturelle Bedingungen und Lernmöglichkeiten erfaßt, die bei einer subjektivistischen und psychologisierenden Situationsanalyse möglicherweise unterschlagen werden. So wird besonderes Gewicht auf die Erfassung von Persönlichkeits-, Rollen-, Positions- und Statusvariablen, der gesellschaftlichen Determinanten und organisatorischen Faktoren gelegt.

Eine dementsprechende Analyse der Arbeitssituation berücksichtigt deshalb erheblich mehr Dimensionen als die skizzierten arbeitswissenschaftlichen Tätigkeitsanalysen, nämlich 1. die Dimension des Arbeitsobjekts (unter Berücksichtigung des Komplexitätsgefälles zwischen dem Umgang mit Menschen, Informationen oder Sachen), 2. die Zugehörigkeit der Position in Organisationen der privaten Wirtschaft bzw. staatlichen Handelns, 3. den Rang einer Position, der auf die Belastung und Autonomie am Arbeitsplatz sowie auf die Kommunikationsmöglichkeiten verweist, und 4. die Normen der Bezugsgruppen, die lernfördernd oder lernhemmend wirken können.

Man darf auf die konkreten Ergebnisse dieses Forschungsprojekts gespannt sein. Vor allem ist zu hoffen, daß dem Kursleiter in der EB Kriterien und Fragestellungen angeboten werden, mit deren Hilfe er gemeinsam mit den Teilnehmern das Lernpotential der jeweiligen Verwendungssituationen erarbeiten kann.

Die Beschreibung von Lebenssituationen enthält Angaben über Tätigkeiten, Anforderungen und Aufgaben, die bestimmte Qualifikationen erfordern. In der Curriculumdiskussion werden unter Qualifikationen meist erlernbare Fähigkeiten für Zwecke verschiedenster Art, also nicht nur für berufliche Leistungen, verstanden und meist als Lernziele auf der Grobzielebene beschrieben. Gleichzeitig spielt der Qualifikationsbegriff in der bildungs- und politökonomischen Literatur eine zentrale Rolle, hier allerdings besonders unter dem Aspekt der Produktion und der Reproduktion der Arbeitskräfte. Ein intensives Gespräch zwischen diesen Wissenschaftsdisziplinen hat bisher kaum stattgefunden. An dieser Stelle interessieren weniger die konkreten Qualifikationsanforderungen und Qualifikationsveränderungen z.B. in Industrieberufen, sondern der curriculumstrategische Stellenwert von Qualifikationsanalysen.

Die Kette Situation-Qualifikation-Inhalt suggeriert, daß allein aus Verwendungssituationen Qualifikationen abgeleitet werden könnten. Eine solche einseitige Sicht würde jedoch zu einer bedenklichen Reduktion des Programmangebots in der EB führen, da nur noch instrumentale, utilitaristische Qualifikationen, nicht aber die Befähigung zum ,,Weltverstehen'' und zur Selbstreflexion, zur Kritik und Identifikation mit Normen und Werten berücksichtigt würden. Für die Qualifikation ,,Verständnis eines Gedichts von Brecht'' oder für Sinnfragen gibt es keine Verwendungssituationen, wenn man diesen Begriff nicht so weit interpretieren will, daß er zur Analyse der Planung untauglich wird. [207] Vielleicht empfiehlt es sich, diese Fähigkeiten zur Reflexion, Kritik und Internalisierung von Werten als Identifikationsleistungen von technisch verwertbaren, funktionalistischen Qualifikationen des ,,know how'' begrifflich zu trennen. Gleichzeitig ist festzustellen, daß auch die Qualifikationen i.e.S. zu einem großen Teil tätigkeits- und situationsunspezifisch sind. Die Reform der Berufsausbildung mit ihrer Orientierung an Grundberufen oder Berufsfeldern und einer ,,verspäteten'' Ausrichtung auf eng profilierte Berufsbilder trägt dieser zunehmenden Bedeutung von ,,Basisqualifikationen'' Rechnung. Deshalb wäre es m.E. eine Fehlentwicklung, wenn die gesamte EB ihr Programm auf eine situationsspezifische Zielgrup-

151

penarbeit umstellen würde und nicht gleichzeitig das Angebot an relativ leicht standardisierbaren Lehrgängen zum Erwerb solcher „basalen" Qualifikationen, z.B. durch ein bundeseinheitliches Baukastensystem, ausbauen würde. Die Curriculumforschung hat gerade im Blick auf ein zu entwickelndes Baukastensystem zu untersuchen, welche Basisqualifikationen, welche Qualifikationen für mehrere Situationsbereiche und welche situationsspezifischen Qualifikationen durch EB zu vermitteln sind. Zu vermuten ist, daß für die erste Qualifikationsgruppe geschlossene Curricula, für den zweiten Bereich Rahmencurricula und für die situations- und zielgruppenspezifischen Qualifikationen dagegen offene Curricula adäquat sind.

Der curriculumstrategische Ansatz bei Situations- und Qualifikationsanalysen darf im Bereich der beruflichen Weiterbildung nicht so einseitig interpretiert werden, daß er neueren Ergebnissen der Berufsforschung widerspricht. D. Mertens, der Direktor des Instituts für Arbeitsmarkt- und Berufsforschung, propagiert als bildungspolitische Devise: „Breite Bildung fordern, Allgemeinbildung fordern, Bildung auf hohem Abstraktionsniveau fordern und Bildung ohne fixierte Studiengänge, ohne sehr weitgehend eingezwängte Studiengänge fordern. Und vor allem Bildungsbemühungen fordern — das gilt auch wiederum für Weiterbildung —, die nicht unter dem vermeintlich kurzfristigen Anwendungsbezug auf einen bestimmten gedachten Arbeitsplatz abgestellt sind, denn das sind die am schnellsten obsoleten Bildungsinhalte. Man kann also, um es provozierend zu überspitzen, die These formulieren, daß sich Bildungsinhalte als um so kurzlebiger erweisen, je stärker sie im Augenblick, wo sie konzipiert sind, auf einen vermeintlich festgestellten Anwendungsbezug an konkreten Arbeitsplätzen hin orientiert sind." [218]

Diese Forderung kollidiert möglicherweise mit den Interessen privatkapitalistischer Wirtschaft in einer Konkurrenzgesellschaft — zumindest bei der Weiterbildung wenig qualifizierter Arbeiter. Sie entspricht jedoch dem Selbstverständnis der VHS, „die normalerweise mit der Einführung in die Arbeitswelt und der ersten beruflichen Orientierung, mit der Grundbildung in Berufsfeldern sowie mit der Fachausbildung und Spezialisierung nichts zu tun hat", sondern auf eine „mittelbare Berufshilfe" Wert legt, zu der kritische Qualifikationen jenseits des rein Funktionalen, d.h. der Mittelbeherrschung für vorgegebene Zwecke, sowie eine „Stärkung des Veränderungspotentials" gehören. [219]

152

Wenn also Situations- und Qualifikationsanalysen nicht nur im Blick auf das technisch verwertbare Wissen durchgeführt werden, ist dieser curriculare Ansatz für eine i.w.S. politische Bildung ergiebiger als für eine arbeitsplatzspezifische Qualifizierung. So erscheint es wichtiger, neben einer funktionalen Arbeitsplatzanalyse die Einschätzung der Arbeitssituation durch die Betroffenen Curricular zu verarbeiten. Die Tätigkeitsanforderungen lassen sich nicht objektiv und wertneutral beschreiben, sie werden durch die Erfahrungen und Bedürfnisse der Arbeitnehmer, durch ihre Einschätzung der Belastung, der Abhängigkeit, der Sicherheit usw. interpretiert. Untersuchungen zum gesellschaftlichen Bewußtsein von Arbeitern liegen ausreichend vor, [220] sind aber für die Curriculumentwicklung noch nicht systematisch ausgewertet worden. Aus ihnen lassen sich Informationen sowohl zur Situationsbeschreibung als auch zur Präzisierung der Lernvoraussetzungen gewinnen. Darüber hinaus sollten solche Untersuchungsergebnisse als Unterrichtsmaterialien gemeinsam mit den Teilnehmern verarbeitet und diskutiert werden. So erfüllen sie mehrere Funktionen, sie sind einerseits als curriculare Planungsdaten, andererseits als Lerninhalte zu verwerten.

Wenn stärker allgemeine als unmittelbar anwendungsbezogene Qualifikationen betont werden, stellt sich die Frage nach den Transferqualitäten der Lernprozesse. Vermag der Lernende allgemeine Qualifikationen auf konkrete Fälle zu übertragen und in unterschiedlichen Situationen zu verwenden? Auf diese Schlüsselfrage der Curriculumforschung ist trotz einer umfangreichen Transferforschung noch keine didaktisch ergiebige Antwort möglich. Auch S. Robinsohn antwortet in einem Interview diesbezüglich allgemein und ausweichend: „Es geht bei Transferuntersuchungen darum, die Übertragung des Gelernten in neuen Situationen zu überprüfen. In empirischen Untersuchungen ist einigermaßen nachgewiesen worden, daß sich logische Operationen üben und auf Situationen übertragen lassen, die in Teilen identisch sind mit der Ausgangssituation, in der diese Operationen zunächst zur Anwendung kamen. Es gibt verschiedene Grade der Komplexität von Transfer: Gegenstände können sich inhaltlich wiederholen, manuelle Operationen können in leichter Modifikation immer wieder notwendig werden, es gibt schließlich übertragbare Prinzipien und Wertvorstellungen. Wir müssen ... Transferhypothesen in unseren Unterricht einbeziehen und zumindest den empirischen Gehalt und die Plausibilität der Hypothesen erhöhen." [221]

Ebenso wichtig wie die neueren industriesoziologischen Untersuchungen über Qualifikationsveränderungen und Transferforschungen erscheinen Analysen der Funktion von EB. Erste Hypothesen zum Verhältnis von „Qualifikationsanforderungen industrieller Arbeit und Funktionen wissenschaftsbezogener Weiterbildung" hat E. Schmitz in einem Arbeitspapier für die Jahrestagung des Arbeitskreises Universitäre EB formuliert. Auch wenn diese Thesen noch überprüft und für nicht-universitäre EB modifiziert werden müssen, so wird doch deutlich, daß EB-Veranstaltungen weder nur zum Zweck einer Qualifikationssteigerung i.w.S. angeboten noch nur zu diesem Zweck besucht werden. Schmitz vermutet: „Die Teilnahme an Weiterbildung dürfte ..., wie unter anderem die extrem geringe Beteiligung von Arbeitern an der beruflichen Fortbildung andeutet, für die Mehrzhal der Beschäftigten kaum von ausschlaggebender Bedeutung für die an ihrem Arbeitsplatz verlangten Qualifikationsanforderungen sein." [222] Berufliche Fortbildungsveranstaltungen dienen oft weniger der Steigerung beruflicher Kompetenz als der Statussicherung oder auch der tertiären Sozialisation, z.B. der Identifizierung mit berufspolitischen oder organisationsspezifischen Normen und Interessen. Schmitz stellt einen vorläufigen Katalog möglicher Funktionen von beruflicher Weiterbildung zur Diskussion, wobei er sich allerdings auf professionalisierte oder sich professionalisierende Beufe beschränkt:

„Aus diesen skizzierten Beispielen lassen sich in vorläufiger Weise für die wissenschaftsbezogene Weiterbildung Funktionen ableiten, wie sie unter der gegebenen Organisation von gesellschaftlicher Arbeit und Bildungswesen möglich erscheinen:

a) Diese Weiterbildung kann Mittel sozialen Aufstiegs durch Bildung für diejenigen sein, die sich aus eigener Initiative außerhalb der Arbeitsorganisationen die wissensmäßigen Voraussetzungen einer Berufskarriere (z.B. Zweiter Bildungsweg, Fortbildung zum Techniker, Ingenieur oder graduierten Betriebswirt) verschaffen oder ohne die Aussicht auf das Zertifikat eines Berufsabschlusses lediglich den „Horizont" ihres beruflichen Wissens erweitern wollen (z.B. Teilnehmer von beruflichen Kursen der Volkshochschulen und assistierende Berufe in der industriellen Forschung und Produktion);

b) sie kann ein Substitut für die strukturelle Lösung sozialer Konflikte sein, indem sie die materielle und politische Unterprivilegierung von Beschäftigten dadruch aufrecht erhält, daß die Vorgesetzten mit einem entsprechenden funktionalen Wissen ausgerüstet werden (z.b. Meisterschulung);

c) sie kann als kompetenzsteigernde und motivierende Beteiligung von Beschäftigten den Erfolg organisatorischer Umstellungen sichern (z.B. Führungskräfteschulung, Lehrerfortbildung);

d) sie kann den betrieblichen Status von Mitgliedern des betrieblichen Managements festigen, indem sie deren Arbeitsrollen zum Prestige wissenschaftlicher Kompetenz verhilft (z.B. Führungskräfteschulung). In ähnlicher Weise liefert sie Legitimationen für die Durchsetzung materieller professioneller Interessen;

e) sie kann der politischen Durchsetzung qualitativer Verbesserungen, vor allem im Schulsystem dienen (z.B. Lehrerfortbildung);

f) sie kann für diejenigen Gruppen, die im eigentlichen Sinne wissenschaftlich-technische Funktionen ausfüllen, die Möglichkeit bieten, sich das jeweils neue Wissen anzueignen (z.B. Fortbildung der Ärzte, des Forschungspersonals und bestimmter Gruppen von Spezialisten in der privaten und öffentlichen Verwaltung);

g) sie bieten gleichzeitig für einzelne Beschäftigtengruppen den organisatorischen Rahmen für deren professionelle Willensbildung und Interessenvertretung (vor allem berufsständisch organisierte Professionen);

h) sie kann unter Umständen die Funktion gewinnen, die mit der Hochschulexpansion zunehmenden professionellen Berufsansprüche entsprechend den Anforderungen des Arbeitsmarkts zu „kanalisieren", ohne daß eine solche Verweigerung von Bildungschancen auf seiten der Betroffenen einen Widerstand hervorrufen würde, der zu politischen Konflikten führt;

i) sie könnte aber schließlich auch zur Folge haben, daß durch die veränderte soziale Struktur der Teilnehmer an wissenschaftlichen Bildungsprozessen deren Didaktik und Inhalte ihres elitären Charakters entkleidet würden."

Entsprechende Ergebnisse liegen zu den Funktionen von Hochschulstudien vor. Durch Befragung von Hochschulabsolventen ist festgestellt worden, daß die Bedeutung des Studiums primär in der Positionszuweisung, sekundär in der Statuszuweisung und erst an dritter Stelle in der beruflichen Verwertbarkeit gesehen wird. [224] Mertens vermutet, daß selbst der Wunsch von Akademikern nach Fortbildungsveranstaltungen über EDV und Managementtechniken „nicht in erster Linie von einem zwingenden Arbeitsplatzbedarf nach solchen Techniken und Kenntnissen bedingt ist, sondern daß diese beiden Kenntnisbereiche einen so hohen gesellschaftlichen Rang oder eine so große innerbetriebliche Bedeutung haben, daß sie wiederum Positionsbedeutung und Statusbedeutung haben." [225]

Diese Überlegungen sollen keineswegs die Bedeutung von Qualifikationsanalysen für die Curriculumentwicklung in der EB mindern. Sie machen jedoch darauf aufmerksam, daß diese Analysen nur eine Quelle für die Curriculumplanung unter anderen sind, daß EB weder nur aus Interessen an einer Qualifikationssteigerung in Anspruch genommen wird, noch ausschließlich die Funktion der Kompetenzsteigerung erfüllt. Eine solche „Multifunktionalität" läßt sich auch bei Mitarbeiterfortbildungsveranstaltungen in der EB feststellen: Weder die veranstaltenden Verbände noch die teilnehmenden Mitarbeiter sind im allgemeinen davon überzeugt, daß auf einer eintägigen Zusammenkunft die erwachsenenpädagogische Qualifikation nachhaltig erhöht werden kann. Andere Intentionen und Motive sind deswegen keineswegs zweitrangig oder „minderwertig": die Veranstaltung kann eine zusätzliche Gratifikation für die Mitarbeiter sein, sie kann der Solidarisierung dieser Berufsgruppe durch informelle Kontakte dienen, sie ermöglicht eine Verständigung über gemeinsame Ziele, Probleme und Interessen, sie fördert eine Identifikation mit den Zielen und Maßnahmen des Berufsverbands, sie kompensiert die berufliche Vereinzelung und Isolierung.

Ein ähnlicher Katalog von nicht primär qualifikationsbezogenen Funktionen läßt sich wahrscheinlich für jede andere Veranstaltung der EB aufstellen. Ein Curriculum, das diese Funktionen ignoriert und Lernziele ausschließlich aufgrund von Qualifikationsanalysen formuliert, eignet sich nicht zur Strukturierung der Lernsituation. Das „offizielle" Curriculum wird bald durch ein verborgenes („hidden") Curriculum

unterlaufen, d.h. nicht geplante und unkontrollierte Ziele verselbständigen sich und rücken in den Vordergrund. Diese Gefahr ist vor
allem dann gegeben, wenn nur kognitive Qualifikationen eingeplant
werden und affektive, sozialemotionale Bedürfnisse unberücksichtigt
bleiben. Eine solche Vernachlässigung der affektiven Lerndimension
ist bei fast allen Versuchen geschlossener Curriculumkonstruktion
festzustellen. Man unterliegt leicht der Versuchung, affektiv mit irra-
tional gleichzusetzen, [226)] zumal bisher sehr wenige überzeugende
Klassifikationen affektiver Qualifikationen entwickelt worden sind.
Am ehesten ist hier auf gruppendynamisch orientierte Untersuchungen zu verweisen, die in der geschlossenen Curriculumkonstruktion
völlig ausgeklammert wurden, bei der Realisierung offener Curricula
im Lernprozeß aber unbedingt verarbeitet werden müssen. Als ein
noch nicht vollständiger, aber plausibler Versuch, kognitive, emo-
tionale und soziale Qualifikationen (die hier als ,,Ziele'' bezeichnet
werden) zuzuordnen, sei der folgende Katalog von B. Fittkau zum
Richtziel ,,Emanzipation'' zur Diskussion gestellt. [227)]

Persönlichkeitsbereiche und Trainingsziele

übergreifendes Erziehungs- und Trainingsziel: Emanzipation — individuelle Emanzipation

kognitive Ziele	emotionale Ziele	Ziele in Sozialverhalten und Kommunikationstechniken
— Erkenntnis der eigenen Stellung, Abhängigkeiten und Dispositionsbefugnisse und Entscheidungsfreiräume am Arbeitsplatz, in Familie und Freizeit — Einsicht in die Bedeutung der sozialen Umwelt (Schichtzugehörigkeit) für die Entwicklung u.a. von Sprache, Intelligenz, Motivation — Einsicht in die Bedeutung kognitiver, emotionaler und sozialer Ziele und Fähigkeiten zur befriedigenden Bewältigung der Umwelt — Erwerb hinreichender Intelligenz, Kreativität, technisch-naturwissenschaftlichen Wissens — Überzeugung und Engagement, daß freiheitlich-demokratisch-soziales Verhalten in allen Gruppen praktiziert werden sollte	— Sensitivierung für die eigenen (unsozialen) Gefühle, Interessen, Probleme (wie Machtwünsche, Perfektionsanspruch, Ängste, Aggressivität, Rigidität, Minderwertigkeitsgefühle) — Sensitivierung für die Interessen anderer — Sensitivierung für die Auswirkung des eigenen Verhaltens auf andere — Abbau von Fassaden, Erhöhung der Echtheit — Ambiguitätstoleranz — genügendes Selbstwertgefühl, innere Autonomie — Fähigkeit zur Entwicklung eines „Wir-Gefühls" in Gruppen — Fähigkeit zu emotional befriedigenden Erlebnissen aus Zärtlichkeit: Sexualität, Kunst, Natur — Sensitivierung für mehr oder weniger angemessenes Sozialverhalten	— partnerzentriertes Sozialverhalten (auf den anderen eingehen, Verständnis für den anderen zeigen, aktives Zuhören) — Fähigkeit der Verbalisierung eigener Interessen, Gefühle und Meinungen gegenüber anderen — demokratisches Gruppenleiterverhalten — demokratisches Konfliktregelungsverhalten — Kooperationsfähigkeit — freiheitlich-demokratisch-soziales, emanzipationsförderndes Erzieher-/Lehrerverhalten — Fähigkeit, emanzipationsfördernde Informationen mündlich und schriftlich verständlich zu vermitteln

Persönlichkeitsbereiche und Trainingsziele

übergreifendes Erziehungs- und Trainungsziel: Emanzipation — gesellschaftliche Emanzipation		
kognitive Ziele	emotionale Ziele	Ziele in Sozialverhalten und Kommunikationstechniken
— Erkenntnis der Bedeutung ökonomischer Interessen und Verhältnisse für Handeln und Handlungsfreiraum — Erkenntnis, daß eine primäre Orientierung am kurzfristigen Gewinn gegen innerpsychische Bedürfnisse der Individuen (krankhafter Ehrgeiz, extreme Entfremdung und Fremdbestimmung) und gegen gesamtgesellschaftliche Interessen verstößt (Umweltverschmutzung, Unwohnlichkeit der Städte, stark ungleiche Vermögensverteilung und Bildungschancen, Konzentration bei den Meinungsbildnern) — Erkenntnis, daß eine freiheitlich-demokratisch-soziale Weiterentwicklung unserer Gesellschaft z.T. gegen die kurzfristig-egoistischen Interessen der heute Privilegierten verstößt und daß diese Interessen nur durch eine entsprechende, organisierte (partei) politische Interessenvertretung eine Realisationschance haben	— Sensitivierung für die sog. öffentliche Meinung — Sensitivierung für bestehende Interessen, Wünsche, Ängste größerer Gruppen der Gesellschaft — Sensitivierung für gesellschaftliche Normen, Stereotypen, Tabus — Sensitivierung für soziale Ungerechtigkeiten — innere Überzeugung und Optimismus der Änderbarkeit von gesellschaftlichen Bedingungen, keine resignative Schicksalsgläubigkeit	— Fähigkeit der Organisation von Interessenvertretungsgruppen (Bürgerinitiativen) — Mitarbeit in Organisationen, die freiheitlich-demokratisch-soziale Interessen und Ziele vertreten

159

Solche sozialemotionalen Qualifikationen sind also nicht isoliert von kognitiven Lernprozessen zu sehen, sie dürfen nicht — wie es bei Indoktrinations- und Manipulationsversuchen geschieht — gleichsam unterschwellig vermittelt werden, sondern es handelt sich hierbei um rationale Fähigkeiten, die gemeinsam mit den Teilnehmern begründet und kritisiert werden können.

Wenn Schule und auch EB nicht nur zur Bewältigung jetziger, sondern auch veränderter oder künftiger Situationen befähigen wollen, müssen Qualifikationsanalysen prognostisch angelegt sein. Solche Qualifikationsveränderungen infolge von Technisierung, Automatisierung und Rationalisierung sind in industriellen und auch kaufmännischen Berufen durch Trendanalysen einigermaßen zuverlässig festgestellt worden. Durch den Vergleich der Qualifikationsveränderungen in einem teil- und einem vollautomatisierten Betrieb derselben Branche läßt sich eindeutig nachweisen, daß z.B. manuelle Geschicklichkeit, körperliche Anstrengung und handwerkliche Fertigkeiten, zugunsten technischer Sensibilität, punktueller psychischer Belastung, Reaktionsfähigkeit u.ä. an Bedeutung verlieren. „Soweit ... überhaupt Trendaussagen möglich sind, spricht vieles dafür, von einer Qualifikationsverlagerung von prozeß- bzw. tätigkeitsspezifischen zu prozeß- bzw. tätigkeitsunspezifischen Fertigkeiten auszugehen. Einerseits erfordert die steigende Diffusionsgeschwindigkeit technischer Innovation von zunehmend größeren Gruppen von Arbeitern Mobilitätsbereitschaft, Anpassungsfähigkeit und Flexibilität, andererseits werden mit erhöhter Komplexität der technischen Apparatur an zunehmend mehr Arbeiter Anforderungen an ihre ‚technische Intelligenz‘, ‚technische Sensibilität‘ sowie ihre ‚Verantwortungsbereitschaft‘ gestellt. Demgegenüber steigen die tätigkeitsspezifischen Qualifikationen nur für relativ kleine Teilkader, in der Produktion etwa für einige Spezialisten in der spanabhebenden Fertigung von Einzelteilen, in der Instandhaltung für die gesondert geschulten Meß- und Regelmechaniker, Hydrauliker und Pneumatiker. Die tätigkeitsspezifischen Qualifikationen sinken sogar für andere Teilgruppen erheblich." [228]

Diese und ähnliche Ergebnisse sind nicht nur für die berufliche Aus- und Weiterbildung, sondern für die gesamte EB von weitreichender Bedeutung. Naheliegend ist die Folgerung, daß die traditionellen, eng profilierten Berufsbilder sowie die Betonung handwerklicher

Qualifikationen in den Ausbildungsplänen von Grund auf revidiert werden müssen. Ebenso wesentlich ist, daß infolge der technologischen Entwicklung durchaus nicht eine Qualifikationssteigerung für alle Berufstätigen zu erwarten ist, sondern daß vielmehr eine Polarisierung zwischen höherqualifizierten Arbeitern und unqualifizierten Tätigkeiten absehbar ist. Hinzu kommt, daß der Qualifikationsbedarf auch in Produktionsprozessen mit vergleichbarem Mechanisierungsgrad durchaus unterschiedlich sein kann. Daraus folgt, daß die Notwendigkeit permanenter Weiterbildung nicht mehr unkritisch und linear aus der wissenschaftlich-technischen Revolution abgeleitet werden kann. Eine solche Begründung würde zu dem Ergebnis führen, daß für viele Arbeiter eine Höherqualifizierung überflüssig ist und daß die notwendigen Qualifikationen im Produktionsprozeß selber erworben werden können, wobei hier Anpassungs- und Identifikationsleistungen fast wichtiger sind als fachspezifische Fähigkeiten und Fertigkeiten. Daß in der innerbetrieblichen Fortbildung kaum organisierte Bildungsmaßnahmen für Arbeiter angeboten werden, daß zudem viele Unternehmer außerbetriebliche Bildungsaktivitäten der Arbeitnehmer mit Skepsis und Mißtrauen beobachten,[229] ist deshalb kaum zufällig.

Solche prognostischen Qualifikationsanalysen in der Arbeitswelt können also nicht allein verbindlicher Maßstab für die Curriculumplanung der EB sein, da sonst lediglich eine technokratische Anpassung an die Produktionserfordernisse erfolgt und z.T. sogar Bildungsmaßnahmen als überflüssig eingeschränkt werden müssen. Demgegenüber hat EB nicht nur die Aufgabe, zur Anpassung an den sozialen und technologischen Wandel zu befähigen, sondern das „Veränderungspotential" der Erwachsenen zu stärken. Eine solche Begründung ist nur mit politisch-gesellschaftlichen, nicht mit ökonomisch-technokratischen Argumenten möglich. Der Erwachsene muß lernen, nicht nur mit dem Wandel „fertig zu werden", sondern ihn zu beeinflussen. Da solche veränderten Situationen nicht konkret prognostiziert werden können, lassen sich auch die entsprechenden Qualifikationen nur relativ formal definieren, z.B. als „Einsicht in der Veränderbarkeit von Situationen" und als „Bereitschaft zur Veränderung." Diese Qualifikationen können jedoch nicht isoliert von den beruflichen Anforderungen interpretiert und didaktisch verarbeitet werden; es wird also nicht empfohlen, die berufliche Qualifikation zugunsten einer wie auch immer definierten Allgemeinbildung aufzugeben. Charakteristisch für die jüngere Diskussion zur EB ist, ,,daß diese nicht mehr in einem abstrakten Interesse an Aufklärung betreiben, sondern in einem direkten Bezug zu den individuellen Handlungschancen im politischen und privaten Bereich, insbesondere aber innerhalb der Berufsarbeit gesehen wird." [230] Diesem Selbstverständnis entspricht — zumindest potentiell — die neuere Entwicklung in der Curriculumdiskussion.

5.4. Analyse der Lernvoraussetzungen

Als zweiter möglicher ,,Ressourcenansatz" der Curriculumforschung werden — neben den gesellschaftlichen Anforderungen — die Bildungsbedürfnisse der Adressaten genannt. Dieser Ansatz hat vielleicht für die EB mit ihrer Angebots- und Nachfrage-Struktur eine noch größere Bedeutung als für die Schule. Beide Ansätze schließen sich nicht aus, sondern müssen verbunden werden, z.B. durch einen gemeinsamen Diskurs über die Richtziele und durch Situationsbeschreibungen durch die Beteiligten. Nach unserem Strategievorschlag ist aufgrund von Situationsinterpretationen, die sich an Leitideen und Kategorien orientieren, eine Anzahl von wünschenswerten Qualifikationen ermittelt worden. Jetzt müßte geklärt werden, über welche Qualifikationen die Teilnehmer bereits verfügen, für den Erwerb welcher Qualifikationen sie in dieser Veranstaltung motiviert sind und ob sie diese Qualifikationen in dem gegebenen bildungsorganisatorischen Rahmen erwerben können. Notwendig ist also eine Analyse der Lernfähigkeit und -motivation, konkret bezogen auf die vereinbarten Richtziele und die ermittelten Situationen und Qualifikationen.

Erscheint ein Gesamtcurriculum für lebenslanges Lernen von der Vorschule bis zur Altenbildung wünschenswert, so liegt es nahe, von der Entwicklungspsychologie Kriterien für die Auswahl und Verteilung der Lerninhalte auf die verschiedenen Altersstufen zu erwarten. In neuerer Zeit hat z.B. R. Gagné eine hierarchische Klassifizierung von Lernleistungen erarbeitet, die auf lern- und entwicklungspsychologischen Erkenntnissen basiert. Gagné unterscheidet mehrere Lernarten, wobei komplexe Lernleistungen das Beherrschen einfacher Lernarten voraussetzt und die Stufung in etwa dem Entwicklungsprozeß eines Menschen entspricht: 1. Signallernen, 2. Reiz-Reaktionslernen, 3. Kettenbildung, 4. Lernen sprachlicher Assoziationen (Verknüpfungen), 5. multiple Diskrimination (Unterscheidung)' 6. Begriffslernen, 7. Regellernen, 8. Problemlösen [231]. Ein Problem kann demnach nicht gelöst werden, wenn nicht zuvor Regeln gelernt worden sind, wobei das Verständnis von Regeln wiederum die Fähigkeit zur Begriffsbildung voraussetzt, die ihrerseits erfordert, daß Merkmale verknüpft und Unterscheidungen getroffen werden können. Gagné gelingt es mit dieser Taxonomie, die unterschiedlichen Lerntheorien, die bisher oft mit einem absoluten Geltungsanspruch propagiert wurden, aufeinander zu beziehen und in ein Gesamtkonzept einzuordnen. Diese Stufung liefert dem Kursleiter einen nützlichen didaktischen Orientierungsrahmen. So kann er feststellen, ob Voraussetzungen (z.B. die Kenntnis von Begriffen) für die Diskussion eines Problems bei den Teilnehmern gegeben sind.

Für eine altersspezifische Verteilung der Lernbereiche auf die verschiedenen Schulstufen liefert diese Taxonomie jedoch kaum Anhaltspunkte. Weder ist Problemlösung für den Schüler „verfrüht'', noch ist die Fähigkeit zur Begriffsbildung bei jedem Erwachsenen vorhanden. Die neuere empirische Forschung zur Lernfähigkeit Erwachsener hat deutlich gemacht, daß die Lernleistungen nicht monokausal auf endogene, z.B. biologische Faktoren zurückgeführt werden können, sondern auch von zahlreichen soziokulturellen und sozialisationsbedingten Determinanten abhängig sind. Auch für die Schulpädagogik gelangt K. Aebli zu dem Ergebnis, daß der Anspruch der Entwicklungspsychologie von Rousseau bis Piaget, Kriterien für die Auswahl von Curriculuminhalten bereit zu stellen, nicht eingelöst worden ist. [232] Die Entwicklungspsychologie bietet Fragestellungen und Instrumente an, die eine Analyse des Entwicklungsstandes einer Lerngruppe ermöglichen, eine Verteilung der Lerninhalte auf die einzelnen Lern- und Altersphasen reguliert sie nicht.

Ähnliches gilt für die lernpsychologische Erforschung des Erwachsenenalters. Wir wissen inzwischen, daß die Lernfähigkeit nicht nur und nicht primär vom biologischen Alter abhängig ist und daß der Erwachsene zu größeren Lernleistungen in der Lage ist, als bisher angenommen wurde. Die Ergebnisse dieser Forschung sind aber entweder zu allgemein oder zu speziell, als daß sie eine Curriculumforschung in der EB wesentlich erleichtern könnten. Zu den allgemeinen Ergebnissen gehören z.b.: [233] zur Erklärung der Lernfähigkeit ist nicht ein „Einfaktormodell", sondern nur ein „mehrdimensionales Entwicklungsmodell" geeignet, aufgrund der Theorie der „Aktivitätshyperthropie" entwickeln sich häufig gebrauchte Funktionen optimal, während sich selten angewendete Fähigkeiten zurückentwickeln, die Entwicklung des Menschen läßt sich kaum in psychologische Phasen aufteilen, sondern wird durch „subjektive Erlebnismarken" gegliedert; ein wesentliches Lernmotiv ist auf die angestrebte „Reduktion von Bedürfnisspannungen" und die „Wiederherstellung einer emotionalen Gleichgewichtslage" zurückzuführen; die einzelnen Lernleistungen entwickeln sich mit zunehmendem Alter unterschiedlich; ältere Menschen lernen langsamer, aber zuverlässiger; sie benötigen mehr Zeit bei Prüfungen als jüngere; in der Kindheit erworbene Lerninhalte werden besser erinnert als spät erworbene Inhalte; sinnvolles Lernmaterial, das in vorhandene Interpretationsschemata eingeordnet und auf Erfahrungen bezogen werden kann, wird besser gelernt; andererseits ist Neulernen für Erwachsene oft leichter als ein Umlernen; die Gefahr der „Interferenz" ist bei Erwachsenen größer; oft muß ein „negativer Verfestigungseffekt" überwunden werden.

Spezielle Einzelergebnisse, die oft unter experimentellen Laboratoriumsbedingungen gewonnen wurden und deren Praxisrelevanz deshalb meist gering ist, sind z.B. „Durch Rundfunksendungen kann ein gleich großer Lerneffekt erzielt werden wie durch Vorträge". „Das Fernsehen war um so vorteilhafter, je niedriger der militärische Leistungsgrad der Soldaten eingeschätzt wurde." Leistungsstärkere Teilnehmer lernen besser durch Lesen als durch Anhören. Das Argument, das als erstes vorgetragen wird, bleibt am längsten in Erinnerung. Jüngere lernen besser im Anschauungsunterricht, ältere durch schriftliche Instruktion. — Bei Untersuchungen dieser Art ist zu berücksichtigen, daß sich aufgrund abweichender Untersuchungsbedingungen die Ergebnisse oft widersprechen.

Die meisten der lernpsychologischen Untersuchungen, wie sie zuverlässig von H. Löwe [234] und von G. Brandenburg dargestellt werden, sind aussagekräftiger für die Analyse und Erklärung von Gruppenprozessen und für die Methodenorganisation als für die Auswahl von Lernzielen und -inhalten. Auf diese Frage verweisen z.b. folgende Befunde: „Es zeigt sich also, daß der Lernerfolg dadurch gesteigert werden kann, daß er persönlich bedeutsam und mit langfristigen Interessen der Lernenden verbunden wird." „Wenn das Ziel eines Lehrgangs nur vage oder überhaupt nicht definiert ist, machen sich Lustlosigkeit und schnellere Ermüdung breit." „Ist der Lernstoff umfangreich, das Endziel also weit entfernt, so empfiehlt es sich, Etappen zu bilden und kurzfristig erreichbare Zwischenziele zu bestimmen." „Lernprozeß und Lernergebnis sollten Erfolgserlebnisse und Bedürfnisbefriedigung verschaffen." „Das Anspruchsniveau entscheidet darüber, wieviel jemand erreichen möchte und wieviel er sich zutraut." „Zu bedenken ist ..., daß Tätigkeiten, die mit dem Beruf in Zusammenhang stehen, auch bei älteren Menschen auf großes Interesse stossen." „Jeder Mensch (durchläuft) eine Reihe von Lebensabschnitten ..., in denen es je spezifische Bedürfnisse und Ziele durch aktive Anpassung an sich wandelnde Lebenssituationen zu verwirklichen gilt." „Die Mühe, sich weiterzubilden, (wird) oft nur dann in Kauf genommen ..., wenn durch Veränderungen in der Lebenssituation eine Störung des personalen Gleichgewichts eingetreten ist."

Es ist kein Zufall, daß die motivationspsychologischen Untersuchungen für die Curriculumkonstruktion aufschlußreichere Hypothesen erbringen als die i.e.S. lernpsychologischen Forschungen. Der curriculumtheoretische Ansatz wird durch diese Ergebnisse in zweifacher Hinsicht bestätigt: 1. aus motivationaler Sicht muß der Lernzielpräzisierung, -partizipation und -kontrolle besondere Aufmerksamkeit gewidmet werden; 2. aus motivationaler Sicht sollte die Auswahl der Curriculumelemente an Lebenssituationen orientiert sein. Da aber diese Forschungen weniger konkrete thematische Interessen und Probleme, sondern psychische Bedingungen und Prozesse erfassen, liefern sie für die Curriculumkonstruktion keine primären Planungsdaten, sondern Kriterien zur Überprüfung der curricularen Entscheidungen.

Vor allem bei der Konstruktion geschlossener Curricula muß die Motivationslage der Adressaten weitgehend als Planungskriterium ausgeklammert werden. Die Auswahl der Inhalte orientiert sich an intersubjektiv gültigen Lernzielen und an der Sachstruktur. Bei der offenen

Curriculumentwicklung könnte das Gegenteil eintreten: die Reflexion der Motive und Bedürfnisse kann sich leicht verselbständigen und den Lerngegenstand verdrängen. Dennoch: die konkreten Lernmotive und die Lernfähigkeit der Teilnehmer lassen sich am ehesten durch die offene Curriculumentwicklung berücksichtigen. Wenn allerdings Curricula entwickelt werden, ohne daß eine direkte Kontaktaufnahme mit den Teilnehmern möglich ist, müssen die denkbaren Lernvoraussetzungen typologisiert werden. Zwar sind solche Klassifizierungen von Lerntypen wissenschaftlich umstritten, aber heuristisch und hypothetisch angewendet sind sie für die Curriculumentwicklung unentbehrlich.

H. Tietgens und J. Weinberg unterscheiden zwischen zwei Lerntypen in der EB, dem additiven und dem sinnvorwegnehmenden Lerner: „Ist die Lernübung, die einem Erwachsenen in Kindheit und Jugend möglich war, begrenzt gewesen, wird er zu einem imitativen, additiv-kasuistischen Lernen neigen. Es erfolgt schrittweise, ohne eine Möglichkeit der Übertragbarkeit ins Auge zu fassen. Das Lernen bleibt im Konkreten, ohne Zusammengehöriges und Unvereinbares zu erkennen. Das Denken ist bildhaft ohne Empfänglichkeit für Relationen ... Der zweite Typ der Lernarbeit ist am treffendsten als sinnvorwegnehmendes Lernen zu bezeichnen. Seine Eigenart besteht darin, daß es noch nicht Verstandenes aufbewahren kann, weil es darauf vertraut, daß das Verständnis noch kommen wird. Mit dem Lernen von Daten werden diese zugleich auch in Bezugsrahmen geordnet ... Diese Art des Lernens bedient sich der Begrifflichkeit und operiert in selbständiger Weise mit Abstraktionen." [235] Primäres Kriterium dieser Unterscheidung sind das Abstraktionsniveau und die Komplexität der Lernleistungen. Eine solche Klassifizierung wird gestützt durch lerntheoretische Erkenntnisse, so z.B. durch die Stufung der Lernarten nach R. Gagné, aber auch durch die Bloomsche Taxonomie kognitiver Lernziele. Bloom unterscheidet nach dem Kriterium der Komplexität Wissensziele, Verständnisziele, Anwendungsziele, Analyseziele, Syntheseziele und Bewertungsziele, wobei das Erreichen komplexerer Ziele die Beherrschung einfacherer Ziele voraussetzt. Wir haben in einer Experimentalveranstaltung eine Überprüfung dieser Typologie versucht, indem wir durch ein standardisiertes Beobachtungsverfahren alle Beiträge der Teilnehmer dieser Lernzieltaxonomie zugeordnet haben. Dabei war in der Tat feststellbar, daß Teilnehmer mit negativer Lerngeschichte überwiegend Informationsfragen stellten und Informationen mitteilten und daß diese Teilnehmer in Unterrichtsabschnitten, in denen Analyse- und Syntheseziele intendiert wurden, signifikant weniger Beiträge lieferten als Teilnehmer mit „höherer" Schulbildung. Auf der Bewertungsebene beteiligten sich beide Gruppen wiederum gleichmäßig. [236] Allerdings gibt es Anzeichen dafür, daß das Lernverhalten eines Menschen nicht konstant, sondern themenabhängig ist. Ein politisch desinteressierter Akademiker ist im Bereich politischer Bildung wahrscheinlich zunächst weniger zu Synthese- und Analyseleistungen fähig als ein politisch interessierter Arbeiter. (Allerdings ist ein Hochschulabsolvent durch seine größere Sprachfähigkeit eher in der Lage, über Gebiete zu reden, über die er nicht informiert und für die er nicht kompetent ist. Den Kursleitern in der EB ist bekannt, welche Schwierigkeiten ein Teilnehmer mit negativer Lerngeschichte hat, sich trotz besserer Argumente kommunikativ gegenüber rhetorisch versierten Mitlernenden zu „behaupten".)

Außerdem kann der Lerntyp nicht statisch definiert werden: ein Teilnehmer mit positiver Lerngeschichte wird in einem bisher unbekannten Themengebiet sicherlich in kürzerer Zeit komplexere Lernziele erreichen als ein Erwachsener mit unzureichender Schulbildung.

Immerhin erleichtert der Zusammenhang von Lernfähigkeit und Lernziel die Curriculumkonstruktion. Mithilfe von Lernzielkategorien kann das Anspruchsniveau eines Curriculum präzisiert werden. Wenn man mit vorwiegend additiven Lernern rechnet, wird man auf komplexere Lernziele nicht verzichten müssen, aber man wird kleinere Lernschritte und ein langsameres Lerntempo einplanen.

Ähnliches gilt für die Teilnahmemotivation. Endgültig kann die Motivation zur Teilnahme an einer EB-Veranstaltung erst im Gespräch mit den Teilnehmern geklärt werden. Aber auch hier können bei einer geschlossenen Curriculumkonstruktion Motivationstypologien eine erste Orientierung erleichtern, so problematisch und vorläufig die begriffliche Systematik und die Kriterien der Klassifizierung von Motiven auch sind. Als Beispiel für einen solchen Motivkatalog sei ein Vorschlag von H. Tietgens und J. Weinberg genannt:

1. spezifisch berufliche Gründe (Aufstiegshoffnungen, Abstiegsgefahren)
2. aktuell entwicklungsbedingte Gründe (Mobilität, Familie)
3. unbewußt individualpsychologische Gründe (Identitätskrisen)
4. konventionell gesellige Gründe (Kontakt, Kommunikation)
5. bewußt gesellschaftspolitische Gründe (Kritik, Emanzipation)
6. traditionell kulturbewußte Gründe (Kulturkonsum)
7. allgemein metaphysische Gründe (Angst, Sinngebung). [237]

Die vorliegenden Motivationsuntersuchungen zur EB liefern dem Curriculumkonstrukteur weniger direkt verwertbare Planungsdaten und Auswahlkriterien als vielmehr Fragestellungen und Hinweise. So muß von Fall zu Fall analysiert werden, welches Motivationspotential in den ausgewählten Lebens- und Verwendungssituationen enthalten ist, welche Motivkopplungen bei einem potentiellen Teilnehmerkreis zu erwarten sind, für welche wünschenswerten Qualifikationen die Teilnehmer motiviert oder motivierbar sind, welche Maßnahmen zur Steigerung der Motivation curricular eingeplant werden können. Auch die Verträglichkeit von Richtzielen und Teilnahmemotivation ist zu reflektieren. So erfordert ein Richtziel „Emanzipation" Selbstkritik, Verunsicherung, Einstellungs- und Verhaltensänderung. Diese Ziele kollidieren jedoch u.U. mit dem Bedürfnis nach Bestätigung und einem „Gleichgewichtszustand" (Homöostase) [238] sowie nach Verringerung von kognitiver Dissonanz. Einzuplanen ist ferner die Lernerfahrung Erwachsener, die dazu führt, daß Erwachsene nicht unbedingt in der Weise am besten lernen, die theoretisch als optimal gilt: Ältere lernen meist so, wie sie es von der Schulzeit gewohnt sind, auch wenn sie mit dieser Schule vielfach negative Erinnerungen verknüpfen (Tietgens).

In diesem Zusammenhang ist auf einen scheinbaren Widerspruch zwischen lernpsychologischen Befunden und Ergebnissen der Sozialisationsforschung hinzuweisen. Es ist nachgewiesen, daß die Lernfähigkeit Erwachsener größer ist als früher angenommen wurde, wobei dieser Lernbegriff Einstellungs- und Verhaltensänderungen einschließt. Andererseits verweisen alle Sozialisationsuntersuchungen darauf, daß der Erwachsene ein „Sozialisationsprodukt" ist, dessen Normen, Einstellungen, Sprachmuster usw. durch die primäre und sekundäre Sozialisation weitgehend vorgeprägt und festgelegt sind. Grundsätzliche Einstellungsänderungen scheinen — zumindest zu affektiv besetzten Gegenständen — im Erwachsenenalter kaum noch möglich zu sein, zumal Informationen selektiv aufgenommen und verarbeitet werden. Abweichende Meinungen und Fakten werden assimiliert, konträre Positionen rufen eher einen Bumerang-Effekt, d.h. eine Verstärkung vorhandener Urteile und Vorurteile hervor. [239] Diese Diskrepanz zwischen Lernfähigkeit und Rigidität spiegelt sich auch im subjektiven Meinungsbild der Teilnehmer wider: Bei Befragungen von Kursteilnehmern behauptete die Mehrzahl, „viel dazu gelernt" zu haben; gleichzeitig meinten die meisten Befragten, ihre ursprüngliche Meinung zu dem Thema nicht geändert zu haben.

Die Wirksamkeit organisierter EB hinsichtlich von Einstellungskorrekturen, Überprüfung von Verhaltensweisen, Abbau von Vorurteilen usw. sollte also nicht überschätzt werden. Leider liegen kaum Untersuchungen vor, die verläßliche Prognose über mittel- und längerfristiger Lernwirkungen ermöglichen.

Die traditionelle Curriculumforschung geht primär von „objektiven" Lernzielkatalogen und Inhaltsstrukturen aus. Die „Arbeit mit Zielgruppen" in der EB wird meistens als Alternative zur Curriculumkonstruktion propagiert, obwohl eine solche (oft polemisch gemeinte) Antithetik angesichts der neueren Curriculumdiskussion nicht gerechtfertigt ist. Allerdings liegen bisher noch keine überzeugenden und erprobten Konzepte einer Zielgruppenarbeit vor, die die Kategorien und Fragestellungen der Curriculumtheorie verarbeitet haben. Der Versuch einer solchen zielgruppenorientierten Curriculumplanung ist von einer Arbeitsgruppe am Lehrstuhl für EB der PH Hannover für die Altenbildung unternommen worden. Mit Hilfe der Kategorie und Leitidee „Lebenszusammenhang" wird versucht, die Sozialisationsbedingungen dieser Adressatengruppe im Zusammenhang mit den gesellschaftlich-ökonomischen Bedingungsfaktoren als curriculare Planungsdaten zu interpretieren. „Der Begriff des Lebenszusammenhangs meint den dialektischen Zusammenhang biologischer, psychischer und gesellschaftlicher Elemente der Gesamtsituation von Individuen und Gruppen." [240] Die Kategorie „Lebenszusammenhang" soll eine Legitimation und Konkretisierung der Richtziele ermöglichen, aus ihr sollen sich Verwendungssituationen, Qualifikationen und Curriculumelement gewinnen lassen, sie soll Aufschluß über Lernmöglichkeiten geben und selbst Ausgangspunkt von Lernprozessen sein. Die curriculumstrategische Realisierung dieses Ansatzes steht noch aus. Es wird zu erproben sein, ob diese Leitidee Kriterien für eine Analyse von Situationen und für die Auswahl von Curriculumelementen enthält. Als Gefahr ist zu sehen, daß sich alle möglichen psychologischen und soziologischen Daten unter diesem Oberbegriff subsumieren lassen, daß aber der Zusammenhang dieser Einzelfaktoren ungeklärt bleibt und daß die Umsetzung dieser Planungsdaten in Curriculumentscheidungen dezisionistisch bleibt.

5.5. Analyse der Wissenschaftsdisziplinen

In der Curriculumdiskussion besteht weithin Übereinstimmung darüber, daß eine Gesamtrevision der Lehrpläne und des Fächerkanons durch eine Analyse von Lebenssituationen auf absehbare Zeit nicht realisierbar ist. Die Auffassung von H. Blankertz, eine praxisrelevante mittelfristige Curriculumreform habe bei den Fachdidaktiken anzusetzen, wird allgemein akzeptiert, zumal Blankertz mit seinem didaktischen Strukturgitter für eine Arbeitslehre demonstriert hat, daß dieser Ansatz nicht nur zur Revision etablierter Schulfächer, sondern auch zur Konzipierung neuer Fächer geeignet ist. Der Rückgriff auf die Fachdidaktiken wird zudem durch die Kritik an der Verabsolutierung inhaltsneutraler Verhaltensziele unterstützt. [241] Verhaltensziele ohne Inhaltsangabe sind in ihrer Funktion durchaus ambivalent. Engagement oder Kooperationsfähigkeit sind für sich noch keine wünschenswerten Verhaltensdispositionen, wenn unterschieden bleibt, für welche Zwecke ein Engagement geweckt werden soll, mit wem wozu kooperiert werden soll.

Da wissenschaftliches Denken und Lernen am ehesten einer verwissenschaftlichten Umwelt zu entsprechen scheint, da die Beherrschung wissenschaftlicher Methoden und Kategorien am ehesten eine Orientierung in abstrakten, interdependenten und sich wandelnden Verhältnissen verspricht und eine Förderung kritischer Rationalität erwarten läßt, ist es plausibel, wissenschaftliches Lernen als Prinzip der EB zu propagieren. Diese Forderung erscheint nicht nur didaktisch, sondern auch gesellschaftspolitisch berechtigt, wenn das sozialexklusive Privileg auf wissenschaftliche Qualifikationen abgebaut und die Ideologie volkstümlicher Volksbildung überwunden werden soll. Allerdings hat bereits die Kritik an der wissenschaftsorientierten amerikanischen Curriculumforschung gezeigt, daß die Wissenschaftsstrukturen als Curriculumressourcen nicht unumstritten und unproblematisch sind.

In der westdeutschen EB ist der wissenschaftsorientierte Ansatz nicht nur für die universitäre EB, sondern auch für den Zweiten Bildungsweg fruchtbar gemacht worden. Da Wissenschaft allgemeine Strukturen und Gesetzmäßigkeiten erforscht, ist wissenschaftliche Bildung identisch mit Allgemeinbildung. ,,Für so etwas wie allgemeine Bildung ist weniger ein bestimmter Inhalt als vielmehr eine Form der Vermittlung entscheidend, eine Form, die in wissenschaftliches Umgehen mit den Phänomenen einführen soll." [241] Wissenschaftspropädeutik gilt so als leitendes ,,didaktisches Prinzip für EB und Schule." Helga Bruns stellt ein solches wissenschaftspropädeutisches Curriculum für das Abendgymnasium vor und berichtet über erste praktische Erfahrungen am Beispiel Biologie. Dabei wird nicht eine Kenntnis wissenschaftlicher Fakten, sondern die Vermittlung ,,wissenschaftlicher Attitüden" angestrebt. Deshalb wird eine exemplarische Auswahl der Themen aus dem Wissenschaftsgebiet vorgenommen, in diesem Fall erfolgt eine Konzentration auf Genetik. Eine Analyse dieser Teildisziplin ergibt einen umfangreichen Katalog von Lernzielen und Inhalten:

,,1. Mendels Theorien können nicht verstanden werden, wenn nicht der Rassenbegriff problematisiert ist. Der Besprechung der Vererbungslehre muß also eine Einführung in Probleme der Systematik unter besonderer Berücksichtigung des Begriffs Rasse vorausgehen mit der Erörterung der Tatsache, mit welchen Verkürzungen Wissenschaft, hier Systematik, zur Hilfswissenschaft werden kann. 2. Die Chromosomentheorie kann nicht verstanden werden, wenn nicht Zellteilungsprozesse bei Körperzell- und Keimzellbildung und Befruchtungsprozesse verstanden sind. 3. Molekulargenetik wird nicht verstanden, wenn die Begriffe Atom und Molekül, Synthese und Analyse und die Grundlagen der Formelsprache der Chemiker nicht klar sind." [243)

Diese Analyse macht zunächst die Grenzen der Lernzielpartizipation deutlich. Wenn Teilnehmer für Fragen der Vererbung motiviert sind und sich für Grobziele zu dieser Problematik entschieden haben, wird es die Struktur der Sache immer wieder erfordern, daß Teilziele erreicht werden müssen, für die die Teilnehmer (noch) nicht motiviert sind. Den Lernenden muß deutlich gemacht werden, daß eine von ihnen gewünschte „Problemlösung" voraussetzt, daß zunächst Lernziele der Kenntnis- und Methodenvermittlung, der Analyse und Begriffsbildung erreicht sein müssen.

Zu fragen ist allerdings, ob diese wissenschaftspropädeutische Konzeption ohne weiteres auf EB generell zu übertragen ist. Biologie ist in diesem Abendgymnasium Wahlpflichtfach. Die Mehrzahl der Teilnehmer an diesem Kurs wird vermutlich später Biologie oder eine benachbarte Disziplin studieren. Ihre Verwendungssituation ist also das Hochschulstudium, wobei noch genauer zu klären ist, wodurch sich ein wissenschaftspropädeutisches Curriculum von einem wissenschaftlichen Curriculum unterscheidet. Bereits bei einem wissenschaftlichen Kontaktstudium jedoch wird man das Curriculum nicht nur aus der Struktur und Entwicklung der Wissenschaftsdisziplin alleine konzipieren können, sondern die (meist beruflichen) Verwendungssituationen der Akademiker berücksichtigen müssen. Dies gilt in noch stärkerem Maße für die übrigen Bereiche der EB. Hier geht es nicht um eine Einführung in Einzelwissenschaften, sondern um eine Befähigung zur Lösung von privaten, gesellschaftlichen und beruflichen Problemen und Aufgaben mithilfe wissenschaftlicher Methoden und Erkenntnisse. Deshalb werden die Verwendungssituationen und die Lernvoraussetzungen in diesem Curriculumstrategieentwurf *vor* der Wissenschaftsanalyse genannt. Erst nachdem die relevanten Lernaufgaben ermittelt worden sind, stellt sich die Frage, welchen Beitrag die Wissenschaften zur Bewältigung dieser Aufgaben leisten können.

Nur so wird eine unreflektierte Übertragung der fachwissenschaftlichen Arbeitsteilung auf das Programmangebot der EB verhindert. Die lernrelevanten Lebenssituationen sind komplex und interdependent. Sie lassen sich nicht mithilfe einer wissenschaftlichen Teildisziplin lösen, sondern erfordern einen interdisziplinären Zugriff. Aus der Sicht des Lernenden werden Fragen an die Fachwissenschaften gestellt, nicht der Fachwissenschaftler ist alleiniger Experte für Curriculumkonstruktion. „Erst die Erziehung zu einer soziologischen Denkweise ... verschafft dem einzelnen die Fähigkeit, wissenschaftliche Arbeitsteilung produktiv rückgängig zu machen und damit handlungsmotivierende Strukturen in die chaotische Fülle der Informationen und des Lehrstoffes zu bringen ... Die Umsetzung technisch hochspezialisierten, in Wissenschaftssprachen formalisierten und komprimierten Wissens in den durch vorausgegangene Erziehung und vorwissenschaftliche Erfahrung präformierten Verstehenshorizont handelnder Individuen wird selber zu einem wissenschaftlichen Problem."[244]

Organisierte Lernprozesse, die zur Bewältigung von Lebenssituationen und zur Lösung komplexer Probleme befähigen sollen, können auf wissenschaftliche Informationen nicht verzichten. Jedoch kann bei einem solchen Curriculumkonzept keine verkürzte Abbildung von Fachwissenschaften in EB-Veranstaltungen angestrebt werden, wissenschaftliche Ergebnisse sollten nicht für Laien popularisiert werden. Der strategische Ort des Fachwissenschaftlers ist für die meisten Curricula ein anderer als bei wissenschaftspropädeutischen Kursen. Zunächst werden lernrelevante Situationen, Probleme und Aufgaben formuliert, bevor der Fachwissenschaftler nach möglichen Beiträgen seiner Disziplin zur Lösung dieser Aufgaben befragt wird. Damit wird von ihm eine wissenschaftsdidaktische Leistung neuer Art verlangt: Er muß sich der gesellschaftlichen Funktion und der Praxisrelevanz seiner Forschungstätigkeit vergewissern, und er muß die Grenzen und Implikationen der fachwissenschaftlichen Arbeitsteilung reflektieren. Beim Thema Umweltschutz z.B. werden biologische oder chemische Forschungsergebnisse und -methoden mit sozialwissenschaftlichen und ökonomischen Fragestellungen konfrontiert. Die Fachwissenschaft wird zu einer Transzendierung ihrer Perspektive und zur Umsetzung ihrer Ergebnisse gezwungen, sie muß ihre z.T. esoterische Fachterminologie übersetzen und wird auf diese Weise auch für den Nicht-Experten diskutierbar und kritisierbar.

173

Eine zweite curriculare Funktion der Fachwissenschaft besteht darin, daß sie Anforderungen der Sache zur Geltung bringt und vorschnelle Scheinlösungen und Halbwahrheiten verhindert. Ob es sich um Umweltschutz, Energiekrise, Geschwindigkeitsbegrenzung oder Preissteigerung handelt: bei all diesen Problemen sind monokausale, einseitige Erklärungen und bündige Lösungen aufgrund eines scheinbar gesunden Menschenverstandes zu problematisieren, wobei die Wissenschaften auf die Vielschichtigkeit und Interdependenz der Probleme aufmerksam machen müssen. An dem Beispiel von H. Bruns wurde deutlich, daß der Fachwissenschaftler auf notwendige Lerninhalte und Lernschritte hinweisen muß, die die Voraussetzung für ein gemeinsam vereinbartes Lernziel sind, für die aber die Teilnehmer u.U. noch nicht motiviert sind.

Zum dritten besteht der curriculare Beitrag der Wissenschaften darin, daß wissenschaftliche Kategorien und Methoden als wünschenswerte Lern- und Denkweisen vermittelt werden. Diese Intention liegt vor allem den amerikanischen Überlegungen zu „Struktur-"Curricula zugrunde: „Man geht von der Annahme aus, in den einzelnen Disziplinen ließen sich objektiv abstrahierbare Strukturen aufzeigen, die Lernenden aller Altersstufen, also auch jüngeren Schülern, in ,intellektuell ehrlicher Form' (Bruner) vermittelt werden könnten. Würden aber die grundlegenden Strukturen zusammen mit den wichtigsten Schlüsselbegriffen erfaßt und durch Wiederholung gefestigt, bei einer Verminderung des stofflichen Ballastes erhöhe sich die Effektivität des Lernens." [245] Dieser Gedanke einer Stoffreduktion durch die Konzentration auf Strukturen, Prinzipien und Begriffe, die dann auf die Fülle der besonderen Gegenstände und Ereignisse angewendet werden können, ist für die deutsche Didaktik nicht neu. Immer schon wurde versucht, exemplarisch zu lehren, kategoriale Bildung zu vermitteln, elementare Kenntnisse festzustellen, fundamentale Prinzipien zu erkennen, typische und repräsentative Fälle auszuwählen.

Einsichtig ist die Forderung, allgemeine wissenschaftliche Prinzipien als Lernziele zu vermitteln, z.B. die Fähigkeit und Bereitschaft, zwischen Tatbestand, Meinung und Hypothese zu unterscheiden, Einsichten als vorläufig und widerlegbar aufzufassen, Kritik als Lern- und Erkenntnishilfe zu verstehen und zu begrüßen, Aussagen intersubjektiv nachprüfbar zu formulieren u.ä. Diese Lernziele gelten wahr-

scheinlich für alle EB-Veranstaltungen, unabhängig vom Thema. Die
Ermittlung und curriculare Verarbeitung fachwissenschaftlicher Strukturen erweist sich dagegen als erheblich schwieriger. Am ehesten
scheinen sich Strukturen aus den Naturwissenschaften ableiten zu
lassen. Aber bereits im Bereich der Fremdsprachen werden oft Strukturen und Prinzipien einer Sprache mit Strukturen der jeweiligen
Sprachwissenschaft gleichgesetzt oder verwechselt. In den Sozialwissenschaften dürfte es am schwierigsten sein, allgemein anerkannte
Grundbegriffe und Prinzipien festzustellen. Auf die von W. Potthoff
zur Diskussion gestellten Fragen gibt es durchaus noch keine eindeutigen Antworten: ,,Besitzt jede Fachdisziplin eine ihr eigentümliche
Struktur, die sich aus der Fülle ihrer Inhalte abstrahieren und Lernenden vermitteln läßt ...? Läßt sich der zur Gewinnung der Strukturen erforderliche Abstraktionsprozeß objektivieren oder ist er
zwangsläufig an subjektive Interpretationen gebunden? Läßt sich mit
dem Strukturkonzept eine größere Stabilität der Curricula erreichen?
Müssen fachliche Gesichtspunkte bei einer von der Struktur des Faches ausgehenden Curriculumentwicklung zwangsläufig überbewertet
werden? Verhindert die enge Beziehung zu den Fachwissenschaften
die Revision des Gesamtcurriculum? Welches Lernen kann durch
,das fortwährende Erweitern und Vertiefen des Wissens in Form von
grundlegenden, allgemeinen Begriffen' (Bruner) ... nicht erfaßt werden?'' [246]

5.6. Zwischenergebnis

Bisher sind mehrere curriculare Arbeitsschritte und ,,Handlungsräu-
me'' skizziert worden, in denen didaktische Planungsdaten gesammelt
und verarbeitet werden, bevor die Curriculumentwicklung i.e.S. beginnen kann. Diese Schritte lassen sich als ,,Analysen'' von der eigentlichen Konstruktionsphase heuristisch trennen, auch wenn in der Praxis die Beschreibung von Verwendungssituationen der Teilnehmer zugleich als Lernschritt interpretiert und organisiert werden kann. Wir
haben nicht einen der drei wichtigsten Ansätze — gesellschaftliche
Erfordernisse; individuelle Bedürfnisse; Kultur- und Wissenschaftsbe-

stand – vorgestellt, sondern eine Kombination dieser drei Ressourcen, d.h. der curricularen Informationsquellen, vorgeschlagen. Dabei ist allerdings die Reihenfolge der Schritte nicht beliebig oder zufällig, sondern verweist auf Prioritäten. Würde die Wissenschaftsanalyse an erster Stelle genannt, so käme ihr (und dem Fachwissenschaftler als Experten) eine völlig andere Bedeutung zu als in dem hier vorgeschlagenen Konzept. Dennoch muß das Gewicht der einzelnen Schritte ebenso wie die Reihenfolge von Fall zu Fall neu geklärt werden. Es ist bereits angedeutet worden, daß in Abiturkursen des Zweiten Bildungsweges die Struktur der Wissenschaften curriculares Grundprinzip und Ausgangspunkt der Planung sein kann, daß in Elementarkursen die Analyse der Lernvoraussetzungen wichtiger sein kann als die Beschreibung konkreter Verwendungssituationen.

In unserem Vorschlag, der sich primär an der Planung soziokultureller EB orientiert, liefert die Analyse der Situationen und Lernvoraussetzungen gleichsam das curriculare ,,Rohmaterial''; hier sind wesentliche Entscheidungen über wünschenswerte Lernziele und Inhalte bereits mit den analytischen Arbeitsschritten gefallen. Günter Hirschmann, der ein Curriculumkonzept für VHS-Zertifikatskurse im Bereich Mathematik, Naturwissenschaft, Technik skizziert, fordert diese Handlungsräume ebenfalls, aber nicht primär als Informationsquelle, sondern vor allem als ,,Referenzrahmen''. Hirschmann unterscheidet zwischen ,,a) Hypothesen bezüglich Motivationsstruktur, Eingangsvoraussetzung, Erfahrungsbereich, Lernfähigkeit der erwarteten Teilnehmer an der Unterrichtsveranstaltung, b) Zielvorstellungen über die gesellschaftsbezogene, bildende, propädeutische Funktion des Kurses und c) Bedeutung des Lehrstoffes im Gefüge relevanter Fachwissenschaften.'' [247] Die so gewonnenen Kriterien werden jedoch erst auf einer späteren Stufe der Curriculumkonstruktion relevant: Zunächst werden die ,,Anforderungen, die vom Lehrstoff her an den Kursteilnehmer gestellt werden'' in einer Lernziel-Inhalts-Matrix aufgelistet, dieser Katalog wird dann aufgrund eines Vergleichs mit Vorkenntnissen und Bedürfnissen der Teilnehmer sowie der vermutlichen Erreichbarkeit der Lernziele im Lehrgang reduziert. [248] Diese Gegenüberstellung des Modells von G. Hirschmann zeigt, daß nicht nur die Art der Handlungsräume, sondern ihre Prioritäten und Reihenfolge abweichen können und theoretisch begründet sein müssen.

176

Entscheidend ist, daß die beschriebenen Handlungsräume und die ermittelten Planungsdaten nicht isoliert und additiv aneinandergereiht werden, sondern im Kontext ausgewählt und interpretiert werden. So weist die hier vorgenommene Unterscheidung zwischen analytischen Handlungsräumen und den im folgenden beschriebenen Konstruktionsphasen zwar auf den ersten Blick Parallelen zu der Trennung von soziokulturellen und anthropogenen Bedingungsfaktoren und didaktischen Entscheidungsfeldern wie Intentionalität, Thematik, Methodenorganisation und Medien bei W. Heimann und W. Schulz auf. Die Gefahr, daß die Bedingungsfaktoren wenn überhaupt, dann nur sehr formal bei der didaktischen Planung berücksichtigt werden und daß die Frage der Zielsetzung aus dem gesellschaftlichen Kontext losgelöst und (scheinbar) der Verantwortung des Lehrers überantwortet wird, wird aber in dieser Curriculumstrategie vermieden. Die Verwendungssituationen sind keine „Lernbedingungen" im Sinne Heimann/Schulz, sondern Lerngegenstände; die Ziele werden nicht erst in der didaktischen Feinplanung formuliert, sondern bestimmen bereits die Auswahl und Interpretation der Situationen, Qualifikationen und Teilnehmerbedürfnisse.

Die Leitideen strukturieren alle folgenden Erhebungen und Auswertungen, bis hin zu der Frage, welcher Begriff von Rationalität der fachwissenschaftlichen Strukturanalyse zugrundegelegt werden soll. Andererseits filtern, interpretieren und ergänzen die Folgeschritte die vorausgegangenen Analyseergebnisse. Die Qualifikationsanalyse strukturiert und akzentuiert die Beschreibung der Verwendungssituationen; die Ermittlung der Lernvoraussetzungen und Motivationen erleichtert eine Auswahl aus dem Katalog möglicher Qualifikationen. Die Wissenschaftsanalyse muß an dem Erfahrungshorizont und der Lerngeschichte der Teilnehmer orientiert sein, gleichzeitig ergeben sich aus dieser Analyse Hinweise für notwendige Teilziele, für die die Lernenden noch motiviert werden müssen. So sind die einzelnen strategischen Schritte wechselseitig als Filter, Korrektiv und Informationsquelle zu interpretieren.

Die Relevanz dieser Fragestellungen sei an einem Protokollauszug des Pädagogischen Ausschusses des DVV verdeutlicht: „Herr Tietgens erläuterte eine Vorlage aus dem Zertifikatsbereich MNT (Mathematik, Naturwissenschaften, Technik), einen ersten Vorbericht über umfangreiche Untersuchungen, die auch etwas zu der Frage ... zu sagen erlauben, wer warum Zertifikatskurse besucht. Resümierend läßt sich sagen: Zwar sind zwei Drittel der Zertifikatskurs-Teilnehmer berufstätig (davon ein Drittel Facharbeiter), aber nur ein Viertel besucht die Kurse ausdrücklich aus berufsbezogenen Motiven. Der größere Teil hat stärker schulbezogene Gründe. Es wird daher zu prüfen sein, inwieweit eine Revision des Curriculums beim Mathematik-Zertifikat vorgenommen werden kann und soll. Diese nicht erwartete Erfahrung wird bestärkt durch Untersuchungen, welche Art von Mathematik am Arbeitsplatz gebraucht wird. Nur an einem sehr geringen Teil dieser Arbeitspläne werden variable mathematische Kenntnisse benötigt. Auch die innerbetriebliche mathematische Fortbildung ist auffällig schulorientiert. Daß das Anspruchsniveau nicht zu hoch angesetzt werden darf, ergibt sich auch daraus, daß ca. 60 % der Kursteilnehmer aufgrund des Schulabschlusses über die Qualifikationen schon verfügen müßte, die im Zertifikat erworben werden. Bei den Kursteilnehmern muß daher mit sehr unterschiedlichen Teilvoraussetzungen gerechnet werden." [249]

In diesem Fall handelt es sich also nicht um eine Curriculumkonstruktion, sondern um eine Curriculumrevision. Dafür bietet sich die lehrplananalytische Strategie an: aufgrund empirischer Erhebungen und erster Erfahrungen mit Zertifikatskursen wird das Curriculum überarbeitet. Die ursprünglichen Vorannahmen und Hypothesen der Zertifikatskommission sind teils bestätigt, teils widerlegt worden. Als Verwendungssituation ist der Arbeitsplatz durch eine weiterführende Bildungseinrichtung ergänzt worden. Daraufhin erweist sich der Qualifikationskatalog als korrekturbedürftig. Offenbar ist die Bedeutung der Basisqualifikationen größer als die der tätigkeitsspezifischen mathematischen Qualifikationen. Die Motivation der Teilnehmer ist nicht in dem Maße arbeitsplatzorientiert, wie es vermutet wurde. Ferner zeigt sich, daß die Lernvoraussetzungen nicht ohne weiteres aus der Schulbildung abgeleitet werden können. Für viele Teilnehmer sind diese Qualifikationen nicht neu, wohl aber „verschüttet". Die Heterogenität der Lernvoraussetzungen und Motive zwingt zu einer Überprüfung der Lernziele und Vermittlungsformen. Der Fachdidaktiker bzw. Fachwissenschaftler ist aufgefordert, aufgrund dieser Ergebnisse seinen Inhaltskatalog zu überprüfen. Gleichzeitig müssen angesichts der Teilnehmerzusammensetzung und der Motivationen das Richtziel und die Funktionen dieser Kurse (z.B. Chancengleichheit) reflektiert und die Kursorganisation differenziert werden.

An diesem Beispiel zeigt sich, daß es berechtigt (und auch zeit- und kostensparend) sein kann, wenn die angedeuteten Analysen nicht umfassend vor der Entwicklung und Erprobung eines Kurses durchgeführt werden, sondern daß man zunächst lediglich plausible Hypothesen über Verwendungssituationen, Motive usw. aufstellt, die dann in der Erprobungsphase überprüft werden. Dieses pragmatische Vorgehen einer „rollenden Curriculumrevision" ist bei standardisierten Kursen, die ständig wiederholt werden, eher möglich als bei einmaligen okkasionellen soziokulturellen Veranstaltungen.

In den folgenden Abschnitten soll dargestellt werden, wie die gewonnenen Planungsdaten zu einem Curriculum verarbeitet werden können. Diese Schritte können als Konstruktionsphase bezeichnet werden, durch die die „Binnenstruktur" des Curriculum entsteht. Zwar konstatiert Doris Knab zu Recht: „Die Verbesserung der Binnenstruktur des Curriculum und ihr Instrumentarium sind weit weniger umstritten als die Verfahren der Zielbestimmung und -begründung." [250]

Daß jedoch in unterrichtstechnologischen Instrumenten und Verfahren z.B. der Lernzielformulierung fragwürdige Vorentscheidungen implizit oder explizit enthalten sein können, hat Horst Rumpf an den amerikanischen Lernzieltaxonomien demonstriert. Rumpf bestreitet nicht die Notwendigkeit von Lernzielpräzisierungen, im Gegenteil: „Blooms Arbeit sieht so bescheiden aus: aber wer immer sich daran setzt und konkret wird, wer also nicht mehr von Beherrschen, Verstehen, Erfassen, Können spricht, als sei das eindeutig, sondern wer die Tätigkeit von Schülern wirklich — ohne Angst davor, banal zu werden — beschreibt, erst der hat das Recht, unbestreitbare Schwächen dieses Versuchs an den Pranger zu stellen." [251] Die Gefahren einer technologischen, zweckrationalen Verkürzung von Unterricht sieht Rumpf vor allem bei einer Verabsolutierung der psychologisch (und nicht didaktisch) begründeten Lernzielformulierung und einer Negation der Inhaltsproblematik gegeben. Wenn Unterricht nur „rationell, effektiv, ökonomisch ablaufen" soll, gehen allzu leicht kreative Lern-

für Zwecke gelernt wird, so dürfen die Inhalte nicht nur als instrumentale Mittel zur Erreichung von Verhaltenszielen eingesetzt werden. „Die Motivierung zum Lernen, für die Gagné auch Techniken angibt, sind bemerkenswert sachneutral: Man lernt nicht, um eine Sache zu durchdringen, sie sich vertraut zu machen, mit ihr zu leben — man lernt, um vermittels ihrer Beherrschung etwas anderes erreichen zu können." [252] Vor einer solchen Mediatisierung und Instrumentalisierung hat auch Th. Ballauf mit dem Hinweis auf den Anspruch der Sache nachdringlich gewarnt. [253] Vielleicht ist es kein Zufall, daß R. Gagné sein Konzept der Rationalisierung von Unterricht für die militärische Erziehung entwickelt hat. „Die instrumentale Vernunft im Sinne von Habermas übernimmt die Macht. Sie fällt die wichtigsten Entscheidungen über das, was zu lernen ist (Kenntnisse) und wie es zu lernen ist (möglichst viel und möglichst schnell); die Frage, ob solche Modellierung und Normierung des Lernens nicht zu einer universalen Selbstverdinglichung des Lernenden führen könnte, wird apriorisch unterlaufen." [254] Diese skeptischen Marginalien werden dem Kapitel über Lernzielformulierung vorangestellt, nicht um die Bedeutung dieser Techniken zu relativieren, sondern um ihren Bedeutungshorizont zu signalisieren.

6. Binnenstruktur des Curriculum

6. 1. Lernzielformulierung

In zwei der bisher skizzierten curricularen Handlungsräume ist bereits das Lernzielproblem thematisiert worden: bei der Erörterung von Leitideen und Richtzielen und bei der Qualifikationsanalyse. Allgemeine Zielvorstellungen wie Emanzipation, kritische Rationalität, Humanität, soziale Kompetenz können für unterrichtspraktische Zwecke als Richtziele [255] formuliert werden, wobei die Realisierung dieser Ziele nicht allein pädagogisch ,,machbar'' ist, sondern von zahlreichen gesellschaftlichen und ökonomischen Bedingungsfaktoren abhängt. Aus diesen Richtzielen können konkrete Unterrichtsziele nicht linear abgeleitet werden, wohl aber können die einzelnen Curriculumelemente auf ihre Verträglichkeit mit diesen Normen und auf ihre Leistung für diese Zielvorstellungen hin überprüft werden.

Qualifikationen sind durch Erfahrung gewonnene, meist komplexe Fähigkeiten und Einstellungen wie z.B. die Fähigkeit des Autofahrens oder die Fähigkeit und Bereitschaft, gesellschaftliche Probleme als historisch bedingt und veränderbar zu interpretieren. Diejenigen Qualifikationen, die durch organisierte Lernprozesse erworben werden können, lassen sich als Grobziele, d.h. als Verhaltensdispositionen mittlerer Eindeutigkeit beschreiben. Hier kann unterschieden werden zwischen Grobzielen, die der allgemeinen Zielvorstellung entsprechen, ihr widersprechen oder zunächst ambivalent sind und ihre Funktion im Kontext benachbarter Qualifikationen erkennen lassen. Nicht alle, für bestimmte Verwendungssituationen wünschenswerten Qualifikationen sind in einer Veranstaltung der EB erlernbar; zum anderen können komplexe Qualifikationen nicht direkt didaktisch vermittelt werden, sondern sie müssen in einzelne Lernleistungen und Teilziele gegliedert werden. Um die Formulierung und Anordnung solcher Unterrichtsziele geht es in dieser Phase der Curriculumkonstruktion.

Fähigkeiten wie „Klavier spielen", „eine Diskussion leiten" oder „ein Gedicht interpretieren" liegen offenbar auf verschiedenen Ebenen und erfordern unterschiedliche Verhaltensweisen und damit auch Lernprozesse. Unabhängig von den konkreten Inhalten haben B. Bloom u.a. drei Verhaltensklassen identifiziert, die je verschiedene Lernleistungen fordern:

— kognitive Lernziele;

— affektive, sozial-emotionale Lernziele;

— psychomotorische Lernziele. [256)]

Diese Unterscheidung ist jedoch nur analytisch möglich; in der Praxis ist eine solche Trennung weder praktikabel noch wünschenswert. Zur Qualifikation „Autofahren" gehört ebenso Kenntnis und Interpretation der Verkehrsregeln (kognitiv) wie die Bedienung des Autos (psychomotorisch) — wobei diese Handgriffe wiederum kognitive Lernleistungen voraussetzen — und auch eine Rücksichtnahme gegenüber anderen Verkehrsteilnehmern (sozial-emotional). Für die Curriculumkonstruktion ist es notwendig, diese Dimensionen zunächst zu trennen, um sie in der Veranstaltungsdurchführung koordinieren und vermitteln zu können.

Innerhalb dieser Dimensionen gibt es wiederum Lernziele unterschiedlicher Komplexität. Die „Gesellschaftsstruktur der BRD kritisieren können", ist zweifellos komplizierter als „den Anteil der Abiturienten eines Jahrgangs kennen", gleichzeitig ist dieses einfache Lernziel möglicherweise eine Voraussetzung für das Erreichen des genannten schwierigen Lernziels. Man muß also versuchen, die Lernziele einer Verhaltensklasse — wiederum zunächst unabhängig von dem Lerninhalt — zu ordnen und zu klassifizieren. Eine solche hierarchische Klassifizierung aufgrund eines bestimmten Ordnungsprinzips bezeichnet man als Taxonomie. Die bekannteste Lernzieltaxonomie im kognitiven Bereich ist von B. Bloom entwickelt worden und orientiert sich an der zunehmenden Komplexität der Lernziele. Bloom unterscheidet zwischen Kenntnissen (Kenntnis von Fakten, Methoden, Prinzipien), Verstehen (was bedeutet das?), Anwendung (vom Allgemeinen zum konkreten Fall), Analyse (implizite Strukturen, Begriffe, Prämissen), Synthese (Verknüpfung mit anderen Informationen und Fragestellungen), Bewertung (Kritik, Beurteilung).

Eine entsprechende Taxonomie für den affektiven Bereich basiert auf dem Prinzip der Internalisierung, d. h. der Verinnerlichung von Normen (z.B. vom bloßen Wahrnehmen sozialer Mißstände bis zum Engagement für eine Beseitigung dieser Mißstände). Der psychomotorischen Lernzieltaxonomie liegt als Strukturierungsprinzip die Koordinierung verschiedener Tätigkeiten zugrunde. Während die kognitive Taxonomie durchaus für die Unterrichtsplanung praktikabel erscheint, gilt dies nicht in gleichem Maße für die affektive Lernzielhierarchie. Auch wenn diese Taxonomien empirisch abgesichert und überprüft sind, ist nicht ausgeschlossen, daß sich andere Klassifizierungsversuche entweder ergänzend oder alternativ für didaktische Planungszwecke in der EB als brauchbarer erweisen.

Bloom und Mitarbeiter haben diese Taxonomie aus der Analyse zahlreicher vorhandener Lernzielkataloge gewonnen; ihre Klassifizierung dient zur Gliederung und Ordnung vorhandener Lernziele, nicht aber zur Findung und Begründung neuer Lernziele. Entgegen dem Anspruch der Autoren wird dieses Instrument z. B. von Chr. Möller in seiner Funktion unangemessen erweitert. Denkbar ist es allerdings, daß diese Taxonomie nicht nur zur Gliederung, sondern auch zur Kontrolle und Überprüfung des vorgegebenen Lernzielkataloges verwendet wird. So sind auf der Analysestufe gewünschte Qualifikationen für Verwendungssituationen, Interessen und Defizite der potentiellen Teilnehmer und fachwissenschaftliche Daten ermittelt worden. Aufgrund dieses Rohmaterials formuliert der Kursleiter kognitive Lernziele in Anlehnung an die Bloomsche Taxonomie. Anschließend stellt er fest, daß fast alle Lernziele auf der Wissens-, Verständnis- und Bewertungsebene angesiedelt sind. Er kann jetzt überprüfen, ob eine Bewertung des Problems tatsächlich ohne Anwendungs-, Analyse- und Syntheselernziele möglich ist oder ob diese Lernebenen ungewollt unterschlagen wurden. Ein anderes Beispiel: wenn als Qualifikation „kritischer Umgang mit Massenmedien" beabsichtigt wird, in dem Lernzielkatalog aber die Anwendungsebene völlig fehlt, muß überlegt werden, ob diese Qualifikation tatsächlich den Verzicht auf diese Lernziele zuläßt. Ein solcher Katalog muß nicht bedeuten, daß alle Lernziele in der geplanten Veranstaltung vermittelt werden müssen; oft genügt die Vergewisserung, daß erforderliche Wissensbestände bei den Teilnehmern aufgrund früherer Lernerfahrungen vorhanden sind. Indirekt leistet also die Lernzieltaxonomie als Kontrollinstrument auch einen Beitrag zur Lernziel-findung.

Die Bloomsche Lernzieltaxonomie beansprucht, alle denkbaren Lern-ziele zu erfassen und zu klassifizieren. Ob dieser Anspruch in jedem Fall eingelöst wird, ist fraglich. So erscheint vor allem die affektive Lernzielhierarchie unvollständig. Wichtiger als eine solche Kritik an Details erscheint die Behauptung, daß diese Taxonomie grundsätzlich auf alle Veranstaltungen auch der EB anwendbar ist. In der Tat scheint mir der Gegenbeweis, daß z. B. für den Gymnastikkurs, den Bastelkurs, den Schreibmaschinelehrgang diese Lernzielformulie-rungen irrelevant sind, noch nicht erbracht zu sein. Auch für einen Kochkurs ist zu klären, welche kognitiven, affektiven und psycho-motorischen Lernziele wünschenswert sind. Die kognitiven Ziele las-sen sich untergliedern in Kenntnis von Kochrezepten, Anwendung von Kalorientabellen, Analyse von Fertiggerichten usw. Im affek-tiven Bereich ist z. B. die Bereitschaft zu rationalem Konsumver-halten zu wecken; psychomotorische Lernziele könnten sich auf die Bedienung neuer Haushaltsgeräte u. ä. erstrecken. Vielleicht werden für den sozial-emotionalen Bereich keine neuen Lernziele entdeckt, aber diese Klassifizierung macht dem Kursleiter möglicherweise Motive und Lerninteressen bewußt, die in der Lerngruppe wirksam sind, aber bisher didaktisch nicht verarbeitet werden konnten. Auch zur Teilnahme an einem Gymnastikkurs werden die Erwachsenen keineswegs nur durch ,,psychomotorische" Lernabsichten motiviert.

Lernzieltaxonomien dieser Art sind ein Hilfsmittel, insbesondere komplexe Intentionen wie Kritikfähigkeit, Selbstbestimmung, u. ä. didaktisch planbar und organisierbar zu machen. Gerade wenn solche Zielvorstellungen angestrebt werden, muß sehr genau überlegt wer-den, welche Teilziele als Voraussetzungen für so komplexe Fähigkei-ten erforderlich sind. Planbar und meßbar sind Kreativität und Selbstbestimmung zweifellos nicht, allerdings ist Kreativität kein Naturereignis, sondern erfordert konkret benennbare Lernvoraus-setzungen.

Lernziele als psychische Verhaltensziele ohne Angabe der Inhalte sind weitgehend formal und wertneutral. Es ist bereits angedeutet worden, daß Kooperation oder Engagement ohne Angabe des Zwecks und des Gegenstands einer solchen Aktivität ambivalent bleiben. Dennoch kann behauptet werden, daß das Erreichen komplexerer Lernziele eine emanzipatorische Funktion per se hat. Wenn Fähigkeiten der Analyse von Problemen, der Synthese von Sachverhalten, der rationalen Kritik gelernt werden, so sind diese Qualifikationen nur schwer zu kanalisieren und auf bestimmte Gebiete zu begrenzen. Selbst wenn ein Veranstalter von EB ein Interesse daran hat, zur Kritik am Sozialismus zu befähigen, so wird er nicht verhindern können, daß die Kategorien und Methoden dieser Kritik von den Teilnehmern auch auf den Kapitalismus angewendet werden. Diese Transferhypothese ist vielleicht zu optimistisch, weil sie nur die kognitive Übertragungsfähigkeit enthält, die affektive Besetzung des Gegenstands aber unberücksichtigt läßt. Bei affektiven Barrieren und Vermeidungsreaktionen wird die erworbene Kritikfähigkeit möglicherweise gegenüber dem Sozialismus „eingesetzt", nicht aber gegenüber dem Kapitalismus. Immerhin ist es kein Zufall, daß viele innerbetriebliche funktionalistische Qualifizierungsmaßnahmen sich auf die unteren Lernzielebenen, in denen ein Reiz-Reaktions-Lernen und eine Konditionierung am ehesten möglich sind, konzentrieren. Mit anderen Worten, bei allen Themen und bei allen Adressatengruppen sollten höhere Lernzielebenen angestrebt werden. Differenzierung aufgrund der Lernvoraussetzungen ist wohl in der methodischen Vermittlung erforderlich, als Verzicht auf komplexere Lernziele bei Teilnehmern mit negativer Lerngeschichte jedoch problematisch.

Eine übertriebene Operationalisierung der Lernziele fördert zweifellos ein solches unkritisches Anpassungslernen. Operationalisiert sind Lernziele dann, wenn das Endverhalten so exakt beschrieben ist, daß es objektiv meßbar und beobachtbar ist. Eine solche Operationalisierung ist am leichtesten auf der Wissensebene möglich, so daß bei standardisierten Tests Kenntnisziele eindeutig überwiegen. [257)] Bei operationalisierten Zielen ist das „richtige" Verhalten des Lernenden vorprogrammiert, nonkonformistische, divergente und damit auch kreative Reaktionen und Antworten gelten als falsch. Nun ist es durchaus sinnvoll, auch bei kreativen Grobzielen einige

Teilziele zu operationalisieren; auch der begründete Einsatz programmierter Lernphasen als einzelne „Montageteile" muß emanzipatorischen Intentionen nicht widersprechen. Zu bedenken ist jedoch, daß eine verabsolutierte Forderung nach operationalen Lernzielen dazu verleitet, mehr Ziele zu operationalisieren, als es im Sinne der Leitidee vertretbar ist. Deshalb sollte zwischen einer Hierarchisierung und Präzisierung von Lernzielen einerseits und einer Operationalisierung andererseits deutlich unterschieden werden.

Es ist bereits darauf hingewiesen worden, daß es nicht erforderlich oder wünschenswert ist, alle Lernziele als Verhaltensziele zu formulieren. Verhaltensziele, wie Bloom sie formuliert hat, bezeichnen ein mögliches beobachtbares Ergebnis von nicht beobachtbaren Lernprozessen. Deshalb läßt die Angabe des Lernziels nur bedingt Angaben über den Erwerb dieses Ziels zu. In diesem Punkt geht R. Gagné über B. Bloom hinaus, da er nicht Lernergebnisse, sondern Lernarten zu klassifizieren versucht. Auf seine Konzeption wird noch zurückzukommen sein, an dieser Stelle genügt der Hinweis auf den Unterschied zwischen Lernleistung als Prozeß und Lernziel als Ergebnis. Um die Komplexität der Lernleistung zu berücksichtigen, erscheint es vielfach notwendig, nicht nur Verhaltensziele, sondern — entsprechend dem Vorschlag von H. Brügelmann — Beispielsituationen und zu lösende Fälle zu beschreiben. Doch auch hier empfiehlt sich eine Vergewisserung der Lernebenen, die in diesen Beispielen angesprochen sind. Denkbar erscheint es, zunächst Beispielsituationen darzustellen und anschließend die impliziten Teillernziele zu formulieren. Damit könnte der Gefahr begegnet werden, daß eine Fülle von Feinzielen additiv und unverbunden aufgelistet wird und so eine Atomisierung des Curriculum gefördert werden kann.

Kursleiter und Curriculumkonstrukteur müssen sich vergegenwärtigen, daß ihr Lernzielkatalog de facto zunächst ein Katalog von Lehrzielen ist, solange die Teilnehmer sich mit diesem Vorschlag nicht identifiziert haben oder — was anzustreben ist — an der Lernzielformulierung aktiv mitgewirkt haben. Wir halten die Forderung einer Lernzielpartizipation in der EB für unverzichtbar, allerdings sollte dieses Postulat nicht rigoristisch und schematisch vertreten werden. In einem Seminar über „betriebliche Mitbestimmung" oder Erziehungsfragen wird die Lernzieldiskussion wahrscheinlich einen großen Teil der gesamten

Veranstaltung in Anspruch nehmen; die Klärung der eigenen Lerninteressen ist hier zugleich selbst ein vorrangiges Lernziel. In anderen
Kursen kann durch die Programmankündigung und eine kurze Verständigung die Interessenlage geklärt werden. In einem Lehrgang über
Mengenlehre oder in einem Stenographiekursus dürften die Erwartungen und Motivationen relativ homogen sein. Wenn in diesen
Fällen eine gemeinsame Zielvorstellung formuliert worden ist, wäre es
dysfunktional, bei jedem neuen Lernschritt ausgiebige Lernzieldiskus-
sionen zu provozieren. Andererseits sollte die Forderung nach Lern-
zieldiskussionen nicht voreilig mit dem Hinweis auf angebliche Sach-
erfordernisse abgewiesen werden. In einem Sekretärinnenkurs ist es
durchaus nicht selbstverständlich, daß die Teilnehmerinnen ausschließlich an beruflichen Techniken und Fertigkeiten interessiert sind.

Des weiteren muß bedacht werden, daß nur ein Teil der Lernziele
vorgeplant werden kann und sollte. Oft sind für einen Teilnehmer
ungeplante Lerneffekte wichtiger als die „offiziellen" Lernziele. Dieser Tatbestand ist keineswegs zu bedauern, allerdings sollten sich
Lehrende und Lernende ständig bewußt machen, welche Lernziele
ihnen wichtig und interessant erscheinen. Bei der Curriculumplanung
sollten „heuristische Lernziele" vorgesehen werden, z.B. durch gruppendynamische Phasen oder ein „Brainstorming", in denen neue Lernziele entdeckt werden.

Als mögliche Vorteile von Lernzielformulierungen werden genannt:

1. Eine Inhaltsangabe der Veranstaltungen sagt nichts darüber
aus, für welchen Zweck und wozu diese Inhalte gelernt werden
sollen. Der Inhalt für sich begründet und rechtfertigt keine
Lernanstrengung.

2. Durch die Lernzielformulierung vergewissert sich der Kursleiter, was erreicht werden soll und ob seine Intentionen realisiert worden sind.

3. Je besser der Teilnehmer über die Lernziele informiert wird
und je mehr er diese Ziele mitbestimmen kann, desto größer
sind seine Motivation und sein Lernerfolg.

4. Nur eine Formulierung der Lernziele ermöglicht eine Kontrolle des Lernfortschritts.

5. Lernzieltaxonomien erleichtern die didaktische Strukturierung komplexer und diffuser Zielvorstellungen.

6. Lernzieltaxonomien ermöglichen eine Überprüfung des Lernkatalogs und eine lernpsychologisch begründete Stufung der Lernziele.

7. Lernziele ermöglichen eine Reduktion der Stoffülle, da die Inhalte, die keinen Beitrag zum Erwerb der Qualifikationen leisten, ausgeschieden werden können.

8. Lernziele erleichtern eine begründete Auswahl von Methoden und Medien sowie eine Berücksichtigung anthropogener und soziokultureller Bedingungsfaktoren.

Mit der Einschränkung, daß grundsätzlich komplexe Lernziele anzustreben sind, sagen die Lernzieltaxonomien nichts über wünschenswerte und unerwünschte Unterrichtsziele aus. Ferner enthalten sie keine Kriterien, nach denen die inhaltliche Vollständigkeit eines Unterrichtsentwurfs zu beurteilen wäre.

6. 2. Lernziel - Inhalts - Matrix

Die Lernzieltaxonomien basieren auf verhaltenstheoretischen, psychologischen Konzepten. Die Inhalte und Gegenstände, anhand derer Verhaltensweisen oder Verhaltensdispositionen gelernt werden, spielen für die Systematik der Lernzielklassifikationen keine Rolle. Faktisch wird jedoch die inhaltsneutrale Lernzielbeschreibung ständig unterlaufen. In dem Buch von Mager gibt es kein Lernziel und keinen Lerntext, der neben Verhaltensweisen nicht auch Inhalte beschreibt (,,Der Schüler muß zeigen können, daß er eine auf französisch gestellte Frage verstanden hat'', ,,Eine einfache lineare Gleichung lösen können'', ,,Der Lernende muß einen DC-Motor mit einer Leistung von 10 PS oder weniger, der einen einzigen Fehler hat, in 45 Minuten reparieren können''). Daß es keine formale Qualifikation ,,Wissen'' ohne Angabe des Wissensinhalts gibt, liegt auf der Hand. Doch auch bei den übrigen Fähigkeiten ist die Abstraktion von den Inhalten problematisch. Liegt das ,,Verständnis'' des Artikels einer

Tageszeitung auf derselben Schwierigkeitsebene wie das „Verständnis" eines Textes von Hegel? Nach Bloom ist „Analyse" ein komplexeres Verhaltensziel als „Anwendung". Ist aber nicht die Analyse eines Verkehrsunfalls einfacher als die Anwendung lernpsychologischer Erkenntnisse in der Erziehungspraxis?

Bei diesen Fragen ist zu berücksichtigen, daß sich mehrere Dimensionen des Begriffs „Lerninhalt" unterscheiden lassen. Die „Entstehung eines Konflikts in einer Gruppe" ist ein anderer Inhalt als ein Gedicht. „Man nimmt gemeinhin an, daß dieser Begriff sich auf die Materialien bezieht, die die Wirklichkeit beschreiben, oder auf die Art, in der sich Daten interpretieren oder klassifizieren lassen. Danach besteht in der politischen Bildung der Inhalt aus Daten und ihren Interpretationen in Disziplinen wie der Geschichte, Geographie, Ökonomie, Politologie, Soziologie und Psychologie. Es gibt jedoch noch einen zweiten Begriff von Inhalt, der der Analyse und Auswahl bedarf, nämlich der, der den intellektuellen Prozeß beschreibt, dessen sich der Schüler beim Umgang mit Daten und bei ihrer Interpretation bedienen soll. Ein solcher Inhalt ist z. B. das Verfahren, wie er seine Überzeugung begründen oder seine Schlüsse, zu denen er bei einem bestimmten Thema kommt, rechtfertigen soll [258]." Diese Unterscheidung macht deutlich, daß nicht nur die Komplexität des Lernziels, sondern auch die Qualität des Lerninhalts die Lernleistung bestimmen.

An dieser Inhaltsneutralität der Lernzielformulierung setzt auch die Kritik von H. Rumpf an. Die Lernzieltheoretiker klassifizieren psychische Reaktionen (Verhaltensweisen) und ignorieren die Qualität der Reize (Lerngegenstände). Rumpf bezweifelt zu Recht, ob alle Reaktionen auf der Ebene „Begriffsbildung" denselben Schwierigkeitsgrad der Lernleistung aufweisen, ob das Verfügen über den Begriff „Kante" dem Verfügen über den Begriff „Tod" gleichwertig ist. „Die beobachtbaren Aktivitäten werden als Reaktionen auf je eine Reizklasse bestimmt ... Entscheidend, unterscheidend für solche Lernzielbestimmungen sind nicht die Qualitäten der Reize, sondern die Qualitäten der Reaktionen auf diese Reize. Das, woran sich die Reaktionen abspiegeln, bleibt diesen äußerlich; es ist nicht mehr als ein Anlaß, eine Bedingung. Sonst könnte nicht gesagt werden, in den genannten beiden Fällen ... sei derselbe Typ von Lernen in Gang gesetzt, dieselbe Klasse von Verhaltensweisen von Lernzielen demonstriert worden. Das Substantielle an solchen Lernzielbestimmungen sind also die Verhaltensklassen, die den Inhalten und Situationen gegenüber neutral sind. Die von technologischem Interesse gesteuerte Äußerlichkeit der Zuordnung von Verhaltensweisen und Inhalt erzeugt nicht nur eine problematische Eindeutigkeit in der hierarchischen Rangordnung von Lernzielklassen, sie reduziert die Lerninhalte auch zu austauschbarem Material — sie macht aus Lerninhalten Lernbedingungen". [259]

Bei den genannten Autoren Gagné, Bloom, Mager u. a. werden Inhalte nicht nur instrumentalisiert, sondern gleichzeitig auch entproblematisiert. In von uns untersuchten Schulbüchern zur politischen Bildung in der DDR und in der BRD [260] erfolgt eine einseitige Konditionierung nicht nur durch den Verzicht auf kritische Lernzielebenen, sondern auch durch die dogmatische Beschreibung von Ereignissen des jeweils anderen deutschen Staates als wahr, objektiv, endgültig und nicht als Interpretation, Hypothese, Aspekt und damit als relativ. Auf diese Weise werden die Inhalte einem kritischen Denk- und Reflexionsprozeß entzogen.

Die Inhalte haben offenbar eigene Schwierigkeitsgrade, die mit denen der Lernzielstufung nicht unbedingt korrespondieren: Es gibt keine fächerübergreifenden Kriterien und Maßstäbe, nach denen die Inhalte verschiedener Disziplinen einheitlich gegliedert und geordnet werden können; die „Struktur der Sache" ist für jedes Themengebiet neu zu ermitteln. Zum anderen entsprechen diese inhaltlichen Taxonomien nicht der psychologischen Hierarchisierung von Verhaltenszielen. Zwar müssen bei der Curriculumkonstruktion Ziele und Inhalte aufeinander bezogen werden; diese Zuordnungen können mehr oder weniger plausibel sein. Da aber in jedem Fall unterschiedliche Begriffssysteme koordiniert werden, die nicht „kompatibel" sind, bleiben solche Versuche theoretisch fragwürdig.

Allenfalls im Bereich der mathematisch-naturwissenschaftlichen und der fremdsprachlichen Curricula scheint mit Hilfe kybernetischer und informationstheoretischer Instrumente eine gewisse Parallelität von Lernstrukturen und Sachstrukturen nach dem gemeinsamen

190

Kriterium der Komplexität nachweisbar zu sein. „Bei der Diskussion des Problems der Bestimmung des Schwierigkeitsgrades von Lerninhalten ... erhebt sich zunächst die Frage, ob es überhaupt möglich ist, den Begriff ‚Komplexität' objektiv zu quantifizieren. Dabei wird in der Kybernetik als Komplexität eines Lernobjekts jene Eigenschaft verstanden, die durch die ‚Art und Anzahl der zwischen den Elementen des Lernobjekts bestehenden Beziehungen' festgelegt ist. Informationstheoretische Untersuchungen der letzten Jahre scheinen einen Weg zu weisen, wie sich die Komplexität als Kriterium für die Bildung von Lernsequenzen erfassen läßt. Überlegt man nämlich, daß sich — zumindest im Lernbereich Mathematik — die Komplexität des Lernobjekts in seiner aussagenlogischen Struktur niederschlägt, so liegt es nahe, hierüber eine Qualifizierung der Schwierigkeit des mathematischen Lehrstoffes zu versuchen." [261] Für die Konstruktion soziokultureller Curricula sind dagegen von der Informationstheorie wenig brauchbare Hilfen zu erwarten, nicht zuletzt deshalb, weil hier der „subjektive Sinngehalt" für den Lernenden kaum mit der objektiven Sinnstruktur übereinstimmt.

Die Probleme einer „Passung" von Zielen und Inhalten werden auch an den Klassifizierungsversuchen der „Freiburger Arbeitsgruppe für Lehrplanforschung" (FAL) unter Leitung von K. Frey deutlich. „Beim Versuch, die Inhaltsstrukturen einer festen Taxonomie zuzuordnen, zeigte sich, daß die Klassenbildung auf dem Niveau der Sekundarstufe sehr durch die einzelnen Disziplinen geprägt ist. So konnten wir nicht einmal die Inhaltstrukturen aller Fächer eines einzelnen Schultyps auf der Sekundarstufe mit einer einheitlichen Klassifikation systematisieren ... Bezugssystem für die Klassenbildung (der Inhalte) sind a) die Interpretationen der gegenwärtigen (und real möglichen) Curricula in Begriffen einer mehr geisteswissenschaftlich orientierten Kulturanthropologie und b) die tatsächlichen kulturell-inhaltlichen Bestimmungen der Lernziele und Lerninhalte. Der Taxonomie liegt also keine einheitliche soziologische Theorie zugrunde, welche alle klassenbildenden Elemente liefern könnte, (da diese noch nicht existiert)." [262]

So wird bei den meisten Versuchen, Lerninhalte zu strukturieren, „induktiv interpretativ" vorgegangen. Zunächst werden in dem FAL-Projekt durch eine Analyse vorhandener Bildungstheorien vier Klassen von Bildungsbereichen ermittelt, nämlich Wissenschaft, Beruf, Kultur und Persönlichkeit. Durch empirische Erhebungen wie z.B. Inhaltsanalysen der Lehrpläne und Prüfungsaufgaben oder standardisierte Unterrichtsbeobachtungen werden „Unterklassen" gebildet. Dabei zeigt sich: „Die FAL-Klassifikation erwies sich aber nur bei den Lernzielen und Lernobjekten als brauchbar. Die Inhaltsstrukturen konnten nicht generell klassifiziert werden." [263] Zudem eignet sich dieses Verfahren allenfalls zur Analyse vorhandener Ziele und Inhalte, nicht aber zur Konstruktion neuer Curriculumelemente.

Auch in den USA sind mehrere mehr oder weniger überzeugende Klassifikationen von Lernbereichen erarbeitet worden, eine stringente Theorie und Methodologie zur Strukturierung von Lerninhalten, die für alle Fächer gültig und anwendbar wären, ist jedoch auch dort nicht entwickelt worden. P.H. Phenix geht von der These aus, daß sich aus den verschiedenen Disziplinen Schemata und Strukturen eruieren lassen, die das Fundament einer Allgemeinbildung bilden. Die verschiedenen Strukturklassen werden als „Sinnbereiche" (realms of meaning) interpretiert. Phenix gelangt zu 6 Klassen, die alle „Gebiete menschlicher Erfahrung umfassen" und die den Lernenden „auf alle möglichen Erfahrungsbereiche vorbereiten." Diesen Klassen werden dann die einzelnen Ziele und Inhalte zugeordnet. Im einzelnen werden ermittelt 1. symbolische Systeme (Mathematik, Sprachen usw.) 2. empirische Systeme (Naturwissenschaften), 3. ästhetische Systeme (Künste), 4. synnoetische Systeme (personale und „relationale" Kenntnisse), 5. ethische Systeme (Werte und Normen), 6. Synoptische Systeme (Geschichte, Religion, Philosophie). [264]

Klassifikationen dieser Art sind geeignet, die Fülle der möglichen Wissensinhalte zu ordnen. Ob allerdings eine Gliederung wie die von Phenix geeignet ist, das Programmangebot der EB auf makrodidaktischer Ebene zu strukturieren, erscheint zweifelhaft, da sich diese Klassifizierungen primär an der Wissenschaftsstruktur und weniger an Verwendungsbereichen und/oder Motivationskomplexen der Teilnehmer orientieren. Ob alle wünschenswerten Lernbereiche der EB durch Kultur- und Wissenschaftsanalysen erfaßt werden, ist sehr zu bezweifeln. Die meisten dieser inhaltlichen Klassifikationen sind noch keine Taxonomien, da die verschiedenen Klassen additiv nebeneinander gestellt werden, aber nicht hierarchisch geordnet werden. Bei der mikrodidaktischen Curriculumentwicklung jedoch ist nicht nur eine Auflistung der Inhalte, sondern eine Stufung (z.B. vom „Einfachen" zum „Komplizierten") erforderlich. Solche Inhaltstaxonomien sind jedoch nur für jeweils ein Fachgebiet möglich, wobei die Kriterien der Stufung jeweils neu begründet werden müssen. Diese Inhaltstaxonomien müssen dann mit Lernzieltaxonomie in Einklang gebracht werden, wobei diese Zuordnung theoretisch nicht abgesichert ist. Eine solche Zuordnung von Zielen und Inhalten wird als Matrix bezeichnet.

Solche Matrizen sind von K.H. Flechsig u.a. für den Bereich der Elementarerziehung und den Französischunterricht erarbeitet worden. Dabei ist zu berücksichtigen, daß es sich bei den Inhaltsklassen um unabhängige Kategorien, nicht aber um hierarchisch geordnete Taxonomien handelt.

Matrix zur Klassifikation von Lernzielen im Französischunterricht [265]

Verhaltensklassen Inhaltsklassen			kognitiv	affektiv	psychomotorisch
Kenntnisse, Fertigkeiten und Einstellungen, die der *internationalen Kommunikation* dienen		sprachliche Kenntnisse und Fertigkeiten			
		auslandskundliche Kenntnisse			
		kosmopolitische Kenntnisse und Attitüden			
Linguistisch-philologische Kenntnisse und Fertigkeiten		instrumental (zur Erleichterung der Spracherlernung)			
		instrumental (für andere Zwecke)			
Literarische Kenntnisse, Fertigkeiten und Einstellungen		literarästhetisch			
		literarhistorisch			
		ideologisch-normativ			

Robert Gagné hat für verschiedene Themen hierarchisch gestufte Lernsequenzen entwickelt, wobei er allerdings nicht von Lernzielen, sondern von Lernarten ausgeht. „Daß der Lernende über Leistungsformen verfügt, die ... aufeinander aufbauen, gibt die Möglichkeit, in bestimmten Sachbereichen Unterrichtssequenzen zu planen. Wenn innerhalb der Physik Probleme gelöst werden sollen, dann müssen zuvor die wissenschaftlichen Regeln, die auf die Probleme anzuwenden sind, gelernt sein: wenn diese Regeln ihrerseits gelernt werden sollen, muß man sicherstellen, daß zuvor die relevanten Begriffe erworben wurden usw. ... Es ist nach einem solchen Plan nicht möglich, wesentliche zwischengeschaltete Leistungsfähigkeiten zu ‚überschlagen'." [266] Eine solche Hierarchisierung ist jedoch nicht für umfassende Sachgebiete oder ganze Fächer, sondern nur für kleinere Themeneinheiten möglich. Einige Beispiele seien verkürzt wiedergegeben: Zahlenoperationen: 1. Reiz-Reaktionslernen: Zahlennamen sagen, Striche ziehen, 2. Kettenbildung: Zeichnungen, Zahlen, geometrische Formen zeichnen, 3. sprachliche Assoziationen: Zahlzeichen benennen, Abfolge von Zahlen formulieren, 4. multiple Diskrimination: Gleichheit und Unterschiede von Objekten bestimmen, 5. Begriffsbildung: Begriffe „Mengen", „Element" u.a. bilden, 6. Regellernen: Addieren und Vereinigung von Mengen.

Für grundlegende Lesefertigkeiten entwickelt Gagné folgende Lernstruktur: 1. Reiz-Reaktionslernen: Sprachlaute, einfache Wörter 2. Kettenbildung: geschriebene Buchstaben als Laute wiedererkennen, 3. sprachliche Sequenzen: geschriebene Wörter wiedererkennen, 4. multiple Diskrimination: ähnliche Wörter voneinander unterscheiden, 5. Begriffsbildung: Substantive, Präpositionen usw. nennen, 6. Regellernen: Aufbau des englischen Ausdrucks, Organisation von größeren Einheiten.

Gagné unterstellt also, daß Lerninhalte sich in bezug auf erforderliche Lernarten hierarchisch gliedern und organisieren lassen. Dieser Versuch überzeugt bei begrenzten Inhaltseinheiten und bei einfachen Lernarten, zumal hier auch die Bedenken von H. Rumpf weniger ins Gewicht fallen. Eine entsprechende Strukturierung und Zuordnung im Bereich der Problemlösung und komplexer Inhalte scheint jedoch nicht in gleicher Weise möglich zu sein.

Für die Auswahl und Anordnung der Inhalte kann man auf den Experten, im allgemeinen einen Wissenschaftler, nicht verzichten. Dieser Fachmann soll jedoch keinen Überblick über seine Disziplin vorlegen, sondern eine Auswahl der Lerninhalte anhand curricularer Gesichtspunkte liefern. Denkbar ist folgendes pragmatische Verfahren: zum Thema „Umweltschutz" werden mehrere Experten der Biologie, Chemie, Ökonomie und Soziologie befragt. Sie werden um einen Aufgabenkatalog (der implizit auf Lernziele verweist) und einen Basistext (der wichtige Begriffe, Ergebnisse, Methoden und Fragestellungen enthält) gebeten, wobei folgende Informationen mitgeteilt werden müssen:

1. Leitideen (z.B. „Lebensqualität") und Richtziele

2. Lernzustand der Adressaten (Motivationen, soziale Lage, Vorkenntnis)

3. Verwendungssituationen und Qualifikationen (im beruflichen, privaten oder öffentlichen Bereich)

4. Lernorganisationen (z.B. 10-tätiger Bildungsurlaub in einer Internatseinrichtung)

5. didaktische Prinzipien (Exemplarik, Transfer, Interdependenz).

Der Experte wird ferner aufgefordert, seine erkenntnisleitenden Interessen, seine wissenschaftstheoretischen Prämissen sowie die fachimmanenten Kriterien der Auswahl und Stufung von Lerninhalten zu formulieren. Die vorgelegten Aufgabenkataloge und Basistexte werden dann überprüft hinsichtlich ihrer Berücksichtigung der Vorgaben und Bedingungsfaktoren, ihrer immanenten Stringenz und Schlüssigkeit. Die Aufgaben der verschiedenen Fachexperten werden verglichen und u. U. klassifiziert und hinsichtlich des interdisziplinären Ansatzes ergänzt. Die Aufgaben werden nach dem Kriterium der Komplexität der zugrundeliegenden Lernziele hierarchisch geordnet, zugleich aber zu inhaltlich zusammenhängenden Einheiten zusammengefaßt, damit eine Addition inhaltlich isolierter Teilaufgaben vermieden wird. Notfalls ist eine erneute Befragung der Experten mit weiteren Hinweisen z. B. zu den Lernvoraussetzungen der Teilnehmer oder auch eine kritische Stellungnahme zu den Basistexten durch weitere Experten notwendig. Ein so strukturierter

Aufgabenkatalog mit entsprechenden Inhaltsangaben wird dann in einer Lernziel-Inhalts-Matrix verarbeitet. Dabei ist von Fall zu Fall zu unterscheiden zwischen Grobzielen, operationalisierten Feinzielen und strukturierten Beispielsituationen, wobei auf der Wissensebene Feinziele, auf der Analyse- und Systheseebene Grobziele und im Anwendungs- und Bewertungsbereich wahrscheinlich Beispielsituationen überwiegen werden.

Dieser Ziel-Inhalts-Katalog ist zu ergänzen durch eine Beschreibung affektiver, sozial-emotionaler Lernziele. Da zu vermuten ist, daß bei bestimmten kognitiven Lernschritten bestimmte affektive Probleme auftreten, sind die sozialemotionalen Lernziele den kognitiven Lernleistungen jeweils zuzuordnen. Im affektiven Bereich erscheint weniger eine Zuordnung von Zielen und Inhalten als eine Koordinierung von Zielen und methodischen Organisationsformen (z.B. gruppendynamische Übung) sinnvoll. Die Matrix läßt sich also wie folgt darstellen:

Thema: Umweltverschmutzung

Aufgabenbereich: Interessen der Verursacher analysieren und kritisieren

Lernziele	Inhalte				Methoden
	Chemie	Biologie	Ökonomie	Soziologie	
kognitiv:					
Wissen					
Analyse					
Synthese					
affektiv:					
Solidarität					
kognitiv:					
Bewertung					
affektiv und					
kognitiv:					
Anwendung					

197

Versucht man, eine solche Matrix inhaltlich zu füllen, so zeigt sich, wie aufwendig solche Arbeiten sind, wenn sie wissenschaftlich vertretbar geleistet werden sollen. Bei interdisziplinären Themengebieten ist ein einzelner Kursleiter mit einer solchen Aufgabe meist überfordert. Wenn eine Teamarbeit mehrerer Fachdidaktiker nicht möglich ist, empfiehlt es sich, von Experten der beteiligten Wissenschaftsdisziplinen Basistexte mit den wichtigsten Fachinhalten zu dem Thema oder zu der Problemstellung zu erbitten. Diese Informationen müssen dann von einem Mitarbeiter der EB didaktisiert werden.

Sollen vorhandene Lehrpläne oder Lehrbücher revidiert werden, so ist denkbar, die Inhalte mit verschiedenen Kontrollfragen zu konfrontieren. Soll z. B. in einem 10-tägigen Bildungsurlaub über Mitbestimmung die geschichtliche Entwicklung in den 20er Jahren behandelt werden? Dieser Inhalt wird folgenden Prüfschritten unterzogen:

1. Fördert dieser Inhalt das Richtziel, ist er ambivalent oder steht er im Widerspruch zu dieser Leitidee?

2. Ist dieser Inhalt für die Verwendungssituationen relevant, erleichtert er den Erwerb wichtiger Qualifikationen?

3. Verfügen die Teilnehmer über Vorerfahrungen und Vorkenntnisse zu diesem Inhalt? Sind sie zur Beschäftigung mit diesem Thema motiviert? Ist die Komplexität des Inhalts den Lernvoraussetzungen angemessen?

4. Liegen ausreichende gesicherte Informationen zu diesem Inhalt vor? Erfordert die Struktur des Gesamtthemas die Berücksichtigung dieses Inhalts?

5. Wieveil Zeit nimmt die Behandlung dieses Inhalts in Anspruch? Muß möglicherweise zugunsten dieser Einheit auf andere Inhalte verzichtet werden?

6. Welche Lernziele lassen sich durch diesen Inhalt realisieren?

Unproblematisch ist dieses Verfahren, wenn alle Fragen eindeutig positiv beantwortet werden können. Dies wird jedoch nur in Ausnahmefällen zutreffen. Meist werden intensive Diskussionen zu den einzelnen Fragen notwendig sein, oder es werden einige Kontrollen positiv, andere negativ entschieden werden. Wenn z.B. die Teilnehmer nicht für den Inhalt motiviert sind, ist zu prüfen, ob sie dafür motiviert werden können oder ob ein ähnlicher, für sie interessanter Inhalt denselben didaktischen Zweck verfolgt. Es zeigt sich, daß eine solche strukturierte Lehrplanrevision nicht sozialtechnologisch möglich ist, sondern ein „kommunikatives Handeln" erfordert.

Matrizen dieser Art sind Instrumente der Analyse von Planungsdaten und Strukturierung von Curriculumelementen. Die Kriterien der Anordnung werden aus der Lernpsychologie — im Bereich der Lernzielstufung — und der Sachstruktur und Problemstellung — im Bereich der Inhalte — gewonnen. Auch wenn erwiesen ist, daß komplexe Lernleistungen das Beherrschen einfacher Teilziele voraussetzen, so ist eine solche Matrix nicht identisch mit einem Artikulationsschema, d.h. mit einem chronologischen Ablaufplan der EB-Veranstaltung. Wie ein Seminar eingeleitet werden soll und in welcher Reihenfolge die Lernschritte angeordnet werden sollen, hängt von zusätzlichen Faktoren ab. So läßt das Bedürfnis der Teilnehmer, ein konkretes Problem zu diskutieren, nicht eine systematische Vermittlung von Grundlagenkenntnissen zu. In den meisten Veranstaltungen der EB muß zunächst die Motivationslage geklärt werden, bevor die möglichen Lernziele diskutiert werden können. Ob sich dann ein mehr problemorientiertes, exemplarisches Vorgehen oder ein systematischer, orientierender Aufbau des Lehr-Lernprozesses anbietet, muß von Fall zu Fall entschieden werden. Zu betonen ist jedoch, daß auch bei einem konfliktorientierten Ansatz Lernleistungen der „unteren" Lernzielebenen eingeplant werden müssen. Beispielsweise zeichnet sich in Schmalfilmkursen der VHS die Tendenz ab, projektbezogen zu arbeiten und Themen sozialkritischer Art in den Mittelpunkt zu stellen. Damit erübrigt sich aber nicht die Notwendigkeit, die handwerklichen Techniken des Filmens zu lernen. Zu berücksichtigen sind ferner gruppendynamische Phasen und Kontrollen des Lernfortschritts. Die traditionelle Schulpädagogik seit Herbart hat sich immer wieder um die Entwicklung und Erprobung solcher Stufenschemata bemüht. Eine Synopse der bekanntesten Ablaufpläne ist von A. Vogel [267] erstellt worden.

Diese Übersicht, die mit einer Unterscheidung von Aristoteles in Sinnlichkeit — Verstand — Streben beginnt, läßt eine relativ große Übereinstimmung der meisten Schemata mit den Bloomschen Lernzielebenen erkennen. Eine deutliche Akzentverschiebung ergibt sich jedoch im Bereich „Anwendung". Während für Bloom Anwendung („application") ein relativ einfaches kognitives Lernziel der Übertragung vom Allgemeinen auf das Besondere ist, interpretieren die meisten Didaktiker Anwendung im Sinne von Handlungskonsequenzen als eigenen, volitiv-pragmatischen Bereich. Diese stärkere Berücksichtigung der Handlungskomponente erscheint gerade für die soziokulturelle EB berechtigt. Die meisten Artikulationsschemata beginnen mit einer Motivationsstufe, in der Probleme und Fakten wahrgenommen werden und Ziele vereinbart werden. Es folgt die Stufe der Analyse und Problemlösung, die unterschiedlich differenziert und strukturiert wird. Als dritte Stufe ist meist die Übung des Transfer, die Anwendung und Bewertung der Erkenntnisse vorgesehen.

Die Curriculumforschung hat sich meist mit der Erstellung von Lernzielkatalogen, Testbatterien und Materialien begnügt und die Anordnung dieser Lernschritte dem Lehrer überlassen. Dieses Defizit zeigt erneut die Problematik einer Trennung von Curriculumkonstruktion und Implementation. Für die EB kann die „Methode" „Entraînement mental" als ein praktikables Artikulationsschema gelten, das allerdings um eine Motivations- und Lernzieldiskussionsphase ergänzt werden muß [268].

Ziel und Auftrag der Curriculumforschung ist die Innovation, d. h. die ständige Verbesserung von Lehr-Lernprozessen. Das Vorhandensein von Curricula gewährleistet noch nicht, daß die Unterrichtswirklichkeit tatsächlich verbessert wird, da nicht gewährleistet ist, daß diese Curricula auch angemessen didaktisch-methodisch ein- und umgesetzt werden. Diese unterrichtspraktische Realisierung curricularer Strategien steht vor allem bei dem Konzept offener Curricula im Vordergrund, da hier wesentliche Entscheidungen über Ziele und Inhalte in den Unterrichtsprozeß selber verlagert werden. Eine didaktische Innovationsstrategie wird deshalb insbesondere die Probleme der Implementationsphase zu analysieren und zu lösen haben. " In der Implementationsphase geht es darum, Wege aufzuzeigen, mit denen die im Curriculum enthaltenen Lernziele erreicht werden können, und Strategien zu entwickeln, wie der innovative Charakter des Zertifikats entfaltet werden kann. Im Hintergrund steht dabei die Hoffnung auf Entwicklung einer optimalen Lehrstrategie, deren Realisierung in der Unterrichtspraxis zugleich die Implementation des Curriculum zur Folge hätte [269]. "

Da in der soziokulturellen EB bisher kaum curriculare Ansätze und Strategien praktiziert worden sind, können auch die Implementationsprobleme noch nicht exakt beschrieben, sondern allenfalls vermutet werden. Dabei sind institutionell-organisatorische Komponenten, Faktoren des Lehr- und des Lernverhaltens zu berücksichtigen. So ist es nicht unwesentlich, daß organisierte EB räumlich und zeitlich von den Verwendungssituationen isoliert geschieht. Das Lernen wird selten unmittelbar in den Situationsfeldern organisiert, sondern diese Situationen werden „distanziert" analysiert und reflektiert. Eine solche distanzierte Erkenntnis ist allerdings notwendig, um überlegte und rationale Aktionen planen und erfolgreich durchführen zu können. Rahmenbedingungen und Beschränkungen für viele Lernziele ergeben sich daraus, daß das Lernen meist am Abend nach der Berufstätigkeit zu genau festgelegten Zeiten stattfindet, daß sich die Interessenten meist vor Beginn eines Kurses für eine Teilnahme entscheiden müssen und mit ihrer Anmeldung nicht abwarten können, bis sie erfahren, ob ihre Probleme und Interessen berücksichtigt werden können, daß die Zahl der Kursabende meist festgelegt ist, daß für viele sozial-emotionalen Bedürfnisse die räumlichen Voraussetzungen nicht gegeben sind usw.

Von den Kursleitern werden Qualifikationen neuer Art erwartet. Unterrichtsbeobachtungen, die wir in niedersächsischen Einrichtungen der EB durchgeführt haben [270], lassen erkennen, daß die meisten nebenberuflichen Dozenten ihre Rolle als Fachmann und nicht als „Lernorganisator" definieren. Die Veranstaltungen werden von den Inhalten her geplant. Vielen erscheint angesichts einer scheinbaren Priorität der Sachlogik die Frage nach Lernzielen irrelevant. Über mögliche Verwendungssituationen und Teilnahmemotive werden allenfalls Vermutungen angestellt. Eine ausführliche Klärung der Verwendungsbereiche und Interessen wurde in den beobachteten Veranstaltungen ebenso wenig registriert wie eine substantielle Diskussion über Lernziele. Der Lernfortschritt und eine Erfolgskontrolle des Lehrerfolgs werden allenfalls intuitiv und aufgrund problematischer Indizien festgestellt. So ist es kein Zufall, daß die Kursleiter der Meinung sind, alle thematischen Interessen der Teilnehmer seien berücksichtigt worden und bei zahlreichen Teilnehmern habe im Verlauf des Kurses eine Meinungs- und Einstellungsänderung stattgefunden, während viele Teilnehmer angeben, sie hätten andere Inhalte gewünscht und ihre Meinung zu den Problemen und Lerngegenständen nicht geändert. Die Dominanz des Lerninhalts geht auch daraus hervor, daß die Unterrichtsprotokolle ein starkes Übergewicht stofforientierter Beiträge im Vergleich zu verlaufsorientierten Impulsen erkennen lassen. Die meisten Kursleiter sind offenbar der Auffassung, daß eine vertretbare Darstellung der Sache ausreicht und daß eine Thematisierung der Lehr- und Lernziele überflüssig ist. Eine Anwendung des Gelernten auf konkrete Probleme der Teilnehmer wurde kaum beobachtet. Partizipation findet allenfalls dadurch statt, daß Themenvorschläge des Dozenten vorgestellt und selbstverständlich akzeptiert werden. Kollidierende Interessen und Wünsche werden nicht aufgedeckt, ihr Vorhandensein läßt sich gelegentlich aus dem drop out vermuten.

Dieses Rollenverständnis des Kursleiters als toleranter und freundlicher Fachexperte scheint jedoch voll und ganz den Erwartungen der meisten Teilnehmer zu entsprechen. Ein solches Konzept wird weitgehend begrüßt, mehr noch: die meisten Teilnehmer unterstellen, der Kursleiter sei primär nicht an einer Sachdarstellung, sondern an der Lösung ihrer Fragen und Probleme interessiert gewesen. Eine Sensibilität der Teilnehmer für Lernprozesse — eine Voraussetzung für offene Curriculumentwicklung — ist kaum vorhanden. Fehlende Partizipation wird nicht als Mangel empfunden und kritisiert. Im Gegenteil: von dem Kursleiter wird erwartet, daß er weiß, was er will und wie die Veranstaltung verlaufen soll. Längere Diskussionen über Planung und Verlauf der Veranstaltung werden negativ beurteilt. Lernkontrollen rufen erhebliche Vermeidungsreaktionen hervor, wenn sie nicht ausdrücklich als Selbstkontrollen deklariert worden sind. Obwohl die Lernziele kaum thematisiert wurden, waren den meisten Teilnehmern — nach eigenen Angaben — die Lernziele „völlig klar". Dieses Ergebnis deutet darauf hin, daß die Qualität von Lernzielen im Unterschied zu Themen oder Inhalten weder vielen Kursleitern noch den Teilnehmern bewußt ist. Eine Integration der Lerngruppe, die für einen Diskurs über gemeinsame Verwendungssituationen, Motive und Ziele erforderlich ist, scheint längere Zeit zu benötigen als 10 Abende. So bekennen überraschend viele Teilnehmer, sie hätten Hemmungen gehabt, sich in der Gruppe zu äußern, und zwar richtet sich diese Unsicherheit mehr gegen die anderen Teilnehmer als gegen den Kursleiter.

Die Ausgangsbedingungen für eine Beteiligung der Lernenden an einer offenen Curriculumkonstruktion sind also nicht übermäßig günstig. Eine Änderung des Lehr- und Lernverhaltens erscheint aufgrund der Lerngeschichte aller Beteiligten nur schrittweise möglich. So ist es nach unseren Erfahrungen wenig ergiebig, den Teilnehmern zu Beginn eines Kurses alternative Lernzielkataloge zur Entscheidung vorzulegen. Erfolgversprechender ist es, zunächst unstrukturiert Erwartungen, Interessen und Vorschläge formulieren zu lassen. Dieses „Rohmaterial" muß der Kursleiter dann in Lernziele umformulieren. Solche Versuche wurden von den Teilnehmern bisher ausnahmslos positiv bewertet, und anschließende Lernkontrollen erschienen jetzt wünschenswert und hilfreich. Doch auch eine solche Lernzielpartizipation sollte nicht zu Beginn einer Bildungsmaßnahme erfolgen, sondern nach einem orientierenden Überblick über mögliche Fragestellungen, Probleme und Dimensionen des Themas. Erleichtert wird ein solches Konzept zweifellos durch ein Team, dem außer dem „Fachmann" ein Didaktiker angehört. Solange ein solches teamteaching nur in Ausnahmefällen realisierbar ist, muß zumindest eine didaktische Sensibilisierung aller Kursleiter der EB angestrebt werden.

Zu berücksichtigen ist auch, daß eine curriculare Fachterminologie bei Lehrenden und Lernenden Abwehrreaktionen hervorruft. Dies gilt nicht nur für das Reizwort Curriculum, sondern für Begriffe wie Lernen, Unterricht, Planung usw. Wichtiger als die Nomenklatur ist zweifellos die curriculare Perspektive. Es ist möglich, einen lernzielorientierten Unterricht zu praktizieren, ohne von „Lernziel" zu sprechen. Zur Implementation von Curriculumforschung gehören also nicht nur Fähigkeiten und Fertigkeiten, sondern veränderte Einstellungen und Motivationen. Da jedoch Lernende und Lehrende durch schulische Erfahrungen und Erinnerungen geprägt sind, muß die Innovation von Weiterbildung als langwieriger Prozeß in kleinen Schritten geplant werden.

In Amerika hat R. Lippitt die Schwierigkeiten und Möglichkeiten curricularer Innovation in der Schule analysiert. Als erschwerend für weitreichende Veränderungsprozesse nennt er die Tatsache, „daß in der Erziehung die meisten Veränderungen in der Praxis weitgehende Änderungen in Einstellungen, Fähigkeiten und Wertbegriffen der Durchführenden erfordern, bevor ein neuer Ansatz erfolgreich aufgenommen und angewendet werden kann, ... daß viele wichtige Innovationen unsichtbar, unveröffentlicht und damit unzugänglich für die potentiellen Nutznießer bleiben", daß viele Lehrer glauben, „daß sie alle Methoden selbst erfinden müßten", daß „ein professionelles System von Kommunikationsspezialisten und Trägern von Neuerungen" fehlt, daß es „entscheidend an schöpferischen Arbeitskontakten zwischen Wissenschaften ... und den pädagogischen Praktikern" fehlt, „daß es an einem ‚Feedback' fehlt, um Veränderungen abzusichern und dem Erzieher ein klares Bild zu geben, ob seine Versuche auch tatsächlich in der Richtung erfolgreich sind, die er erwartet hatte", „daß man von der Seite der Eltern, Verbände, Organisationen und Elternvertretungen her Reaktionen gegen Experimente befürchtet." [271] Lippitt gelangt zu der m.E. richtigen und wichtigen Forderung: „Es ist ... nicht nur wichtig, Personen mit einer Innovation zu konfrontieren, sondern man muß ihnen auch helfen, mit der Frage der Übernahme und der Versuche fertig zu werden." [272]

6. 4. Probleme der Evaluation und Lernkontrolle

Lernzielformulierungen erfordern Lernzielüberprüfungen. Wenn nicht kontrolliert wird, ob die Lernziele realisierbar sind und in der zur Verfügung stehenden Zeit erreicht wurden, verfehlen die Lernzielangaben ihren Zweck. Wie jedoch Lernziele nicht auf operationalisierte Feinziele reduziert werden können, so darf die Frage der Lernkontrolle nicht auf standardisierte Tests verkürzt werden. Eine Evaluation von Lehr-Lernprozessen als Wirkungskontrolle kann und sollte in mehrfacher Hinsicht geschehen:

1. Überprüfung des Curriculum als Produkt: waren die Lernziele erreichbar? Sind mithilfe der Curriculumelemente die gewünschten Qualifikationen vermittelt worden? Haben sich die Vorannahmen über Teilnehmermotive, Lernvoraussetzungen usw. bestätigt? Ist das Richtziel bei der didaktischen Feinplanung konkretisiert worden? Durch diese „Produktevaluation" erfolgt zugleich eine Begründung und Rechtfertigung curricularer Entscheidungen. Diese Kontrolle kann durch eine Überprüfung der logischen Stimmigkeit und Stringenz unabhängig von dem Unterricht oder als empirische Kontrolle der Curriculumrealisierung erfolgen.

2. Überprüfung der Implementation: in welchen Phasen und wodurch sind ungeplante, „verborgene" Curricula entstanden? Haben sich Nebenziele verselbständigt? Bei welchen Lernschritten sind Lernschwierigkeiten und Motivationsprobleme aufgetaucht? Ist die Kreativität der Lernenden gefördert oder eingeengt worden? Welche Funktionen hat der Kursleiter übernommen? Diese Prozeßevaluation kann durch Unterrichtsbeobachtungen und Befragungen geleistet werden.

205

3. Evaluation des Lehrverhaltens: hat der Kursleiter seine Intentionen didaktisch-methodisch realisiert? Ist ihm eine Motivierung und Aktivierung der Teilnehmer gelungen? Inwieweit ist das Curriculum durch die Person und das Verhalten des Kursleiters modifiziert worden? Inwieweit entsprach der Kursverlauf den Planungsüberlegungen? Zu diesem Zweck können auch Hospitationen eingeplant werden.

4. Kontrolle des Lernfortschritts der Teilnehmer: Dieser Lernerfolg kann nach unterschiedlichen Maßstäben gemessen werden, wobei die Entscheidung für die Kriterien von der Intention und den Lernzielen der Veranstaltung abhängt. Zunächst ist festzustellen, ob Lernkontrollen der Selbstkontrolle dienen oder als objektivierte Leistungskontrollen durchgeführt werden sollen. Als Selbstkontrolle erleichtern Aufgaben oder Tests eine motivierende Rückkopplung und Bestätigung des Lernfortschritts. Ein solches „feed back" bedeutet keine Verschulung der EB, sondern wird im allgemeinen auch von Erwachsenen begrüßt. Kontrollen dieser Art können von dem Teilnehmer selbst durchgeführt werden, ohne daß Fehler den Mitlernenden oder dem Kursleiter bekannt werden.

Wenn dagegen Leistungskontrollen durchgeführt werden, die in einem Zeugnis dokumentiert werden, so ist nach dem Bewertungsmaßstab zu fragen. K. Schick unterscheidet drei Möglichkeiten einer solchen Leistungsbewertung: „Für die Verteilung der Noten in der bisherigen Praxis werden verschiedene Maßstäbe zugrundegelegt: (1) zunächst soll durch die Bewertung angegeben werden, welche Fortschritte der einzelne gemacht hat, gemessen an seinen vorhergehenden Leistungen (‚subjektive Relation'); (2) dann soll durch die Bewertung festgelegt werden, welche Fortschritte der einzelne innerhalb seiner Gruppe gemacht hat, gemessen an der Leistung dieser Gruppe (‚intersubjektive Relation'); (3) schließlich soll durch die Bewertung Auskunft darüber gegeben werden, welche Fortschritte der einzelne gemacht hat, gemessen an den Lernzielen (‚objektive Relation')." [273]

Die zweite Bewertungsgrundlage erscheint für die EB nicht angemessen, weil durch diese Relation ein individualistisches Konkurrenzdenken gefördert wird und weil die jeweiligen Lernvoraussetzungen des Teilnehmers nicht berücksichtigt werden. Diese in der Schule vorherrschende Relation ist — wie Schick zu Recht darlegt — höchst fragwürdig. Zu bezweifeln ist aber auch, ob die Orientierung an dem „objektiven" Lernziel eine optimale Bewertung gewährleistet. An dieser Stelle ist an die Unterscheidung zwischen Lernleistung und erreichtem Lernziel zu erinnern. Ein Teilnehmer mit negativer Lerngeschichte kann eine größere Lernleistung vollbracht haben, auch wenn er das Lernziel nur teilweise erreicht, als ein Teilnehmer mit günstigen Lernvoraussetzungen, der „objektiv" bessere Lernergebnisse erzielt. Wenn aber bundeseinheitliche Zertifikate vergeben werden, wird man auf diese Form der personunabhängigen Leistungskontrolle wahrscheinlich z. Z. kaum verzichten können, obwohl m. E. angestrebt werden sollte, den subjektiven Lernfortschritt zu „testieren".

Bei lernzielorientierten Kontrollen wird oft übersehen, daß das Erreichen der Lernziele wesentlich von den Methoden abhängt. Bei den VHS-Zertifikatskursen hat sich gezeigt, „daß die Einstufung der Testaufgaben ohne Beachtung der unterrichtlichen Realisierung der Lernziele nicht möglich ist."[274] „Bundeseinheitliche Lernziele und Tests gewährleisten noch nicht eine „Chancengleichheit" der Teilnehmer in verschiedenen Kursen, da die Teilnehmer möglicherweise unterschiedlich auf diese Prüfung vorbereitet wurden. „1. Dem Teilnehmer ist die Fragestellung unbekannt. 2. Dem Teilnehmer ist die Fragestellung lediglich im Prinzip bekannt. 3. Der Teilnehmer hat derartige Aufgaben zuvor geübt." [275] Auch an dieser Stelle zeigt sich die Problematik einer Trennung von Lernzielplanung und Methodenzuordnung. Es ist also nicht wünschenswert, für die Lernziele unabhängig von den Teilnehmervoraussetzungen einheitliche und verbindliche Methoden festzulegen, sondern es sind den Lernzielen und den Teilnehmern entsprechende Vermittlungsformen zu ermitteln. Welches der Beurteilungskriterien auch zugrunde gelegt wird - alle drei Kontrollformen erfassen nur eine Dimension der Lernergebnisse. J. Vontobel hat darauf aufmerksam gemacht, daß der Erfolg von EB nicht nur an den festgelegten Lernzielen, sondern auch an der Entsprechung von „Angebot" und „Nachfrage" gemessen werden muß: „Die EB bedarf somit einer doppelten Erfolgskontrolle: a) einer Erfolgskontrolle im engeren Sinne: in welchem Umfang wurde das gesetzte Lern- und Bildungsziel erreicht? b) einer Erfolgskontrolle im weiteren Sinne: in welchem Umfang entspricht das Bildungsangebot den Bedürfnissen der angesprochenen Teilnehmer? Erfolgskontrolle i.e.S. bezieht sich also auf die (sowohl lern- wie lehrseitig bedingte) Effizienz der Bildungsbemühungen, Erfolgskontrolle i.w.S. dagegen auf die Kongruenz zwischen dem Bildungsangebot und den Bedürfnissen der Adressaten." [276] Vontobel untersucht in seinem Projekt die Gründe für die Zufriedenheit und Unzufriedenheit von Teilnehmern mit Veranstaltungen der EB. Damit zusammen hängt die Frage, ob Teilnehmer — unabhängig von den „offiziellen" Lernzielen — motiviert worden sind, sich mit Lerngegenständen zu beschäftigen und weiterhin an Veranstaltungen der EB teilzunehmen. Diese Frage erscheint z.B. bei einem Bildungsurlaub für Arbeitnehmer von größerer Bedeutung als das Erreichen einiger spezieller Feinziele.

Eine solche Erfolgskontrolle weist jedoch über den zeitlichen Rahmen der Veranstaltung hinaus. Man ist leicht geneigt, Erfolgskontrollen am Ende eines Seminars und nur dort anzusiedeln. Dabei wird nicht nur die Notwendigkeit verlaufsbegleitender Rückkopplungen übersehen, sondern es wird vor allem ignoriert, daß nicht für die Veranstaltung der EB, sondern für Aufgaben und Probleme außerhalb der Bildungseinrichtung und nach der Bildungsmaßnahme gelernt wird. So unterscheidet H.A. Hesse zwischen der schulinternen und der schulexternen Wirkung eines Curriculum. „Neben der tatsächlichen schulinternen Wirkung wäre also die tatsächliche schulexterne Wirkung aufzuarbeiten: ‚Kenntnis‘, ‚Geltung‘ und ‚Befolgung‘ wären in ‚typischen Situationen‘ außerhalb von Schule und Hochschule zu überprüfen — wobei vorerst offenbleiben muß, wie die ‚typischen Situationen‘ auszumachen und mit welchen Methoden solche Überprüfungen zu leisten wären. Für die hier erhobenen Befunde wäre ... nach Abhängigkeiten zu fragen, wobei die Abhängigkeit der schulexternen Befunde einerseits untereinander, andererseits von schulinternen Befunden als Möglichkeit in Betracht zu ziehen wäre." [277] Erst mit einer solchen Ausweitung des Evaluationsansatzes wird der

Anspruch der Curriculumforschung, Lernhilfen für gesellschaftliches Handeln und für die Bewältigung von Lebenssituationen zu strukturieren, eingelöst.

Jedes Lernziel weist über die Lernveranstaltung hinaus, es enthält Prognosen über Lernwirkungen und Verhaltensänderungen, sofern Lernen nicht als Selbstzweck interpretiert wird. K. Frey unterscheidet drei Prognosen des Curriculum mit unterschiedlicher Reichweite. Die kürzeste Prognose richtet sich auf das am Ende des Kurses gelernte Verhalten. [278] Die Prognose mittlerer Reichweite enthält Voraussagen über das Verhalten in konkreten Lebenssituationen. „Man nimmt ausgesprochen oder unausgesprochen an, daß bestimmte Informationen und unterrichtliche Lehrformen bestimmte Resultate nach einer gewissen Zeit in einer Umwelt, die nicht identisch mit der schulischen ist, erbringen, die wir Verhaltensweisen nennen können." [279] Der dritte Prognosetyp unterstellt, daß der Lernprozeß auch ein Verhalten in zukünftigen Situationen unter veränderten Umweltbedingungen beeinflußt und daß der Lernende sogar befähigt werden kann, auf die Veränderung und Entstehung neuer Situationen Einfluß zu nehmen. Dabei ist allerdings zu bedenken, daß die Bestätigung dieser Prognosen von zahlreichen intervenierenden Faktoren abhängt. So sind bei der ersten Prognose situative Faktoren des Lernprozesses, bei der zweiten Prognose zusätzliche informelle, funktionale Lernprozesse und bei der dritten Prognose gesellschaftliche und politische Bedingungen und Entwicklungen einzukalkulieren, die das Curriculum nur bedingt antizipieren kann.

Für die EB (aber auch für die Schule) sind diese Wirkungen von Bildungsveranstaltungen weitgehend unerforscht. Meist gibt man sich mit der Feststellung zufrieden, daß am Ende eines Kurses mehr gewußt wird als zu Beginn. Evaluationsforschungen, die mittel- und langfristige Wirkungen von EB in Praxisfeldern untersuchen, müssen so komplex angelegt sein, daß bisher nicht einmal Konzepte für solche Projekte ausgearbeitet worden sind. Die Frage des Lernerfolgs in der EB schließt Probleme der gesellschaftlichen Wirksamkeit von EB ein. Letztlich wird damit die Frage nach Prozessen und Bedingungsfaktoren der tertiären Sozialisation Erwachsener gestellt. Inwieweit wird durch EB nicht nur ein Wissenszuwachs, sondern auch eine Einstellungsänderung oder eine Veränderung des Handelns und Verhaltens bewirkt?

Solche Forschungen sind von einzelnen Mitarbeitern der EB nicht zu leisten. Dennoch sollten die Kursleiter alle möglichen Gelegenheiten nutzen, um erste und vorläufige Aufschlüsse über die Wirkungen der Veranstaltungen zu gewinnen. So erscheint es denkbar, Teilnehmer von langfristigen Lehrgängen im Rahmen des Zweiten Bildungsweges oder von Internatskursen, Studienprogrammen, Sekretärinnenkursen und Zertifikatskursen nach einer Zwischenzeit zu befragen und sich nach den Lernwirkungen dieser Teilnehmer zu erkundigen. Möglich erscheinen auch Folgeveranstaltungen, z.B. als Wochenendseminare für Teilnehmer an früheren Bildungsveranstaltungen, in denen die Erfahrungen und Konsequenzen der Bildungsbemühungen diskutiert und gemeinsam reflektiert werden sollten.

Die so gewonnenen Informationen über Verlauf und Wirkung, Anspruch und Realität, Intention und Konsequenzen eines Curriculum stellen die Grundlage für eine Überarbeitung und Revision des didaktisch-methodischen Konzepts dar. Solche Rückkopplungen sind nicht nur erforderlich, um die didaktischen Planungshypothesen über längerfristige Lernwirkungen zu überprüfen, sondern auch, um ungewollte Nebenwirkungen und Folgeprobleme von Lernprozessen kontrollieren zu können. Wenn es zutrifft, daß Weiterlernen nicht zu den gesellschaftlichen Rollenerwartungen an Erwachsene gehört, daß ein Mehr an Kritikfähigkeit und Selbstbestimmung nicht unbedingt gesellschaftlich toleriert und „belohnt" wird, dann ist es notwendig, solche aus Weiterbildung resultierende Konflikte und Sanktionen festzustellen und zu analysieren. Vor allem bei Bildungsurlaubsveranstaltungen, an die unterschiedliche Erwartungen und Befürchtungen geknüpft werden, können solche Wirkungen nicht ignoriert werden. Bei einer Revision von Curricula müssen diese Erfahrungen unbedingt berücksichtigt und didaktisch verarbeitet werden.

Es können an dieser Stelle nicht die Instrumente und Methoden der Evaluation im einzelnen skizziert werden. Der Evaluation dienen ebenso Hospitationen wie gruppendynamische Überlegungen, informelle Gespräche wie schriftliche Befragungen, standardisierte Tests wie die Auswertung von Biographien. Es sollte hier nur verdeutlicht werden, daß Wirkungskontrollen in der EB nicht auf standardisierte Tests und Prüfungsaufgaben reduziert werden können. Da jedoch Erwachsene in ihrer eigenen Lerngeschichte meist nur mit Leistungsüberprüfungen und entsprechenden Leistungszwängen konfrontiert worden sind, die eine Konkurrenzsituation und ein Rivalitätsdenken fördern, sollte man diese Probleme der Wirkungskontrollen ausführlich mit ihnen diskutieren und sie auch nicht zu Selbstkontrollen zwingen, wenn begründete Ängste und schulische Assoziationen noch nicht abgebaut sind. Vor allem aber müssen erwachsenengemäße, nicht-repressive Formen der Wirkungs- und Lernkontrolle entwickelt und angeboten werden.

Die Befürchtungen der Teilnehmer, kontrolliert zu werden, werden vermutlich dann verstärkt, wenn sie sich als Objekt von Evaluationsforschungen „mißbraucht" sehen. Genauso wenig wie der Curriculumkonstruktionsprozeß von dem Unterrichtsprozeß losgelöst werden darf, sollte die Evaluation durch „Außenstehende" vorgenommen werden. Auch wenn mit einer solchen Evaluation Forschungsinteressen verbunden sind, so muß diese Wirkungskontrolle zugleich als didaktisches Element in die Kursplanung und -durchführung integriert werden. Evaluation als Überprüfung, ob die Annahmen über Lernvoraussetzungen der Teilnehmer sich bestätigt haben, ob die vereinbarten Lernziele im Verlauf des Kurses an Relevanz und Motivationspotential verlieren, ob methodische Vereinbarungen eingehalten werden, sollte als kontinuierlicher Lernprozeß organisiert werden. Das ist jedoch nur möglich, wenn Teilnehmer und Kursleiter solche Rückkopplungen vereinbaren und wenn die Lernenden aktiv an dieser Verlaufskontrolle beteiligt werden. Daraus folgt, daß die Evaluationsinstrumente auch für Laien verständlich und im Idealfall anwendbar sein müssen. Die damit verbundenen methodologischen Probleme sind keineswegs gelöst, doch sollte man auf vorläufige und sicherlich noch unzulängliche Versuche in dieser Richtung nicht verzichten.

7. Institutionalisierung der Curriculumentwicklung in der EB

Wenn überlegt wird, wie die Curriculumdiskussion für Probleme der EB aufgearbeitet und weiterentwickelt werden kann, so müssen mehrere Dimensionen unterschieden werden.

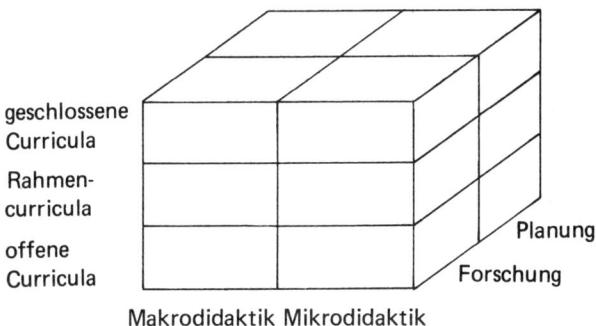

geschlossene Curricula

Rahmen-curricula

offene Curricula

Planung

Forschung

Makrodidaktik Mikrodidaktik

Zu diskutieren ist eine Verwertung und Umsetzung curricularer Erkenntnisse für eine Verbesserung didaktischer Planung und eine unmittelbare Innovation von Erwachsenenunterricht. Von dieser Hilfe für den Kursleiter sind analytisch die wünschenswerten und möglichen Forschungen zur Curriculumentwicklung für EB zu trennen. Die Anwendungsmöglichkeiten der Curriculumtheorie stellen sich zweifellos für die Programmplanung einer EB-Einrichtung (Makrodidaktik) anders dar als für die Konzeption eines Kurses oder Komplexlehrgangs (Mikrodidaktik). Zu klären ist ferner, für welche Lernbereiche eher das Konzept geschlossener Curricula geeignet erscheint und welche Bildungsmaßnahmen nach dem Prinzip offener Curriculumentwicklung geplant und durchgeführt werden könnten. Als weitere Möglichkeit wird die Erarbeitung von Rahmencurricula zur Diskussion gestellt.

213

Die EB benötigt theoretische Konzepte und Strategien der Curriculumentwicklung. Die vorliegenden Theorieansätze der schulpädagogischen Curriculumdiskussion müssen mit den spezifischen Bedingungsfaktoren und Intentionen der EB konfrontiert und entsprechend revidiert werden. Dabei sind sozialwissenschaftliche und bildungsökonomische Theoreme zu berücksichtigen und zu integrieren.

Außerdem sind curriculare Grundlagenforschungen wünschenswert. Im weiteren Sinne ist jede Forschung zur EB für Curricula relevant. Historische Analysen ebenso wie bildungspolitische Untersuchungen oder bildungssoziologische Befunde müssen und können aus curricularer Sicht ausgewertet und interpretiert werden. Gleichzeitig ist am Beispiel der lernpsychologischen Forschung sichtbar geworden, daß solche empirischen Untersuchungen nur indirekt für die Planung und Durchführung von Erwachsenenunterricht ergiebig sind.

Unmittelbar für die Curriculumentwicklung bedeutsam ist die Identifizierung und Analyse lernrelevanter Situationsbereiche. Zu ermitteln sind die Qualifikationen, die für solche Situationen benötigt werden, aber auch – wie es B. Dieckmann u.a. begonnen haben – die Lernpotentiale und -barrieren, die in privaten, beruflichen und öffentlichen Situationen enthalten sind. Auch der Ansatz, den „Lebenszusammenhang" von Zielgruppen zu analysieren, sollte weiter verfolgt werden.

Genauer zu untersuchen sind auch die Funktionen und Konsequenzen von Weiterbildungsmaßnahmen. Aus welchen Interessen werden bestimmte Veranstaltungen angeboten, aus welchen Motiven und mit welchen Erwartungen wird dieses Angebot in Anspruch genommen, welche Folgen haben diese Bildungsaktivitäten für die Teilnehmer?

Der Katalog solcher wünschenswerter Grundlagenforschungen läßt sich beliebig erweitern. Allerdings steht kaum zu erwarten, daß in absehbarer Zeit diese Desiderate vollständig aufgearbeitet sein werden. Im Interesse einer schnellen Innovation der Bildungspraxis sollten deshalb gleichzeitig konkrete Curriculumprojekte erprobt werden. Dabei wird man ein Defizit an theoretischer Fundierung und an empirischen Befunden in Kauf nehmen müssen. Was allerdings bei solchen Projekten verlangt werden muß, ist die Verarbeitung der neueren Curriculumdiskussion; nur so kann die Inflation angeblicher „Curriculumprojekte" gebremst werden. Eine solche Curriculumforschung ist als Handlungswissenschaft und als Anwendungswissenschaft zu verstehen. Ein solches Verständnis hat zur Folge, daß die „Anwender", d.h. die Kursleiter und die Teilnehmer, nicht als Objekte, sondern als Beteiligte einzubeziehen sind, zumal die Chance, daß fertige Curricula adäquat genutzt und realisiert werden, umso geringer ist, je größer die Distanz zwischen den „Konstrukteuren" und den „Ausführern" und „Adressaten" ist. „Aus der Einsicht, daß der Forscher ohnehin seine Objekte und sein Untersuchungsfeld beeinflußt, kann man die Konsequenz ziehen, derartigen Einfluß nicht zu minimieren, sondern im Gegenteil zu maximieren." [280] Eine praktisch folgenreiche Curriculumforschung scheint am ehesten gewährleistet, wenn diese Forschung im Feld der Praxis und in Zusammenarbeit zwischen Curriculumtheoretikern und Mitarbeitern der EB organisiert wird. Die dabei auftretenden Kommunikations- und Kooperationsprobleme müssen jedoch gleichzeitig analysiert und gemeinsam aufgearbeitet werden.

Auch das Rollenverständnis der Beteiligten muß ständig neu diskutiert und interpretiert werden. Weder besitzt der Curriculumtheoretiker ein Monopol für theoretische Einsicht, noch ist der Praktiker alleiniger Interpret von Praxiserfahrung, noch ist der Teilnehmer der einzig Lernende. Es muß forschungsorganisatorisch sichergestellt sein, daß alle beteiligten Gruppen während des Projekts Lernerfahrungen machen und daß diese Lernprozesse registriert und ausgewertet werden. Die Evaluation eines Curriculumprojekts muß sich also sowohl auf die Teilnehmer als auch die EB-Mitarbeiter als auch auf die Curriculumexperten beziehen. Curriculumforschung in diesem Sinne schließt also Unterrichtsforschung und eine permanente Evaluation des Forschungsprozesses wie des Unterrichts ein. Der Vorteil der Praxisnähe und der unmittelbaren Innovation wird erkauft durch die eingeschränkte Übertragbarkeit und Verallgemeinerung der Ergebnisse. Es wird ständig zu überprüfen sein, welche Entscheidungen und Komplikationen generalisierbar sind oder auf institutionelle oder personelle Besonderheiten zurückzuführen sind.

Eine solche Projektforschung kann nicht an zentralen Forschungsinstitutionen durchgeführt werden, sondern erfordert eine räumliche und organisatorische Verzahnung von Theorie und Praxis. Die Entwicklung und Erprobung von Curriculummodellen schließt nicht aus, daß die Konstruktion standardisierter und bundeseinheitlicher Curriculumelemente notwendig ist und von regionalen Instituten geleistet werden kann. Bedenkenswert sind auf jeden Fall die skandinavischen Versuche einer curricularen Beratung der Pädagogen und Bildungseinrichtungen durch Curriculumexperten einerseits und eine — u.U. zeitweilige — Freistellung von Praktikern für die Mitarbeit in solchen Instituten und an Forschungsprojekten andererseits.

Ungelöst ist z.T. noch das Problem der Dissemination, d.h. der Verbreitung und Information über Modellversuche und Forschungsergebnisse. Solange die Modelle einmalige Versuche bleiben und die Ergebnisse nicht von anderen Einrichtungen übernommen oder zumindest ausgewertet werden, steht der Ertrag oft in keinem angemessenen Verhältnis zu dem Aufwand. Auch hier könnten Institute oder Arbeitsstellen als Dokumentationszentren und Koordinierungsstellen fungieren.

Eine Kooperation von Wissenschaftlern und Mitarbeitern der Bildungseinrichtungen erfordert nicht nur die Klärung von Kommunikationsprozessen und die Überprüfung von Rollendefinitionen, sondern auch eine Regelung der Zuständigkeiten. Curriculumentwicklung ist insbesondere in der pluralistisch strukturierten EB ein Politikum. Viele Träger sind interessiert, ihre Verbands- und Organisationsinteressen in den Zielsetzungen der Curricula zur Geltung zu bringen, und sie interpretieren die Problematisierung und Kritik diese Normen und Intentionen als Bedrohung ihrer Autonomie. So ist ein Interesse erkennbar, den Wissenschaftlern allenfalls Aufgaben der Verlaufsbeobachtung und Methodenoptimierung zuzuweisen, sie aber nicht an der Auswahl und Entscheidung von Zielen und Inhalten zu beteiligen. Eine solche Trennung von Zielentscheidungen und Vermittlungsproblemen ist jedoch nicht möglich. Wenn schwerwiegende Konflikte während eines solchen Curriculumprojekts vermieden werden sollen, ist es unerläßlich, die Zuständigkeiten und Funktionen der Beteiligten von vornherein so exakt wie möglich zu klären. Wenn das nicht geschieht, muß mit dem Scheitern eines Projekts gerechnet werden.

216

Forschung und Praxis der EB können nicht antithetisch gegenübergestellt werden. Daß Forschung Praxis beeinflußt, sollte genutzt und
forciert werden. Dennoch sind Forschungsinteressen und Intentionen
der Programm- und Veranstaltungsplanung nicht identisch, sie lassen
sich als die beiden Brennpunkte einer Ellipse verorten. Curriculumforschung ist an generalisierbarer Erkenntnis und Verallgemeinerung
interessiert, didaktische Planung an der Verbesserung einer besonderen Veranstaltung. Dabei widerspricht es durchaus nicht den Prinzipien
der Curriculumforschung, wenn die curriculare Diskussion als ,,prak-
tische Theorie", als didaktisches Konzept der Veranstaltung interpretiert wird.

Die Curriculumdiskussion vermag einen Beitrag zur konkreten Innovation von Erwachsenenunterricht zu leisten. Dabei ist allerdings ein
Strukturmerkmal der Professionalisierungstheorie zu berücksichtigen:
daß Kategorien, Begriffe und Fragestellungen auf besondere, ja verschiedene Probleme und Situationen angewendet werden müssen.
Wenn es für EB standardisierte Lösungen und Handlungsanweisungen
gäbe, wäre EB kein (potentiell) professionalisierter Beruf. Von dem
hauptberuflichen Mitarbeiter der EB werden daher spezifische Transfer-
leistungen verlangt. Er muß allgemeine erziehungs- und sozialwissenschaftliche Methoden und Erkenntnisse konstruktiv und kreativ auf
seine Arbeitsaufgaben umsetzen. In diesem Sinne vermag die Curriculumforschung in der Tat einen Beitrag zur Professionalisierung der
EB zu leisten. Sie stellt spezialisierte Berufstechniken zur Planung,
Durchführung und Kontrolle von organisierten Lehr-Lernprozessen
bei Erwachsenen bereit, die dem hauptberuflichen Mitarbeiter der
EB den gesellschaftlichen Status eines Experten verleihen. Dazu ist
es allerdings erforderlich, daß sich die EB-Mitarbeiter aktiv mit dieser
Curriculumdiskussion auseinandersetzen.

Die Anwendung curricularen Denkens wird sicherlich keine revolu-
fionierenden Veränderungen des Erwachsenenunterrichts zur Folge
haben. Vielen Prinzipien der Curriculumtheorie haben die Kursleiter
der EB auch bisher bereits Rechnung getragen. Was die Curriculumdiskussion leisten kann, ist die Strukturierung und Systematisierung

von Problemen didaktischer Planung und Durchführung. Diese Probleme seien noch einmal stichwortartig benannt: 1. die Begründung und Entscheidung von Richtzielen, 2. die Berücksichtigung von Verwendungssituationen und Qualifikationen, 3. die Priorität der Lernzielfindung vor der Inhaltsauswahl, 4. die permanente Überprüfung der Lernfortschritte.

Die Kenntnis dieser Prinzipien und Fragestellungen ermöglicht es dem hauptberuflichen Mitarbeiter der EB, mit Kursleitern über didaktische Planungs- und Unterrichtsprobleme zu diskutieren, ohne Experte in dem jeweiligen Fachgebiet zu sein. Die Begründung, Entscheidung und Anordnung von Lernzielen kann für den Gymnastikkurs in gleicher Weise erörtert werden wie für das politische Seminar. In diesem Bereich der allgemeinen Didaktik und der Bedingungsfaktoren von EB ist der Kompetenzvorsprung des hauptberuflichen Fachbereichsleiters gegenüber dem nebenberuflichen Kursleiter zu verdeutlichen. Mithilfe der Curriculumtheorie werden fachliche didaktische Probleme diskutierbar.

Darüber hinaus sollten die hauptberuflichen Mitarbeiter der EB zu curricularen Experimenten motiviert und angeleitet werden. Ihre Kompetenz gegenüber dem nebenberuflichen Kursleiter wirkt nur dann überzeugend, wenn sie auf eigene curriculare Erfahrungen und Versuche verweisen können. In einem gesamtgesellschaftlichen Prozeß einer „permanenten Kulturreform" [281] kommt der EB eine Schlüsselfunktion zu. In diesem Prozeß können die Mitarbeiter der EB nicht als konservative Bremsklötze wirken, aber sie sollten auch nicht alle modischen Neuerungen kritiklos übernehmen, sondern sich selber der Möglichkeiten und Grenzen neuer Entwicklungen aufgeschlossen und kritisch vergewissern. Veranstaltungen, die von hauptberuflichen Mitarbeitern durchgeführt werden, sollten grundsätzlich dem Anspruch curricularer Reform genügen.

Ein brauchbarer Ablaufplan für eine solche pragmatische Curriculumentwicklung ist von R. Mager für den berufsbildenden Bereich vorgeschlagen worden, wobei dieses Schema sich durchaus auch auf andere Lernbereiche übertragen läßt. Mager unterscheidet eine Vorbereitungsphase, eine Aufbauphase und eine Verbesserungsphase. [282] In der *Vorbereitungs*phase werden Informationen gesammelt über die Tätigkeit (Verwendungssituationen) und die Aufgaben (Qualifikatio-

218

nen) der Adressaten. Diese Daten werden in Lernziele umformuliert, die einerseits mit den zugrunde liegenden Normen, andererseits mit den vermutlichen Lernvoraussetzungen der Teilnehmer verglichen werden. Diese Voraussetzungen müssen möglicherweise durch eine Eingangsbefragung oder einen Test überprüft werden.

In der *Aufbau*phase werden die einzelnen Lehr- und Lernschritte geplant. Zunächst werden die Unterrichtsabschnitte und die entsprechenden Teilziele abgegrenzt, dann wird die Reihenfolge der Unterrichtsabschnitte festgelegt, z.B. nach dem Schwierigkeitsgrad der Lernziele. Es folgt eine Auswahl der Lerninhalte und eine Zuordnung der methodischen Verfahrensweisen. Schon bei der Planung ist eine Vervollständigung und Ergänzung dieser Sequenzen aufgrund des Unterrichtsverlaufs vorzusehen. Außerdem müssen Lernkontrollen eingeplant werden.

Nach der Durchführung dieses Plankonzepts wird eine *Verbesserungs*phase vorgeschlagen. In dieser Phase der Evaluation und Revision werden die Lernergebnisse mit den Lernzielen verglichen, ferner werden die Lernziele mit den Aufgaben und Arbeitsplatzanforderungen konfrontiert. Dieser Vergleich kann durch gezielte Gespräche mit den Teilnehmern geleistet werden. Aufgrund dieser Ergebnisse werden die Lernziele revidiert und die Unterrichtsabschnitte überarbeitet und erneut erprobt.

Es wird also unterstellt, daß die Fragestellungen der Curriculumtheorie genau die Probleme berühren, mit denen Mitarbeiter der EB in ihrer Berufspraxis konfrontiert sind. Es wird ferner behauptet, daß es legitim ist, das komplizierte Instrumentarium der Curriculumforschung für die Unterrichtspraxis zu vereinfachen. Darüber hinaus wird die These aufgestellt, daß die Aneignung und Anwendung curricularer Kategorien und Methoden es dem hauptberuflichen Mitarbeiter der EB erleichtert, seinen Status als professionalisierter Experte zu profilieren und zu realisieren. Und nicht zuletzt wird von der Verarbeitung der Curriculumdiskussion eine unmittelbare Innovation der EB erwartet.

Zwei zentrale Arbeitsfelder des hauptberuflichen Mitarbeiters der EB sind die Programmplanung und die Planung, Durchführung und Kontrolle einzelner Veranstaltungen. Den ersten Bereich haben wir als Makrodidaktik, den zweiten als Mikrodidaktik bezeichnet. Versteht man unter Makrodidaktik die Erstellung eines Katalogs aller möglichen und wünschenswerten Lernaufgaben, mit denen Erwachsene der verschiedensten Berufe, Interessen und Voraussetzungen nach Abschluß der ersten Bildungsphase konfrontiert werden und auf die die EB durch Angebote reagieren sollte, so ist dieser Gesamtlehrplan auch mit den Hilfsmitteln der Curriculumforschung nicht zu erstellen. Der Plan S. Robinsohns, ein Gesamtcurriculum für die Schule zu konzipieren, hat sich bereits als kaum realisierbar erwiesen. Ein entsprechender Katalog für Erwachsene, der die verschiedensten Verwendungsbereiche, Qualifikationen, Bestimmungsgründe und Interessen zu berücksichtigen hat, ist im Prinzip unendlich, zumal die gesellschaftlichen Lernfelder und Bedingungsfaktoren sich permanent verändern. Man muß davon ausgehen, daß prinzipiell jeder Lernbereich für ein Angebot der EB relevant sein kann.

Damit wird jedoch keine Beliebigkeit und keine Willkür des Programmangebots befürwortet, die EB sollte kein zufälliges und unsystematisches ,,Angebot'' anpreisen. Zwar liefert die Curriculumtheorie kaum positive Maßstäbe zur Konstruktion eines Weiterbildungskanons, wohl aber kann die Relevanz der ausgewählten Themenbereiche mithilfe curricularer Kriterien überprüft und diskutiert werden. Aus einer solchen Retroperspektive können dann auch Defizite in dem Programmangebot sichtbar gemacht werden. Die Curriculumtheorie liefert insofern einen ,,Relevanzfilter'', als sie eine Überprüfung der Themenauswahl ermöglicht: Welche Richtziele und Bestimmungsgründe liegen dem Programm einer Einrichtung zugrunde, und welche möglichen Richtziele werden vernachlässigt? An welchen Verwendungsbereichen sind die Veranstaltungen vorrangig orientiert und warum? Welche Arten von Qualifikationen werden angestrebt, und welche Qualifikationen werden nicht vermittelt? Von welchen Lernvoraussetzungen gehen die meisten Veranstaltungen aus, und

welche Anspruchsebenen sind unterrepräsentiert? Welche Kultur-
und Wissenschaftsdisziplinen dominieren aus welchen Gründen? Mit
einer solchen curricularen Lehrplananalyse ist allerdings noch nicht
sehr viel gewonnen. Es ist leicht festzustellen, daß technische Kurse
(möglicherweise mit nicht integrierten politischen Lerninhalten) für
wenig qualifizierte Arbeiter in den VHS-Programmen relativ selten
angekündigt werden. Erst eine Ursachenanalyse wird erkennen lassen,
daß dieses Defizit nicht allein auf eine „bürgerliche Ideologie" der
VHS, sondern auf das Fehlen personeller und finanzieller Voraussetzungen, nämlich geeigneter Kursleiter, technischer Apparaturen,
Räume, die auch vormittags zur Verfügung stehen u.ä., zurückzuführen ist. An diesem Punkt aber ist mit curricularen Überlegungen
alleine nicht weiterzukommen.

Im makrodidaktischen Bereich ist das Instrumentarium der Curriculumforschung jedoch nicht nur zur Analyse und Revision der Programme, sondern auch zur Objektivierung von Entscheidungsprozessen anwendbar. Wie am Beispiel des LOT-Projekts gezeigt wurde,
können Entscheidungen in Beiräten, Mitarbeiterkonferenzen oder
auch Veranstaltungen der EB durch sozialtechnologische Verfahrensweisen zwar nicht inhaltlich legitimiert werden, aber sie können transparent gemacht und objektiviert werden. Die Entscheidungsalterna-
tiven und -konsequenzen, die Präferenzen und Erwartungen der Entscheidungsträger können mithilfe dieses Instrumentariums exakter
beschrieben und kritisiert werden. Auch wenn durch solche Verfahren nicht unbedingt ein höheres Maß an substantieller Rationalität erreicht wird, so fördern sie doch eine Transparenz der Entscheidungen.

Die Unterscheidung zwischen Makrodidaktik und Mikrodidaktik ver-
deckt einen Aufgabenbereich, in dem die Curriculumtheorie nicht
nur analytisch, sondern auch konstruktiv eingesetzt werden kann:
Die meisten hauptberuflichen Mitarbeiter sind nicht für die gesamte
Programmplanung ihrer Einrichtung zuständig, sondern für die Planung von Fachbereichen. Außerdem beanspruchen viele Einrichtungen der gruppenorientierten EB nicht, ein umfassendes Programm
anzubieten, sondern sie konzentrieren sich auf bestimmte Zielgruppen. Diese Beschränkung einerseits auf Themenbereiche, andererseits
auf Adressatengruppen erleichtert eine Curriculumentwicklung. So

kann das Angebot einer VHS im Fachbereich „Erziehung/Psychologie" aufgrund von Analysen typischer Verwendungssituationen, notwendiger Qualifikationen, lokaler Entwicklungen (z.b. Einführung von Mengenlehre, Orientierungsstufe, Gesamtschule) und von didaktischen Analysen der relevanten Sozialwissenschaften konzipiert werden. Ähnliches gilt für die Zielgruppenarbeit: die „ländliche EB" kann ihr Programm an typischen Problemen, Motivationen, Strukturveränderungen und Sozialisationsbedingungen ausgewählter Gruppen orientieren. Doch auch in diesen Fällen kann das Programmangebot nicht monokausal aus curricularen Erhebungen abgeleitet werden, da als „intervenierende Variable" finanzielle, institutionelle, organisatorische und politische Faktoren berücksichtigt werden müssen.

Da für die Schule Probleme der Bedarfs- und Bedürfnisforschung und der Angebotsstruktur kaum eine Rolle gespielt haben, ist es erklärlich, daß die Curriculumforschungen sich auf die Revision vorhandener Lehrpläne und die Konstruktion von Curriculumelementen für bestehende Schulfächer konzentriert haben. Diese Akzentuierung ist durch die Betonung fachdidaktischer Kriterien noch verstärkt worden. So kann es nicht überraschen, daß die Curriculumtheorie am ehesten neue Möglichkeiten und Perspektiven in der erwachsenen-pädagogischen Mikrodidaktik erhoffen läßt. Die Planung, Durchführung und Kontrolle von Kursen der EB kann durch die Curriculumforschung zweifellos neue Impulse und Anregungen bekommen. Eine „Verschulung" der EB ist nur dann zu befürchten, wenn a) die neuere Diskussion ignoriert wird und wenn b) schulpädagogische Curriculummodelle unreflektiert auf die EB übertragen werden.

7.4. Geschlossene Curricula — Rahmencurricula — offene Curricula

Es ist angedeutet worden, daß nicht ein einziges Curriculumkonzept für alle Zwecke, Funktionen und Veranstaltungsformen der EB brauchbar ist. Es ist zu untersuchen, welche Kriterien und Intentionen den verschiedensten Konzepten entsprechen. Für die EB erscheinen drei Curriculumformen wünschenswert: 1. Geschlossene Curricula als vorgefertigte „Produkte" mit Lernzielkatalogen, Materialien

222

(z.T. programmiert) sowie lernzielorientierten „objektiven" Testbatterien. Als Beispiele können die VHS-Zertifikatskurse gelten. 2. Rahmencurricula als vorgefertigte Konzepte mit Angaben über Grobziele, Beispielsituationen und nicht standardisierten Aufgaben, wobei Alternativen angeboten werden und je nach der Teilnehmerstruktur (inhaltliche und methodische) Differenzierungen vorgeschlagen werden. Denkbar sind solche Rahmencurricula für Grundstudienprogramme im soziokulturellen Bereich, aber auch für Fächer des Zweiten Bildungsweges. 3. Offene Curricula als Projekte, in denen wesentliche Entscheidungen über Ziele, Inhalte und Methoden erst im Verlauf der Veranstaltungen getroffen werden: vor Beginn des Unterrichts müssen Informationen und Hypothesen über mögliche Verwendungssituationen, Qualifikationen, Lernvoraussetzungen und Lerninhalte erarbeitet werden. Ein interessanter Anwendungsbereich dieses Konzepts könnte der Bildungsurlaub sein. Für diese Konzepte lassen sich schwerpunktmäßig (und vorläufig) folgende Merkmale nennen, wobei das Rahmencurriculum zwischen den beiden Extremen anzusiedeln ist:

Kriterien	geschlossene Curricula	offene Curricula
Ressourcenansatz	Wissenschaft, Sachstruktur	Verwendungssituation
Wissenschaft	Natur- und Sprachwissenschaft	Sozialwissenschaft
Inhaltsstruktur	standardisierbar	interpretierbar
Orientierung	stofforientiert, operationalisierte Lernziele	teilnehmer- und problemorientiert
Aufbau	systematisch	exemplarisch
Lernzielebene	Wissen, Analyse, Synthese	Anwendung, Bewertung, Kommunikation
Verbindlichkeit	bundeseinheitliche Prüfung	Selbstkontrolle
Qualifikation	Basisqualifikationen	situationsspezifische Qualifikationen
Motivation	Aufstieg	Selbst- und Weltverständnis
Lernvoraussetzungen	präzisiert	variabel
Veranstaltungsform	Lehrgang	Projekt

Zur Organisation der Curriculumreform und der Innovation von EB seien folgende Vorschläge zur Diskussion gestellt:

Geschlossene Curricula werden dezentral entwickelt, in verschiedenen Einrichtungen erprobt und anschließend revidiert. Die Lernzielkataloge, Materialien und Tests können von einer zentralen Stelle angefordert werden. Da das Verfahren der VHS-Zertifikatentwicklung sich bewährt und ausführlich dargestellt worden ist, erübrigen sich weitere Hinweise. [283]

Rahmencurricula sollten die Vorteile der beiden Curriculumkonzepte nutzen. Zu Recht sind für den soziokulturellen Bereich keine Zertifikate entwickelt worden. Dennoch empfiehlt es sich, diesen Bereich — unbeschadet der Notwendigkeit okkasioneller Angebote — curricular zu systematisieren. Bei der Frage, für welche Lernbereiche Rahmencurricula in Form von längerfristigen, komplexen Studienprogrammen entwickelt werden sollten, bietet sich m.E. eine heuristische Gesellschaftsanalyse von H.v. Hentig an. Hentig unterscheidet folgende Lebensbereiche.

"Das Leben in der sich beschleunigt verändernden Welt,

das Leben in der arbeitsteiligen (spezialisierten) Welt,

das Leben in der von Wissenschaft und Technik rationalisierten Welt,

das Leben im Beruf zwischen Theorie und Praxis,

das Leben mit der Fülle der Mittel und der Vielfalt der Ziele,

das Leben mit der Aisthesis,

das Leben in der Demokratie, in der Politik, in der Öffentlichkeit,

das Leben in der Konsumgesellschaft,

das Leben in der säkularisierten Welt,

das Leben mit einigen Entlastungstechniken,

das Leben mit dem eigenen Körper, mit den Trieben, mit der eigenen Person,

das Leben in der Einen Welt." [284]

Aus der Sicht der EB ist sicherlich eine Modifizierung oder Ergänzung dieses Katalogs möglich (z.B. „das Leben mit den Massenmedien"), insgesamt könnte er sich als Orientierungsrahmen für ein systematisiertes Angebot zur „Allgemeinbildung" Erwachsener eignen. Als Veranstaltungsformen kommen sowohl Abendlehrgänge als auch Internatskurse infrage.

Rahmencurricula könnten in Form von Arbeitsbüchern entwickelt werden, in denen mögliche Leitideen (z.b. Selbstbestimmung und Humanität) reflektiert werden; in denen diese Lebensbreiche als mögliche Verwendungssituationen der Teilnehmer analysiert werden; in denen wünschenswerte Qualifikationen und entsprechende Grobziele zur Diskussion gestellt werden, wobei eine Auswahl der Lernziele nach Maßgabe der Interessen und Lernvoraussetzungen gemeinsam mit den Teilnehmern getroffen wird; in denen exemplarisch die Beiträge der Wissenschaften zur Lösung der Probleme und zum Erwerb dieser Qualifikationen dargestellt werden. Für einzelne Lernbereiche können diese Materialien auch geschlossene Curriculumelemente und programmierte Sequenzen enthalten. Ferner enthalten diese Rahmencurricula Anregungen und Empfehlungen für die Kursleiter, wie die Interessen und Lernfähigkeiten der Teilnehmer ermittelt und didaktisch-methodisch berücksichtigt werden können; wie eine Lernzieldiskussion und Partizipation organisiert werden kann; wie die Analysen der Lebensbereiche auf die konkreten Verwendungssituationen der Teilnehmer übertragen werden können. Mit Angabe der jeweiligen (institutionellen, organisatorischen, anthropogenen, soziokulturellen) Bedingungsfaktoren werden dem Kursleiter alternative Lernziel-Inhalts-Matrizen und Artikulationsschemata sowie Hinweise für mögliche Lernkontrollen zur Verfügung gestellt; wobei diese Vorschläge auch mit den Teilnehmern diskutiert werden sollten. Die Kontrollen können aus Referaten und Gruppenarbeiten, aber auch aus empirischen Erhebungen und Literaturanalysen bestehen. Auf Wunsch können die Teilnehmer Lernbescheinigungen erhalten, die keine Noten, wohl aber eine genaue Beschreibung der Lernleistungen und der erreichten Lernziele enthalten. Es ist anzustreben, daß solche Bescheinigungen gleichwertig mit herkömmlichen Zertifikaten und Zeugnisnoten gesellschaftlich honoriert werden.

Das Konzept offener Curriculumkonstruktion ist in den Veranstaltungen anwendbar, in denen aktuelle und lokale Ereignisse sowie unterschiedliche Teilnehmerinteressen im Vordergrund stehen. Dies dürfte für viele Seminare zur politischen Bildung, aber z.B. auch für Erziehungsseminare gelten. Zu denken ist insbesondere auch an den Bildungsurlaub, vor allem in seiner Erprobungsphase. Dabei erscheint es nicht ausgeschlossen, daß aufgrund der Erfahrungen mit mehreren offenen Curricula anschließend ein Rahmencurriculum für diesen Lernbereich konstruiert werden kann. Als Organisationsform offener Curricula erscheint das Projekt am geeignetsten, das durch Mitbestimmung der Teilnehmer, Einheit von Planung, Durchführung und Kontrolle, Interdisziplinarität und Praxisbezug gekennzeichnet ist. Da wesentliche Curriculumentscheidungen erst während des Projektverlaufs gefällt werden, konzentriert sich die curriculare Vorarbeit des Kursleiters auf die Sammlung und Aufarbeitung von Materialien über das Thema, die Verwendungssituationen, Qualifikationen und Motivationen. Diese Materialien sollen den Teilnehmern die Ermittlung und Entscheidung ihrer Bedürfnisse, Interessen und Lernziele erleichtern. Der entscheidende Schritt dieser Curriculumentwicklung ist eine ,,Vorlaufphase'', z.B. als Wochenendseminar vor Beginn eines Bildungsurlaubs oder als erste Sitzung eines Abendlehrgangs, in der mit den Teilnehmern aufgrund der Materialien und vereinbarten ,,Spielregeln'' die Grobziele, Inhalte und Unterrichtsschritte entschieden werden. Hier wird in einem Diskurs aller Beteiligten eine rationale Verständigung über Interessen und Ziele des Projekts erreicht werden müssen, wobei der Kursleiter diese Entscheidungsprozesse durch Hinweise auf Alternativen, auf die ,,Struktur der Sache'', organisatorische und zeitliche Bedingungen, den Lernaufwand, die Realisierungschancen der Lernziele u.ä. steuert. Festzustellen ist ferner, welche Lernvoraussetzungen für die intendierten Lernziele bei den Teilnehmern vorhanden sind.

Im Anschluß an diese Vorlaufphase beginnt die didaktische Feinplanung durch den Kursleiter. Die Ergebnisse dieser Diskussionen müssen zu konkreten Unterrichtsschritten mit Angabe der Feinziele, Inhalte, Methoden und Medien verarbeitet werden. Zu Beginn des eigentlichen Projekts wird dieser vorläufige Ablaufplan mit den Teilnehmern erörtert, wobei zu überprüfen ist, ob die Interessen der Be-

227

teiligten in diesem Vorschlag angemessen berücksichtigt worden sind. Vereinbart werden dann Phasen und Verfahrensweisen der Evaluation. Die Kontrolle des Verlaufs sollte eine unverzügliche Revision und Ergänzung des Unterrichtskonzepts ermöglichen. Diese Verlaufskontrolle muß erfassen, ob sich neue, interessante Fragestellungen ergeben, ob sich Teilziele verselbständigen, ob sozialemotionale und affektive Lernbarrieren abgebaut werden müssen usw. Am Schluß wird gemeinsam zu klären sein, welche Intentionen verwirklicht werden konnten und welche Ziele sich als nicht oder nur teilweise realisierbar erwiesen. Dabei muß nicht nur die Revision des Curriculumkonzepts, sondern auch die Fortsetzung des Lernprozesses dieser Gruppe erörtert werden. Anzustreben ist eine „Nachbereitungsphase", z.B. in Form eines weiteren Wochenendseminars, in der vor allem längerfristige Wirkungen und Konsequenzen dieses Lernprozesses aufgearbeitet werden. Unabhängig von den konkreten fachlichen Lerninhalten ist ein Ziel solcher offenen Curricula die Sensibilisierung für die eigenen Lernmöglichkeiten und -schwierigkeiten, die Reflexion der eigenen Interessen und Sinnormen, die Verständigung mit anderen über Ziele und Zwecke.

Das „Curriculumprodukt", das am Ende eines solchen Projekts und nicht vor dem Unterricht erstellt wird, hat eher den Charakter einer strukturierten Prozeßbeschreibung. Es sollte vor allem generalisierbare Erfahrungen und Konsequenzen enthalten, so daß die Kursleiter bei späteren ähnlichen Projekten von zuverlässigen Hypothesen ausgehen und mögliche Schwierigkeiten besser antizipieren können. Dazu ist es erforderlich, daß solche Curriculumberichte von einer zentralen Stelle strukturiert werden und von interessierten Kursleitern und Einrichtungen dort abgerufen werden können, wobei sich diese „Abnehmer" verpflichten, ihrerseits die Erfahrungen auszuwerten und zur Verfügung zu stellen. Der Vorschlag einer solchen curricularen Datenbank ist nicht neu, aber er ist von den Verbänden der EB noch nicht energisch aufgegriffen worden.

Wenn diese Perspektive einer Curriculumentwicklung für EB auf den Ebenen der geschlossenen, offenen und Rahmencurricula plausibel und praktikabel erscheint, könnte die Forderung nach einem Baukastensystem der EB neu durchdacht werden. Es erscheint nicht zwingend, ausschließlich geschlossene Curricula mit bundeseinheitlichen

Zertifikatsprüfungen in diesen Katalog aufzunehmen. Ca. ein Viertel der Bildungsangebote der EB lassen sich erfahrungsgemäß so standardisieren, daß geschlossene Curricula für sie konstruiert werden können, wobei allerdings die berechtigte Kritik an dem „Produktcharakter" solcher Curricula nicht ohne Konsequenzen bleiben sollte. Daneben sind Rahmencurricula für soziokulturelle Studienprogramme zu entwickeln, wobei zunächst Hentigs Katalog von Lebensbereichen als Themen zugrunde gelegt werden könnte. Auch solche Curricula sollten zum Mindestangebot der EB gehören, wobei individuelle Kombinationen z.B. eines Studienprogramms über das „Leben in der Einen Welt" mit einem Sprachenzertifikat oder ein Rahmencurriculum „Leben in einer von Wissenschaft und Technik rationalisierten Welt" und ein geschlossenes Curriculum „Elektrotechnik" möglich sind. Offene Curricula lassen sich dagegen kaum in ein solches Baukastensystem einbeziehen, da ein festgelegter Themenkatalog für diesen Veranstaltungstyp nicht wünschenswert ist. Auf längere Sicht ist anzustreben, daß alle okkasionellen, soziokulturellen Veranstaltungen der EB nach dem Konzept offener Curricula geplant und durchgeführt werden. Erste Erfahrungen mit einem solchen Konzept sollten m.E. im Bereich des Bildungsurlaubs gesammelt und ausgewertet werden. Die Möglichkeiten der Curriculumentwicklung in der EB werden nicht allein durch Reflexionen und Diskussionen, sondern vor allem durch praktische Erfahrungen und Versuche ermittelt und erweitert.

1) Siebert, H.: Stellenangebote in der Erwachsenenbildung. In: Informationen des Arbeitskreises universitäre Erwachsenenbildung S4, Hannover 1974, S. 24

2) Siebert, H.: Studium der Erwachsenenpädagogik — Stand und Perspektiven. In: W. Schulenberg u.a.: Zur Professionalisierung der Erwachsenenbildung. Braunschweig 1972, S. 103

3) Tietgens, H.: Leiter und pädagogischer Mitarbeiter an Volkshochschulen, Blätter zur Berufskunde Bd. 3, Bielefeld 1972, S. 1

4) Ebda. S. 8

5) Vgl. Hesse, H.A./Manz, W.: Einführung in die Curriculumforschung, Stuttgart 1972; Ziechmann, J.: Curriculumkonstruktion, Bad Heilbrunn 1973

6) Vgl. Dieckmann, B. u.a.: Gesellschaftsanalyse und Weiterbildungsziele, Braunschweig 1973

7) Vgl. Tietgens, H./Hirschmann, G./Bianchi, M.: Ansätze zu einem Baukastensystem, Braunschweig 1974

8) Mager, R.F.: Lernziele und programmierter Unterricht, 1. Aufl., Weinheim 1965

9) Robinsohn, S.B.: Bildungsreform als Revision des Curriculum, 1. Aufl., Neuwied 1967, 3. Aufl. 1972

10) Brezinka, W.: Von der Pädagogik zur Erziehungswissenschaft, Weinheim 1971

11) Wilhelm, T.: Theorie der Schule, Stuttgart 1967

12) Heimann, P./Otto, G./Schulz, W.: Unterricht — Analyse und Planung, Hannover 1965

13) Robinsohn, a.a.O., S. 13

14) Ebda. S. 15 f.

15) Ebda. S. 25

16) Ebda. S. 124

17) Ebda. S. 142

18) Achtenhagen, F./Meyer, H.(Hrsg.): Curriculumrevision, München 1971, S. 11

19) Robinsohn, a.a.O., S. 3

20) Ebda. S. 29

21) Bamme, A./Holling, E.: Zur Kritik der Curriculumtheorie. In: Das Argument, 80/1973, S. 107 ff.

22) Becker, E./Jungblut, G.: Strategien der Bildungsproduktion, Frankfurt 1972, S. 127 ff.

23) Tietgens/Hirschmann, a.a.O., S. 14

24) Vgl. Knoll, J.H./Siebert, H./Wodraschke, G.: Erwachsenenbildung am Wendepunkt, Heidelberg 1957; Schulenberg, W.: Plan und System — zum Ausbau der deutschen Volkshochschulen, Weinheim 1968

25) Maschmann, I.: Schulbildung und Erwachsenenbildung im Zusammenhang didaktischer Überlegungen. In: Tietgens, H. (Hrsg.): Erwachsenenbildung und Schule, Braunschweig 1967, S. 54

26) Kuhlenkamp, D.: Bericht von der 1. Seminarwoche des VI. Einführungsseminars der PAS des DVV, Frankfurt 1974, S. 16 f.

27) Deutscher Bildungsrat: Strukturplan für das Bildungswesen, Stuttgart 1970, S. 58

28) Reisse, W.: Vorschläge für die Verwendung der Termini „Curriculum" und „Curriculumforschung". In: Mitteilungen des BBF, Berlin 1/1972, S. 10 f.

29) Bildungsrat, a.a.O., S. 60

30) Tietgens/Hirschmann, a.a.O., S. 31

31) Bildungsrat, a.a.O., S. 58

32) Ebda. S. 67

33) Klafki, W.: Studien zur Bildungstheorie und Didaktik, 9. Aufl. Weinheim 1967, S. 84

34) Ebda. S. 43

35) Blankertz, H.: Theorien und Modelle der Didaktik, 7. Aufl. München 1973, S. 51

36) Robinsohn, S.: ... angebliche Evidenzen hinterfragen. In: Curriculumdiskussion. Hrsg.: Redaktion betrifft: erziehung, Weinheim 1974, S. 37

37) Neuser, H.: Der Beitrag der Curriculumforschung zur Reform des theologischen Studiums, DIP Nr. 1, Münster 1972, S. 17

38) Frey, K. (Hrsg.): Kriterien in der Curriculumkonstruktion, Weinheim 1970, S. 14 f.

39) Ebda. S. 15

40) Hesse/Manz, a.a.O., S. 78

41) Ziechmann, a.a.O., S. 29

42) Robinsohn, a.a.O., S. 44

43) Ebda. S. 45

44) Tietgens, H./Weinberg, J.: Erwachsene im Feld des Lehrens und Lernens, Braunschweig 1971, S. 73

45) Robinsohn, a.a.O., S. 46

46) Ebda. S. 47

47) Ebda. S. 48

48) Ebda. S. 49

49) Eba. S. XV

50) Blankertz: Theorien ..., a.a.O., S. 171

51) Robinsohn, a.a.O., S. XVI

52) Blankertz: Theorien ..., a.a.O., S. 169

53) Blankertz, H. (Hrsg.): Curriculumforschung — Strategien, Strukturierung, Konstruktion, 3. Aufl. Essen 1973, S. 14

54) Ebda. S. 9

55) Flechsig, K.H. u.a.: Probleme der Entscheidung über Lernziele. In: Achtenhagen/Meyer, a.a.O., S. 244

56) Ebda. S. 245

57) Ebda. S. 260

58) Ebda. S. 262

59) Ebda. S. 266

60) Ebda. S. 281

61) Flechsig, K.H.: Die Bedeutung von Klassifikations- und Kriteriensystemen für die Auswahl von Curriculumelementen. In: Frey, Kriterien ..., a.a.O., S. 39

62) Ebda. S. 41

63) Menze, C.: Überlegungen zur Anwendungsmöglichkeit der Entscheidungslogik auf die Curriculum-Konstruktion. In: Achtenhagen/Meyer, a.a.O., S. 140

64) Ebda. S. 153

65) Hesse/Manz: a.a.O., S. 36

66) Lenzen, D.: Eine „eduktive" Strategie für Curriculum-Konstruktion. In: Blankertz, Curriculumforschung, a.a.O., S. 123 f.

67) Ebda. S. 125

68) Ebda. S. 130

69) Ebda. S. 131

70) Ebda. S. 133

71) Ebda. S. 133

72) Ebda. S. 143

73) Ebda. S. 148

74) Blankertz, Theorien ..., a.a.O., S. 19

75) Ebda. S. 23

76) Möller, C.: Technik der Lernplanung, 3. Aufl. Weinheim 1971, S. 47

77) Ebda. S. 48

78) Ebda. S. 50

79) Ebda. S. 51

80) Ebda. S. 62

81) Ebda. S. 63

82) Ebda. S. 72

83) Ebda. S. 101

84) Blankertz, Theorien ..., a.a.O., S. 153 f.

85) Prokasky, H.: Politische Bildung in den USA.In: Politische Bildung, 3/1971, S. 5

86) Meyer, H.: Einführung in die Curriculummethodologie, München 1972, S. 89

87) Fischer, K.G.: Emanzipation als Lernziel der Schule. In: Informationen zum Religionsunterricht, 1970, S. 7 ff.

88) Meyer, a.a.O., S. 93

89) Blankertz, Theorien ..., a.a.O., S. 19

90) Mollenhauer, K.: Theorien zum Erziehungsprozeß, München 1972, S. 13

91) Ebda. S. 12

92) Huhse, K.: Theorie und Praxis der Curriculumentwicklung, Berlin 1968, S. 31

93) Ebda. S. 34

94) Aebli, H.: Entwicklungspsychologische Kriterien für die Auswahl von Curriculuminhalten. In: Frey, Kriterien ..., a.a.O., S. 54

95) Huhse, a.a.O., S. 43

96) Ebda, S. 80

97) Ebda. S. 84

98) Ebda. S. 87

99) Holtmann, A., (Hrsg.): Das sozialwissenschaftliche Curriculum in der Schule, Opladen 1972, S. 25

100) Eba. S. 26

101) Ebda. S. 27

102) Ebda. S. 49

103) Glowka, D.: Anmerkungen zur Curriculumreform in der UdSSR. In: Curriculumdiskussion (Hg.: b:e), a.a.O., S. 63

104) Ebda. S. 65

105) Blankertz, Curriculumforschung, a.a.O., S. 10

106) Ebda. S. 19

107) Thoma, G.: Zur Entwicklung und Funktion eines „didaktischen Strukturgitters" für den politischen Unterricht. In: Blankertz, Curriculumforschung a.a.O., S. 94

108) Achtenhagen, F./Menck, P.: Langfristige Curriculumentwicklung und mittelfristige Curriculumforschung. In: Achtenhagen/Meyer, a.a.O., S. 201

109) Husén, T.: Lehrplanforschung in Schweden. In: Curriculumdiskussion (Hg.: b:e), a.a.O., S. 10

110) Ebda. S. 15

111) Ebda. S. 15

112) Ebda. S. 22

113) Ebda. S. 22

114) Ebda. S. 23

115) Deutscher Bildungsrat: Einrichtung von Schulversuchen mit Gesamtschulen, 2. Aufl. Bonn 1971, S. 80

116) Hentig v.H. u.a.: Das Bielefelder Oberstufen-Kolleg, Stuttgart 1971

117) Robinsohn in: Curriculumdiskussion, a.a.O., S. 32

118) Bönsch, M.: Schulisches Lernen und Emanzipation, Hannover 1972, S. 10 f.

119) Edelstein, W.: In: Burst, R. u.a.: Weinheimer Gesamtschulcurricula, Heidelberg 1971, S. 9 ff.

120) Zum FAL-Projekt vgl. Frey, K.: Theorien des Curriculums, Weinheim 1970

121) Vgl. Buschmeyer, H./Jochimsen, H./Recktenwald, H.: Überlegungen zur Didaktik einer Bildungsarbeit mit älteren Menschen. In: Hessische Blätter für Volksbildung, 4/1973, S. 348 ff.

122) Reisse, a.a.O., S. 12

123) Meyer, a.a.O., S. 21

124) Ebda. S. 24

125) Ebda. S. 25

126) Ebda. S. 209

127) Ebda. S. 213

128) Ebda. S. 214

129) Ebda. S. 217

130) Gagné, R.M.: Operationalisierte Lernziele? Ja! In: Thema Curriculum, Hg.: Arbeitskreis Curriculum, Bebenhausen 1972, H. 2., S. 4

131) Kneller, G.F.: Operationalisierte Lernziele? Nein! In: Thema Curriculum, a.a.O., S. 9

132) Ebda. S. 9

133) Ebda. S. 10

134) Schäfer, K.H./Schaller, K.: Kritische Erziehungswissenschaft und kommunikative Didaktik, Heidelberg 1971, S. 61 ff

135) Brügelmann, H.: Lernziele im offenen Curriculum. In: Thema Curriculum, a.a.O., S. 19

136) Ebda. S. 20

137) Ebda. S. 21

138) Ebda. S. 27

139) Ebda. S. 26

140) Ebda. S. 40

141) Brügelmann, H./Brügelmann, K.: Offene Curricula — ein leeres Versprechen? In: Die Grundschule, 3/1973, S. 165

142) Ebda. S. 166

143) Herrlitz, W.: Sprache als soziales Verhalten, Tübingen 1973, S. 4

144) Heipcke, K./Messner, R.: Curriculumentwicklung unter dem Anspruch praktischer Theorie. In: Zeitschrift für Pädagogik, 3/1973, S. 354

145) Becker/Jungblut, a.a.O., S. 176

146) Jagenlauf, M.: Der Stand der Unterrichtsforschung in der Weiterbildung. In: Außerschulische Bildung, 3/1973, S. 53

147) Tietgens/Hirschmann, a.a.O., S. 106 ff.

148) Huisken, F.: Zur Kritik bürgerlicher Didaktik und Bildungsökonomie, München 1972, S. 113 ff.

149) Becker/Jungblut, a.a.O., S. 177

150) Brügelmann, H./Brügelmann, K., a.a.O., S. 166

151) Brügelmann, H.: Lernziele ..., a.a.O., S. 16 f.

152) Brügelmann, H./Brügelmann, K., a.a.O., S. 168

153) Ebda. S. 170

154) Sachs, W./Scheilke, G.: Lehrer und Curriculum. In: Thema Curriculum, a.a.O., S. 46 ff.

155) Heipcke/Messner, a.a.O., S. 353

156) Ebda. S. 361 f.

157) Ebda. S. 365

158) Ebda. S. 367

129) 5. Deutscher Volkshochschultag, Protokoll Arbeitsgruppe I, Köln 1973, S. 21 f.

160) Bauersfeld, H./Brügelmann, H.: Zur Rolle des Lehrers in der skandinavischen Curriculumentwicklung. In: Thema Curriculum, a.a.O., S. 63

161) Ebda. S. 76

162) Diese Schwerpunktbildung erfolgt im Unterschied zu den skandinavischen Versuchen jedoch nicht nach regionalen, sondern nach fachlichen Gesichtspunkten. Entscheidend ist, daß an der Zertifikatsentwicklung Fachwissenschaftler, Fachdidaktiker, Bedarfsträger und Vertreter der Unterrichtspraxis beteiligt sind. Daß einzelne Landesverbände einzelne Zertifikate betreuen, ist auf das Reservoir geeigneter Mitarbeiter zurückzuführen. Versuche, ein Zertifikat dezentral zu entwickeln, sind gescheitert. Eine zentrale Curriculumentwicklung setzt jedoch voraus, daß die Methodenfreiheit der Kursleiter nicht übermäßig eingeschränkt wird.

163) Huber, L.: Curriculumentwicklung durch Kommunikation zwischen Wissenschaft und beruflicher Praxis. In: Hearing des Zentrums für Wissenschaft und berufliche Praxis der Universität Bielefeld, 1973, S. 23

164) Ebda. S. 23 f

165) Schmitz, E.: Forschungsstrategien zur Lernzielbestimmung. In: Hearing ..., a.a.O., S. 145

166) Pädagogische Arbeitsstelle des DVV (Hrsg.): Mindestangebot der vollausgebauten, organisatorisch selbständigen Volkshochschule, Frankfurt 1973, S. 3

167) Ebda. S. 5

168) Ebda. S. 6

169) Ebda. S. 7

170) Ebda. S. 8

171) Ebda. S. 11

172) Landesverband der Volkshochschulen Baden-Württembergs: Weiterbildung – Volkshochschule der Zukunft, Stuttgart o. J. S. 27

173) Pädagogische Arbeitsstelle des DVV: Handbuch für die Praxis der Volks-
hochschulleiter und -mitarbeiter (Loseblattsammlung), Frankfurt 1969 ff.,
Nr. 54 010

174) „Lerne und arbeite!", OECD-Bericht. In: betrifft: erziehung, 3/1974, S. 17

175) Strzelewicz, W./Schulenberg, W./Raapke, H.D.: Bildung und gesellschaftliches Bewußtsein, Stuttgart 1966

176) Spies, W./Bruns, H./Schick, K.: Verschulung oder Befreiung?, Braunschweig
1973, S. 40 f.

177) Ebda. S. 128

178) Cube, A.v. u.a.: Kompensation oder Emanzipation?, Braunschweig 1974

179) Dikau, J.: Ebda. S. 104

180) Negt, O.: Ebda. S. 34

181) Frey, K.: Theorien des Curriculums, a.a.O., S. 56

182) Ebda. S. 56 f.

183) Ebda. S. 92

184) Bundesvereinigung der Deutschen Arbeitgeberverbände: Grundgedanken
zur Erwachsenenbildung, Köln 1970. In: Keim, H./Olbrich, J./Siebert, H.:
Strukturprobleme der Weiterbildung, Düsseldorf 1973, S. 294

185) Gutachten des Deutschen Ausschusses für das Erziehungs- und Bildungswesen: Zur Situation und Aufgabe der deutschen Erwachsenenbildung. In:
DVV (Hrsg.): Volkshochschule, Stuttgart 1961, S. 404 f.

186) Strzelewicz, W.: Demokratisierung und Erwachsenenbildung, Braunschweig
1973, S. 174 ff.

187) Baethge, M./Schumann, M.: Weiterbildung und die Verfassung gesellschaftlicher Arbeit. In: neue Sammlung 2/1973, S. 142 f.

188) Sewig, N.J.: Perspektiven emanzipatorischer Lernarbeit mit Erwachsenen.
In: Picht, G./Edding, F., u.a.: Leitlinien der Erwachsenenbildung, Braunschweig 1972, S. 166 f.

189) Pröpper, S. u.a.: Zur Situation der Weiterbildung in der BRD, Informationen DIP Nr. 5, Münster 1973, S. 57 f.

190) Buschbeck, B./Buttler, G.: Lernziele und Lernfreiheit, Stuttgart 1973,
S. 13

191) Ebda. S 14

192) Kultusminister Hessen: Rahmenrichtlinien Sekundarstufe I Gesellschaftslehre, o.O. (1973), S. 7

193) Fischer, K.G.: zit. nach Buschbeck/Buttler, a.a.O., S. 29

238

194) Mollenhauer, a.a.O., S. 42 f.

195) Ebda. S. 53

196) Ebda. S. 62

197) Buschbeck/Buttler, a.a.O., S. 37

198) Dieckmann, a.a.O., S. 53

199) Süssmuth, R.: Anpassung und Emanzipation, zit. nach Buschbeck/Buttler, a.a.O., S. 54

200) Ziechmann, a.a.O., S. 59

201) Ebda. S. 59

202) Ebda. S. 65

203) Kirchner, J.H./Rohmert, W. u.a.: Arbeitswissenschaftliche Studien zur Berufsbildungsforschung (Hrsg.: BBF), Hannover 1973, S. 11

204) Ebda. S. 26

205) Die Ermittlung solcher Planungsdaten für die Zertifikatskurse Chemie, Elektronik und Mathematik werden von G. Hirschmann dargestellt in: Ansätze zu einem Baukastensystem, a.a.O., S. 110 ff.

206) Buttgereit, M./Deuchert, P./Dieckmann, B./Holzapfel, G.: Zum Problem der Integration in der beruflichen Erwachsenenbildung. In: Zeitschrift für Berufsbildungsforschung, 2/1972, S. 34 f.

207) Ebda. S. 35

208) Hartwig, H. u.a.: Projekt Wohnen — Lernziel Emanzipation. In: betrifft: erziehung, 7/1972, S. 33 ff.

209) Vgl. Siebert, H.: Professionalisierung der Erwachsenenbildung und Qualifizierung der Mitarbeiter. In: Hessische Blätter für Volksbildung, 3/1973, S. 201 ff.

210) Mollenhauer, a.a.O., S. 123 f.

211) Schmitz, E.: In: Hearing ..., a.a.O., S. 145

212) Habermas, J./Luhmann, N.: Theorie der Gesellschaft oder Sozialtechnologie, Frankfurt 1971, S. 279 f.

213) Buttgereit u.a., a.a.O., S. 38

214) Dieckmann u.a., a.a.O., S. 110

215) Ebda. S. 111

216) Ebda. S. 113

217) Es gibt bisher keine operationalisierten Kriterien, die eine eindeutige Abgrenzung von Situationen ermöglichen. Einige Autoren definieren Verwendungssituationen sehr eng, andere sehr weit. Es sollte deshalb nach didaktischen Gesichtspunkten von Fall zu Fall geklärt werden, wie die Verwendungssituation abgegrenzt werden soll, wobei diese Entscheidung z.B. auch von der Veranstaltungsdauer abhängig ist.

218) Mertens, D.: Anforderungen an die Hochschule aus der Sicht der Arbeitsmarkt- und Berufsforschung. In: Hearing ..., a.a.O., S. 51 f. Inzwischen hat D. Mertens einen neuen, ausgezeichneten Beitrag über Qualifikationen veröffentlicht, in dem er einleuchtend unterscheidet zwischen „Basisqualifikationen = Qualifikationen höherer Ordnung mit einem breiten Spektrum vertikalen Transfers; Horizontqualifikationen = Informationen über Informationen (horizonterweiternde Qualifikationen); Breitenelemente = ubiquitäte Ausbildungselemente; Vintage-Faktoren = generationsbedingte Lehrstoffe und Begriffssysteme" (D.Mertens: Schlüsselqualifikationen. In: Mitteilungen aus der Arbeitsmarkt- und Berufsforschung, 1/1974, S. 36).

219) Tietgens, H.: In: Riese, H./Nieder, H.L./Müllges, U.: Bildung für den Beruf, Braunschweig 1969, S. 22 f.

220) Vgl. Kern, H./Schumann, M.: Industriearbeit und Arbeiterbewußtsein, Frankfurt 1970; Osterland, M./Deppe, F. u.a.: Materialien zur Lebens- und Arbeitssituation der Industriearbeiter in der BRD, Frankfurt 1973; Busch, D.: Berufliche Wertorientierung und berufliche Mobilität, Stuttgart 1973

221) Robinsohn in: Curriculumdiskussion, a.a.O., S. 38

222) Schmitz, E.: Veränderungen der Qualifikationsanforderungen industrieller Arbeit und Funktionen wissenschaftsbezogener Weiterbildung, Arbeitspapier des Arbeitskreises universitäre Erwachsenenbildung, Hannover 1973, S. 6

223) Ebda. S. 24 f.

224) Kuntz, K.M.: Hochschulabsolventen im Beruf, Stuttgart 1972

225) Mertens, a.a.O., S. 53

226) In diesem Punkt ist das entsprechende Kapitel meines Buches „Erwachsenenbildung — Aspekte einer Theorie", Düsseldorf 1972, mißverständlich formuliert und bedarf einer Präzisierung (S. 83 f.).

227) Fittkau, B.: Kommunikation und Verhaltenstraining. In: Gruppendynamik — Forschung und Praxis, 3/1972, S. 254

228) Baethge/Schumann, a.a.O., S. 148 f.

240

229) Labonté, C.: Erwartungen und Möglichkeiten außerbetrieblicher beruflicher Erwachsenenbildung, Stuttgart 1973, S. 87

230) Schmitz, E.: Veränderungen ..., a.a.O., S. 1

231) Gagné, R.M.: Die Bedingungen des menschlichen Lernens, Hannover 1969

232) Aebli in: Frey, Kriterien ..., a.a.O., S. 49 ff.

233) Die folgenden Zitate und Ergebnisse sind dem Buch von G. Brandenburg: Der Lernerfolg im Erwachsenenalter, Göttingen 1974, entnommen.

234) Löwe, H.: Einführung in die Lernpsychologie des Erwachsenenalters, Berlin 1970

235) Tietgens/Weinberg: Erwachsene ..., a.a.O., S. 86 f.
Die Unterscheidung zwischen den beiden Lerntypen wird u.a. aus sozialpsychologischen Forschungsergebnissen abgeleitet, wie sie Stendenbach in „Lernen und soziale Interaktion" dargestellt hat.

236) Siebert, H. u.a.: Lehrstuhl Erwachsenenbildung Hannover: Lehr- und Lernverhalten in der Erwachsenenbildung, Zwischenbericht 1973, Kap. Db

237) Tietgens/Weinberg, Erwachsene ..., a.a.O., S. 53 f.

238) Brandenburg, a.a.O., S 51

239) Vgl. Schramm, W. (Hrsg.): Grundfragen der Kommunikationsforschung, München 1964

240) Buschmeyer u.a.: a.a.O., S. 351

241) Rumpf, H.: Scheinklarheiten, Braunschweig 1971, S. 303 ff.

242) Spies/Bruns/Schick, a.a.O., S. 23

243) Ebda. S. 111

244) Negt, O.: Soziologische Phantasie und exemplarisches Lernen, Frankfurt 1968, S. 17 ff.

245) Potthoff, W.: Curriculumentwicklung (Workshop Schulpädagogik Nr. 7), Ravensburg 1973, S. 26

246) Ebda. S. 29

247) Hirschmann, G.: Lernzielorientierte Unterrichtsvorbereitung in der Weiterbildung. In: Lernzielorientierter Unterricht Mathematik, Naturwissenschaften, Technik in der Weiterbildung, 1,2/1972, S. 17

248) Ebda. S. 27

249) Pädagogischer Ausschuß des DVV, Protokoll vom 25.1.1974, S. 5

250) Knab, D.: Ansätze zur Curriculumreform in der BRD, In: betrifft: erziehung, 2/1971, S. 24

251) Rumpf, a.a.O., S. 302

252) Ebda. S. 266

253) Ballauff, T.: Skeptische Marginalien zur modernen Curriculumforschung. In: Knoll, J.H. (Hrsg.): Internationales Jahrbuch der Erwachsenenbildung, Düsseldorf 1974

254) Rumpf, a.a.O., S. 268

255) C. Möllers Unterscheidung zwischen Richtzielen, Grobzielen und Feinzielen hat zwar den Mangel, daß diese Abstraktionsebenen nicht operationalisiert und nicht eindeutig voneinander zu trennen sind, dennoch erscheint diese Gliederung für die didaktische Planung brauchbar.

256) Bloom, B. (Hrsg.): Taxonomie von Lernzielen im kognitiven Bereich, Weinheim 1972

257) Eine Analyse und Klassifizierung der Testaufgaben des Funkkollegs Erziehungswissenschaft ergab, daß die Merhzahl der Fragen der Wissens- und Verstehensebene zuzuordnen war. Vgl. Glück, G. in: Rebel/Kadelbach, G.: Forschungsreport Funkkolleg. Weinheim 1972, S. 299 ff.

258) Oliver, D.W./Shaver, J.P.: Die Auswahl von Unterrichtsinhalten in der politischen Bildung. In: Politische Bildung, 3/1971, S. 18

259) Rumpf, a.a.O., S. 304, 309

260) Siebert, H.: Der andere Teil Deutschlands in Schulbüchern der BRD und DDR, Hamburg 1970

261) Frank, G./Hirschmann, G.: Probleme der Curriculumtheorie. In: Lernzielorientierter Unterricht ..., a.a.O., S. 14 f.

262) Frey, Theorien ..., a.a.O., S. 213

263) Ebda. S. 214

264) Zit. nach Frey, ebda. S. 220

265) Flechsig u.a.: In: Achtenhagen/Meyer, a.a.O., S. 275

266) Gagné: Die Bedingungen ..., a.a.O., S. 141

267) Vogel, A.: Artikulation des Unterrichts (Workshop Schulpädagogik Nr. 3), Ravensburg 1973, S. 25 ff.

268) Pädagogische Arbeitsstelle des DVV (Hrsg.): Methodik der Erwachsenenbildung im Ausland „Entraînement mental", Frankfurt 1964

269) Tietgens/Hirschmann, a.a.O., S. 145

270) Vgl. Anm. 236

271) Lippitt, R.: Rollen und Prozesse bei der Entwicklung und Veränderung von Curricula. In: Politische Bildung, 3/1971, S. 102 f.

272) Ebda. S. 109

273) Spies/Bruns/Schick, a.a.O., S. 126 f.

274) Merz, W./Raatz, U.: Zur taxonomischen Beschreibung lernzielorientierter Testaufgaben. In: Lernzielorientierter Unterricht ..., 1,2/1972, S. 48

275) Ebda. S. 48

276) Vontobel, J.: Über den Erfolg in der Erwachsenenbildung, Braunschweig 1972, S. 23

277) Hesse/Manz, a.a.O., S. 107

278) Zur Evaluation kognitiver Lernziele vgl. Horn, R.: Lernziele und Schüler-leistung, Weinheim 1972

279) Frey, Theorien ..., a.a.O., S. 68

280) Dieckmann u.a.: a.a.O., S. 149

281) Spies, W. In: Frommberger, H./Rolff, H.G./Spiess, W.: Gesamtschule, Braunschweig 1971, S. 37

282) Mager, R./ Beach, K.: Kursentwicklung für die Berufsausbildung, Weinheim 1973, S. 20 ff.

283) Vgl. Tietgens/Hirschmann/Bianchi, a.a.O.

284) Hentig, v.H. in: Deutscher Bildungsrat: Lernziele der Gesamtschule, Stuttgart 1969, S. 14

Mit dieser Sammlung werden Grundfragen der Erwachsenenbildung angesprochen, didaktisch-methodische Vorstellungen für verschiedene Sachgebiete entwickelt und Anregungen sowie Arbeitsunterlagen für die Praxis vorgelegt. Die Sammlung wendet sich an alle Lehrenden und Forschenden, denen die Bedeutung der Erwachsenenbildung bewußt ist oder bewußt werden sollte.

H. Th. Jüchter	**Programmierte Erwachsenenbildung** Informationen und Entwürfe zur Pädagogischen Technologie *1970, 189 S., DM 7.80*
W. Schulenberg u.a.	**Zur Professionalisierung der Erwachsenenbildung** 1972, 219 S., DM 7.80
W. Spies, H. Bruns, K. Schick	**Verschulung oder Befreiung** Beiträge zu einer abschlußbezogenen Weiterbildung *1973, 197 S., DM 7.80*
H. Tietgens	**Lernen mit Erwachsenen** Von den Arbeitsweisen der Erwachsenenbildung *1967, 273 S., DM 8.80*
H. Tietgens, J. Weinberg	**Erwachsene im Feld des Lehrens und Lernens** *1971, 284 S., DM 9.80*
H. Tietgens, G. Hirschmann, M. Bianchi	**Ansätze zu einem Baukastensystem** Werkstattbericht über die Entwicklung des Zertifikatsprogramms der Volkshochschulen *1974, ca. 280 S., DM 9.80*